Libro Integrado

5 PRIMARIA

Ejercicios de todas las asignaturas

LAROUSSE

Dirección editorial
Tomás García Cerezo

Editor responsable
Sergio Ávila Figueroa

Redacción
Ana Luisa Esquivel Santos, Rosamary Ruiz González, Sergio Ávila Figueroa

Diseño y formación
Estudio Creativos

Corrección
Estudio Creativos

Ilustración
Rodrigo Sáinz González, © 2020 Shutterstock, Inc.

Diseño de portada
Ediciones Larousse, S.A. de C.V., con la colaboración de Rubén Vite Maya

Ilustración de portada
© 2020 Shutterstock, Inc.

Coordinación de edición técnica
Héctor Rafael Garduño Lamadrid

Coordinación de salida y preprensa
Jesús Salas Pérez

ISBN: 978-607-21-2350-2

Libro Integrado 5 Primaria

D.R. ©MMXVI Ediciones Larousse, S.A. de C.V.
    Renacimiento 180, Col. San Juan Tlihuaca, C.P. 02400
    Azcapotzalco, Ciudad de México

Primera edición, febrero 2020
Segunda reimpresión: 2021

Impreso en México – *Printed in Mexico*

En Hachette Livre México usamos
materias primas de procedencia
100% sustentable

Este libro se terminó de imprimir en el mes de agosto del 2021,
en Corporativo Prográfico, S.A. de C.V., Calle Dos Núm. 257, Bodega 4,
Col. Granjas San Antonio, C.P. 09070, Alcaldía Iztapalapa, México, Ciudad de México.

Presentación

Este libro fue creado con el propósito de apoyar el proceso de aprendizaje de los estudiantes que cursan la educación primaria.

El principal objetivo de la educación es potenciar al máximo las capacidades, habilidades e inteligencia de los alumnos en el proceso de enseñanza, por lo cual, al desarrollar los contenidos del libro, se siguieron los nuevos planes y programas del actual modelo educativo que buscan que los niños de México reciban una educación de calidad que les permita ser individuos responsables, independientes y comprometidos con su país.

Por ser un libro integrado, aborda todas las asignaturas del grado. En cada una se presentan textos informativos con breves explicaciones de los temas, así como ejercicios y actividades que permiten encontrar sentido a lo que se aprende y vincularlo con la realidad mediante las oportunidades de aprendizaje que se encuentran en la familia, la comunidad y la escuela.

Se incluyen también hojas de repaso, que apoyan la repetición y afianzan lo aprendido.

Adicionalmente, en este grado se incluyeron ejercicios para la práctica de la correcta caligrafía.

Para promover la convivencia se presentan actividades y ejercicios que se deben trabajar en equipo o con algún compañero o familiar, integrando de esta manera al alumno dentro de su comunidad, escuela y familia.

Se tuvo especial cuidado en brindar a los alumnos ejercicios que les permitan, de manera amena y dinámica, profundizar y practicar los temas vistos en la escuela.

Finalmente, por ser el maestro la principal guía educativa durante la etapa escolar primaria, se le da gran importancia a la supervisión y asesoramiento de los profesores en cada ejercicio y actividad que se presentan. Para facilitar la revisión del trabajo, se puso al final del libro una sección con las respuestas de todos los ejercicios.

Esperamos que este **Libro Integrado** sea de gran ayuda para todos y forme parte de la vida escolar y del crecimiento de los alumnos. En Larousse estamos comprometidos en brindar herramientas útiles para mejorar la calidad de la educación en nuestro país.

Este libro pertenece a _____

Escuela _____

Salón _____

Maestra(o) _____

En los siguientes recuadros, escribe un pensamiento cuando haya terminado cada mes. Por ejemplo, puedes decir cuál fue el tema que más te gustó aprender, qué fue lo mejor que te pasó, etcétera. Así, al final del curso tendrás un registro de las cosas positivas del año, para que las recuerdes y conserves tu libro.

Agosto	Septiembre	Octubre

Noviembre

_____
_____
_____
_____
_____
_____

Diciembre

_____
_____
_____
_____
_____
_____

Enero

_____
_____
_____
_____
_____
_____

Febrero

_____
_____
_____
_____
_____
_____
_____

Marzo

_____
_____
_____
_____
_____
_____
_____

Abril

_____
_____
_____
_____
_____
_____
_____

Mayo

_____
_____
_____
_____
_____
_____
_____

Junio

_____
_____
_____
_____
_____
_____
_____

Julio

_____
_____
_____
_____
_____
_____
_____

Indicador de asignatura

Título
Es descriptivo; nos dice cuál es el tema que vamos a trabajar.

Aprendizaje esperado
Está tomado literalmente del programa de la SEP y nos dice lo que vamos a aprender con esta lección.

Cápsula de introducción
Resalta información útil para comprender mejor los contenidos.

Eje
Indica el eje temático que se está trabajando, de acuerdo con lo que marca la SEP.

Tema
Indica el tema que marca el programa de la SEP.

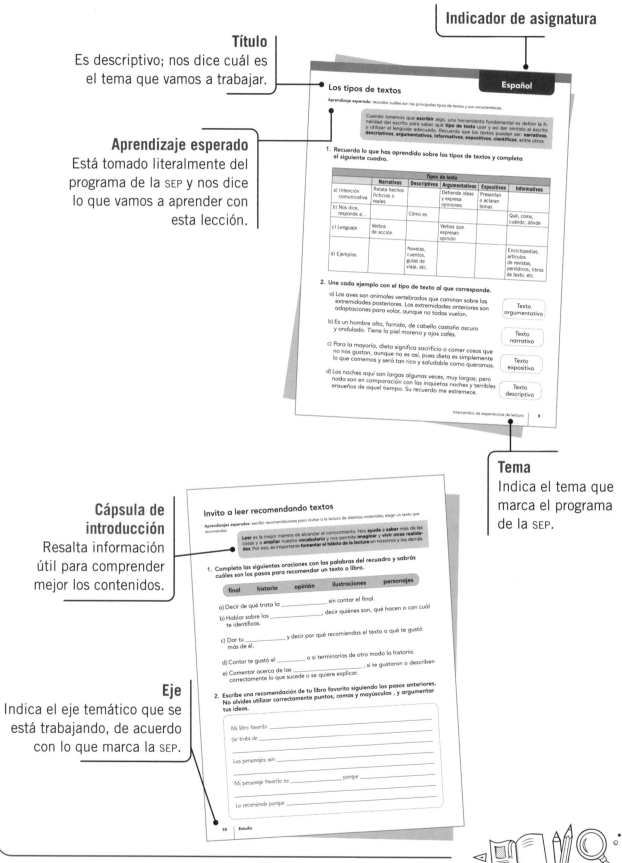

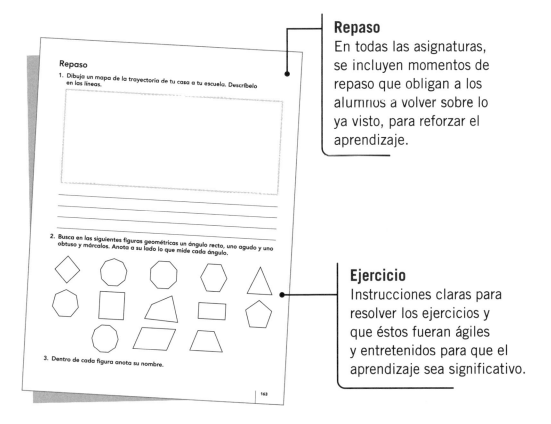

Repaso

En todas las asignaturas, se incluyen momentos de repaso que obligan a los alumnos a volver sobre lo ya visto, para reforzar el aprendizaje.

Ejercicio

Instrucciones claras para resolver los ejercicios y que éstos fueran ágiles y entretenidos para que el aprendizaje sea significativo.

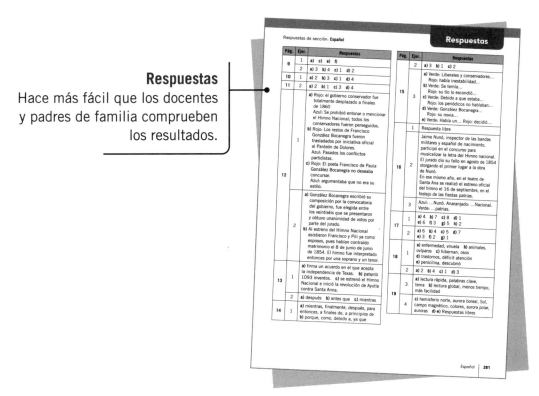

Respuestas

Hace más fácil que los docentes y padres de familia comprueben los resultados.

Contenido

El relato histórico

Aprendizajes esperados. Describe lo que es un relato histórico e identifica sus partes. Organiza un texto en párrafos para darle coherencia al relato.

> El **relato histórico** es la narración cronológica de hechos reales del pasado. Se compone de tres secciones:
>
> • Introducción: se presenta un panorama acerca de lo que se tratará.
>
> • Desarrollo: se explican y asocian los acontecimientos.
>
> • Desenlace: finaliza la narración, dejando la posibilidad de que se origine otro relato.

1. **Subraya las oraciones que definan lo que es un relato histórico y las características que lo distinguen de las demás narraciones.**

   a) Puede originar otro relato.

   b) Relata hechos fantásticos.

   c) Narración cronológica.

   d) Contiene introducción, contenido y conclusiones.

   e) Relata hechos reales del pasado.

   f) Contiene introducción, desarrollo y desenlace.

   g) Contiene una idea principal.

   h) Narra hechos curiosos.

   i) Presenta una moraleja.

2. **Une los conceptos con las definiciones de las características de un relato histórico.**

   a) Claro

   b) Cronológico

   c) Objetivo

   d) En pasado

   1. Narra las cosas de acuerdo con los hechos y se basa en fuentes veraces y confiables.

   2. Generalmente se escriben en pasado, usando las conjugaciones verbales en pretérito.

   3. Se debe entender cómo sucedió el hecho histórico narrado, por lo que se deben dar detalles y explicaciones.

   4. Estar organizado conforme ocurrieron los sucesos en el tiempo.

Cuéntame qué pasó

Aprendizajes esperados. Organiza cronológicamente los párrafos de un texto o relato histórico. Identifica información complementaria en dos textos que relatan sucesos relacionados.

1. Estas tarjetas están desordenadas. Numéralas conforme sucedieron los hechos.

González Bocanegra tuvo que repasar mentalmente todas las hazañas que había vivido México, las luchas, los logros, los fracasos, y, finalmente, después de cuatro horas de trabajo, los versos detenidamente pensados y sentidos, pasaron por debajo de la puerta a las manos de su novia, y de ahí a la historia, ya que resultó triunfador.

Como él se negaba a presentarse en el certamen, a pesar de la insistencia de Pili y de sus amigos, ella, con un pretexto, lo guió hasta una pieza aislada de su casa en la calle de Santa Clara número 6 (hoy Tacuba); lo encerró, y se negó a abrirle mientras no le pasara por debajo de la puerta la composición que iría al concurso.

El poeta Francisco de Paula González Bocanegra no deseaba concursar, arguyendo que no era su estilo, porque una cosa era escribir versos para la mujer que amaba y otra muy distinta escribir un himno a la patria. Pero su novia, la joven Guadalupe González del Pino, a quien llamaban Pili, tenía una fe inmensa en la calidad poética de Francisco.

El 12 de noviembre de 1853, siendo presidente Antonio López de Santa Anna, se publicó una convocatoria firmada por el oficial mayor, Miguel Lerdo de Tejada, para la creación de un Himno Nacional, que ofrecía un premio "a la mejor composición poética que pueda servir de letra a un canto verdaderamente patriótico", y señalaba un plazo de veinte días para presentar los trabajos.

2. Continúa de la misma forma con las tarjetas de este texto.

En ese húmedo sótano lo alcanzó la epidemia de tifo que azotó a la capital a principios de 1861, y allí, escondido y perseguido, el cantor de la patria murió el 11 de abril, a los 37 años. Sus restos fueron inhumados en el panteón de San Fernando. Los periódicos dieron la noticia mencionándolo como "el joven poeta", pues estaba prohibido hablar del Himno Mexicano.

Francisco González Bocanegra se alejó de la política, debido al ambiente de inestabilidad que reinaba en el gobierno de México. Presidentes iban y venían; un día México era conservador, y al día siguiente era liberal. Cuando el gobierno conservador fue totalmente vencido, a finales de 1860, sus seguidores fueron perseguidos.

Como se temía por la vida de Francisco, pues era de ideas conservadoras, su tío, José María Bocanegra, lo escondió en el sótano de su casa, en lo que hoy es la esquina de Isabel la Católica y Tacuba. Disfrazado de indio de calzón blanco, muchas noches salía para ver a Pili, quien para entonces ya era su esposa, y a sus tres hijas.

Pasados los conflictos partidistas, los restos del poeta fueron trasladados por iniciativa oficial al Panteón de Dolores en 1901. En septiembre de 1932 se depositaron por primera vez en la Rotonda de las Personas Ilustres, y por fin, en 1942, se colocaron en su sitio definitivo, al lado de los del músico Jaime Nunó.

http://www.issste.gob.mx/website/comunicados/nosotros/octubre2000/francisco.html
(fragmentos).

Ideas y oraciones

Aprendizajes esperados. Escribe párrafos a partir de oraciones. Identifica las oraciones tópico y las de apoyo en un párrafo.

> La **oración tópica** es la que nos da la idea principal de un párrafo y puede estar en cualquier parte. Ejemplo: *En la clase* había un ambiente relajado.
>
> La **oración de apoyo** es aquella que está junto a la idea principal de un texto. Ejemplo: Leer enriquece, *aumentamos nuestro vocabulario y atención*.
>
> Si se elimina la oración tópico o principal, las oraciones de apoyo no se entienden claramente.

1. **Subraya con rojo las oraciones tópicas y con azul las oraciones de apoyo.**

   a) Se prohibió entonar o mencionar el Himno Nacional, pues el gobierno conservador fue totalmente desplazado a finales de 1860; todos los conservadores fueron perseguidos.

   b) Pasados los conflictos partidistas, los restos de Francisco González Bocanegra fueron trasladados por iniciativa oficial al Panteón de Dolores.

   c) El poeta Francisco de Paula González Bocanegra no deseaba concursar; argumentaba que no era su estilo.

2. **Escribe un párrafo con las oraciones. Utiliza la oración principal o tópico para iniciar.**

   a) Fue elegida entre las veintiséis que se presentaron.
   González Bocanegra escribió su composición por la convocatoria del gobierno.
   Obtuvo unanimidad de votos por parte del jurado.

   _____

   _____

   _____

   b) El himno fue interpretado entonces por una soprano y un tenor.
   Habían contraído matrimonio el 8 de junio de junio de 1854.
   Al estreno del Himno Nacional asistieron Francisco y Pili ya como esposos.

   _____

   _____

   _____

Reescribiendo la Historia

Aprendizaje esperado. Escribe un texto en párrafos, usando palabras y frases que indican sucesión y simultaneidad.

> El **texto informativo** es aquél en el que se dan a conocer **hechos**, circunstancias **reales** o algún tema en particular de manera **breve**, **clara y objetiva**.

1. Completa los enunciados de acuerdo con la información de esta línea del tiempo.

En México	Guadalupe Victoria es elegido primer presidente de México.	Vicente Guerrero vence a España en un intento de reconquista.	Santa Anna firma acuerdo en el que acepta la independencia de Texas.	México enfrenta guerra contra Estados Unidos.	Se estrena el Himno Nacional. Inicia la rebelión de Ayutla contra Santa Anna.

1824	**1829**	**1836**	**1847**	**1854**

En el mundo	El Congreso Federal de Centroamérica declara la abolición de la esclavitud.	El zar Nicolás I de Rusia se corona rey de Polonia.	Nace el escritor y poeta español Gustavo Adolfo Bécquer.	Nace el inventor Thomas Alva Edison, quien patentó 1093 inventos.	En Venezuela se decreta la abolición de la esclavitud.

a) Texas declara su independencia de México, debido a que Santa Ana…

_____

b) Thomas Alva Edison logra un récord mundial porque…

_____

c) En Venezuela se decretó la abolición de la esclavitud y en México…

_____

2. Escribe en las líneas *antes que, mientras, después*, según corresponda.

a) El inventor Thomas Alva Edison nació _____ que el poeta Gustavo Adolfo Bécquer.

b) Guadalupe Victoria ocupa la presidencia de México _____ de que España intentara reconquistar México.

c) Thomas Alva Edison nació _____ México enfrentaba una guerra contra Estados Unidos de América.

Dime cuándo y por qué

Aprendizaje esperado. Usa palabras y frases que indican sucesión y simultaneidad, así como relación antecedente-consecuente al redactar un texto histórico.

> Hay palabras y expresiones que indican cuándo ocurren los hechos al establecer relaciones de tiempo. Los **nexos** o **conectores gramaticales**, como las **preposiciones y conjunciones**, son este tipo de palabras al igual que los **adverbios de tiempo**. Ejemplo: de, desde, y, que, antes, finalmente, etc.

1. **De acuerdo con los textos de las páginas 10 y 11, copia las palabras que correspondan, según su aplicación.**

a)

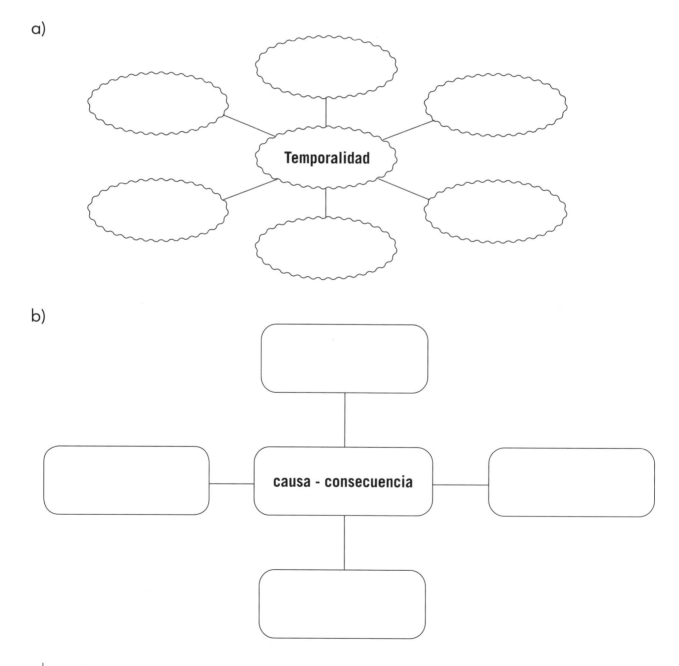

b)

Cuando un acontecimiento ocasiona que suceda otro, entre ellos se forma una **relación de causa** (lo que origina un suceso) y consecuencia (el hecho resultante). Para indicar esta relación se utilizan palabras y expresiones como: *porque*, *pues*, *por tanto*, *entonces*, *por eso*, etc.) que también son **nexos** o **conectores**.

2. Une las causas con una de sus posibles consecuencias.

Causa	Consecuencia

a) La pelota se desvió de la portería.

b) Estudiaste mucho durante el bimestre.

c) Hoy llueve con mucha fuerza.

1. Pasarás los exámenes sin ningún problema.

2. La calle se ilumina con el colorido de los paraguas.

3. Rompió la ventana de una casa.

3. Analiza las oraciones, colorea con verde las partes que corresponden a las causas y con rojo las que indican consecuencias.

a) Liberales y conservadores se disputaban el poder; por tanto, había inestabilidad en el gobierno.

b) Se temía por la vida de Francisco; por eso, su tío lo escondió en el sótano.

c) Debido a que estaba prohibido, los periódicos no hablaban del Himno Nacional Mexicano.

d) Como González Bocanegra no quería participar en el concurso, su novia lo encerró hasta que escribiera los versos.

e) Había un ambiente muy difícil, por lo que González Bocanegra decidió alejarse de la política.

Uso de la coma y el punto

Aprendizajes esperados. Reflexiona y se concientiza acerca de la importancia del uso de los puntos y las comas en los textos. Utiliza correctamente el punto y la coma en los textos.

Recuerda:

Se usa **coma** para:

- Separar las palabras de un listado de nombres o características, excepto antes del nexo *y*.
- Separar oraciones causales o explicativas, es decir, las que no indican la causa real de lo hablado en la oración principal.
- Hacer pausas breves dentro de una oración en la lectura.

Hay tres **tipos de puntos** y sus usos son:

- Punto y seguido: para separar oraciones de un mismo párrafo.
- Punto y aparte: para separar párrafos y cambio de renglón.
- Punto final: para indicar el final del texto.

1. **De acuerdo con lo que has leído acerca de Francisco González Bocanegra, elige las palabras que creas que definen su personalidad. No olvides anotar comas para separar esas palabras.**

> inteligente   violento   sensible   patriota   mentiroso   fuerte   culto

2. **Lee el párrafo y separa las oraciones colocando coma, punto y seguido, punto y aparte o punto final donde corresponda.**

3. **Luego encierra en un círculo azul el punto y aparte, en un círculo anaranjado el punto y seguido y en un círculo verde el punto final.**

Jaime Nunó, inspector de las bandas militares y español de nacimiento, participó en el concurso para musicalizar la letra del Himno Nacional El jurado musical dio su fallo en agosto de 1854 otorgando el primer lugar a la obra de Nunó

En ese mismo año, en el teatro de Santa Ana se realizó el estreno oficial del himno el 16 de septiembre, en el festejo de las fiestas patrias.

Delimitar para buscar

Aprendizajes esperados. Manifiesta interés por un tema específico. Identifica las diferentes fuentes informativas. Reconoce los pasos a seguir para buscar la información en diversas fuentes.

> **Recuerda:**
> Un **texto informativo** es aquel que presenta **información sobre un tema**. Consta de tres partes: introducción, desarrollo y conclusiones. Se encuentra en libros, enciclopedias, diccionarios, revistas, periódicos e internet. Para corroborar la información que necesitamos es importante **buscar en varias fuentes y compararlas**.

1. **Para buscar información, es importante tener claro qué vamos a buscar. Ordena los pasos que se deben seguir para obtener información sobre un tema.**

    a) Definir dónde la puedo buscar. ☐

    b) Leer los títulos y subtítulos señalados para comprobar que la información es útil. ☐

    c) Tomar notas para responder las preguntas. ☐

    d) Seleccionar un tema. ☐

    e) Marcar títulos y subtítulos que pueden servir para responder las preguntas. ☐

    f) Seleccionar palabras clave para buscar. ☐

    g) Revisar índices y leerlos. ☐

    h) Hacer preguntas sobre el tema: ¿Qué quiero saber? ☐

2. **Relaciona las preguntas con la fuente donde crees que puedes encontrar la respuesta.**

    a) ¿Quién descubrió la electricidad?

    b) ¿Cómo nace un delfín?

    c) ¿Cuál es el récord mundial de los 100 m planos?

    d) ¿Qué significa abducción?

    e) ¿Cómo hacer un papalote?

    f) ¿Quién escribió *Cien años de Soledad*?

    g) ¿Cómo funciona el cerebro humano?

    1. Revista especializada en medicina.
    2. Libro de literatura.
    3. Revista de manualidades.
    4. Enciclopedia animal.
    5. Internet.
    6. Enciclopedia.
    7. Diccionario.

Palabras clave

Aprendizajes esperados. Utiliza palabras clave para localizar información. Logra hacer predicciones sobre el contenido de un texto.

Las **palabras clave** son uno de los principales instrumentos de búsqueda. Una palabra clave es un vocablo que se relaciona con el tema de interés. Para buscar información se utilizan estas palabras o vocablos, ya que ayudan a saber si la fuente de información o texto elegido tiene datos de utilidad. Es importante escoger bien las palabras clave a buscar; deben ser palabras específicas del campo a investigar y que representen el contenido que se quiere encontrar.

1. **Subraya en cada una de las preguntas de investigación la palabra o palabras clave que encuentres.**

   a) ¿Qué tipo de enfermedad es la viruela?

   b) ¿Cómo nacen los animales ovíparos?

   c) ¿Por qué hibernan los osos?

   d) ¿Qué es el trastorno por déficit de atención?

   e) ¿Cuándo se descubrió la penicilina?

2. **Imagina que vas a hacer una investigación sobre los inicios del México independiente. Une cada texto con las palabras clave que te permitirán saber si te será útil.**

   a) La economía del país se encontraba muy disminuida porque la hacienda pública no contaba con recursos, y por ello el gobierno no tenía dinero.

   b) Al consumarse la Independencia, los sectores políticos del país tuvieron diversos conflictos, ya que había diferentes opiniones acerca de la forma de gobierno que se quería tener.

   c) El Congreso modificó la forma de gobierno y estableció a México como una república federal; este cambio quedó establecido en la Constitución de 1824.

   d) Se nombró a Guadalupe Victoria como el primer presidente de la República, un integrante de los insurgentes y que ganó las elecciones de 1824.

   1. Constitución de 1824.

   2. Independencia, economía.

   3. Primer presidente.

   4. México independiente, gobierno.

3. Completa las oraciones con las palabras del recuadro.

> palabras clave   más facilidad   tema   menos tiempo
> lectura rápida   lectura global

a) La lectura global o de escaneo es una _____, en la que se pone atención para reconocer las _____ que se han definido para investigar un _____.

b) Con la _____, revisamos más materiales en _____ porque encontramos la información con _____.

4. **Practica este tipo de lectura y entrena tu mirada, siguiendo estos pasos:**

a) Tema a investigar: aurora boreal.

b) Palabras clave del tema: aurora boreal, Sol, hemisferio norte, colores, campo magnético.

c) Busca y subraya las palabras clave que encuentres en los siguientes textos, pero sin hacer una lectura completa o detallada.

La aurora del hemisferio norte fue nombrada aurora boreal por el científico francés Pierre Gassendi en 1621.

¿Cómo se produce?
Cuando las partículas que vienen del Sol (viento solar) interactúan con los bordes del campo magnético terrestre, algunas quedan atrapadas. Entonces chocan con los gases en la ionosfera y brillan, produciendo la aurora boreal. Los colores (rojo, verde, azul y violeta) que aparecen en el cielo se deben a los diferentes gases de la ionosfera.

La aurora polar es un fenómeno en forma de brillo o luminiscencia que aparece en el cielo nocturno, generalmente en zonas polares.

Las auroras tienen formas, estructuras y colores muy diversos que cambian rápidamente con el tiempo.

Este fenómeno no es exclusivo de la Tierra. Otros planetas, como Júpiter y Saturno, también tienen sus auroras y éstas han sido observadas con el telescopio Hubble.

Figura 1. Aurora boreal de Júpiter

http://www.cienciapopular.com/n/Ciencia/La_Aurora_Boreal/La_Aurora_Boreal.php (adaptación).

d) ¿Cuál de los dos textos preferirías para trabajar el tema? Enciérralo en un círculo.

e) Compara tu respuesta con un compañero y responde: ¿Seleccionaron el mismo texto? _____. ¿Por qué? _____

_____.

Facilitando la búsqueda

Aprendizajes esperados. Utiliza palabras clave para buscar información en índices, títulos y subtítulos. Identifica la organización de las ideas en un texto.

> **Recuerda:**
> El **índice** de un libro es la lista de los temas que trata. **Los títulos y subtítulos** presentan el contenido y la estructura de un texto. Los títulos hablan del tema de manera general y los subtítulos de manera más específica.

1. Lee los índices, subraya los títulos y subtítulos que te serán útiles para obtener información sobre la contaminación ambiental.

2. Responde las preguntas.

a) ¿En cuál libro subrayaste más temas?

_____

b) ¿Por qué crees que fue así?

_____

c) ¿En qué libro encuentras información sobre la composición del aire?

_____

d) ¿En cuál encuentras medidas contra la contaminación?

_____

e) ¿En cuál libro debes buscar si quieres saber qué es la contaminación artificial?

_____

> Finalmente, para verificar que la información que identificaste sí te es útil, debes leer los textos que te sirven del índice y tomar notas de la información más importante.

Uso de *v*: *eva*, *eve*, *evi* y *evo*

Aprendizaje esperado. Escribe correctamente con *v* las palabras que inician con *eva*, *eve*, *evi* y *evo*.

1. Lee el texto y observa cómo se escriben las palabras subrayadas.

Débora encontró, en un folleto que le dio su mamá, la siguiente cápsula informativa y la llevó a la escuela para que la profesora la leyera al grupo.

25 de octubre de 2020

EL MISTERIO DE LA EVOLUCIÓN DEL HOMBRE

Para el doctor Everardo Tonucci, es evidente que el proceso evolutivo de las especies es difícil de explicar, dado que muchas evidencias se han "evaporado" con el paso del tiempo. Sin embargo, Evelia Torres y Evaristo Cano, antropólogos del INAH, aseguran que existe una nueva tecnología que permite conocer eventos del pasado de manera muy precisa.

Esta nueva tecnología evitará complicaciones al estudiar la evolución humana y abre la posibilidad de conocer más sobre el origen del hombre.

Débora y otras compañeras se preguntaron cuál será la nueva tecnología que permitirá conocer más sobre las evidencias históricas que se han perdido con el paso del tiempo.

María imaginó un nuevo aparato que realiza pruebas súper precisas de carbono-14. Débora dijo que era una máquina en la que se viajaba por el tiempo. Toño pensó en una máquina en la cual se introducía parte de un objeto y se recreaba por completo la historia en tercera dimensión.

2. Y tú, ¿qué imaginas?

_____

_____

3. Clasifica en la tabla las palabras subrayadas en el texto.

a) Palabras con *eva*	b) Palabras con *eve*	c) Palabras con *evi*	d) Palabras con *evo*
_____	_____	_____	_____
_____	_____	_____	_____

4. Como puedes observar, todas las palabras que escribiste llevan la consonante *v*. Escribe otras palabras que inicien como se indica:

Palabras con *eva*	Palabras con *eve*	Palabras con *evi*	Palabras con *evo*

Las palabras que inician con *eva*, *eve*, *evi* y *evo* se escriben con *v*.

5. Lee en voz alta el texto sin equivocarte.

Eva evita evaluar evadiendo evaluar lo evaluable,
evadiendo evaluar lo evaluable Eva evita evaluar.

- ¿Lo lograste? ¿Reconoces este tipo de texto? ¿Cómo se llama?

6. Escribe un trabalenguas. Sigue las indicaciones.

a) Escribe todas las palabras que recuerdes que inicien con eva, eve, evi y evo. Puedes utilizar todas las que se encuentran en esta sección.

b) Con algunas de estas palabras elabora una oración que tenga algún sentido; por ejemplo: "Evelio evoluciona evitando revocar evidencias".

c) Invierte la oración anterior; por ejemplo: "evitando revocar evidencias Evelio evoluciona".

d) Ahora escribe el trabalenguas completo.

7. Intercambia tu trabalenguas con tus compañeros de equipo y traten de leerlos sin equivocarse desde el primer intento.

Los cuadros sinópticos

Aprendizajes esperados. Establece criterios de clasificación al organizar información de diversas fuentes en temas y subtemas. Reconoce las características, funciones y utilidad de los cuadros sinópticos.

> El **cuadro sinóptico** es un **resumen esquematizado** que tiene la ventaja de presentar visualmente la estructura y organización del contenido de un texto. Generalmente se hace con ayuda de llaves ({ }). El título se escribe a la izquierda seguido de una llave dentro de la que se ponen los subtítulos, y con otras llaves se escriben las ideas principales y secundarias.

1. Lee esta información:

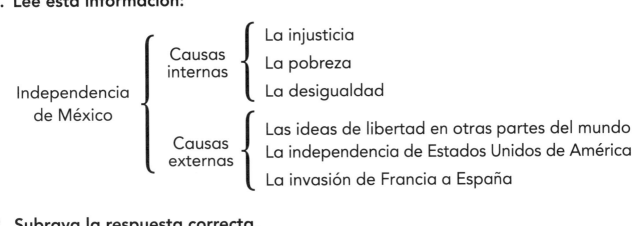

2. Subraya la respuesta correcta.

a) Este cuadro presenta:

- Sólo ideas sueltas que no se relacionan.
- Las ideas principales de un texto mayor y las relaciones entre ellas.
- Toda la información disponible en una lectura.

b) ¿Cómo se les llama a los cuadros o esquemas como el anterior?

- Resúmenes.
- Narraciones.
- Cuadros sinópticos.

3. Con la información del cuadro sinóptico, responde las preguntas.

a) ¿Qué tema general se trata en el texto que se resume por medio de este cuadro sinóptico?

_____

b) ¿Cuántos subtemas tiene y cuáles son?

_____

c) ¿Cuántas causas internas y externas, según el cuadro, originaron la guerra de Independencia?

_____

Los mapas conceptuales

Aprendizaje esperado. Conoce las características, usos y funciones de los mapas conceptuales.

> Los **mapas conceptuales** son esquemas o representaciones gráficas de la información. Se hacen mediante la interconexión de varias ideas, utilizando dos elementos: conceptos (frases breves) y uniones o enlaces (palabras). Contienen la información más importante, resumida y conectada para visualizar cómo se relaciona la información. Para leerlo se inicia por el concepto o tema principal y se continúa con los demás conceptos.

1. **Escribe en los paréntesis el número de la respuesta correcta.**

   a) Un mapa conceptual representa: (   )

       1. palabras.   2. información.   3. valores.

   b) Los mapas conceptuales sirven para: (   )

       1. aprender a leer.   2. unir enlaces.   3. visualizar los conceptos.

   c) En un mapa conceptual la información se presenta: (   )

       1. resumida y separada.   2. resumida y conectada.   3. resumida en párrafos.

2. **Lleva a cabo lo que se te pide, utilizando el mapa conceptual.**

   a) Ilumina con rojo el tema principal.

   b) Ilumina con azul los conceptos secundarios.

   c) Subraya con verde los enlaces.

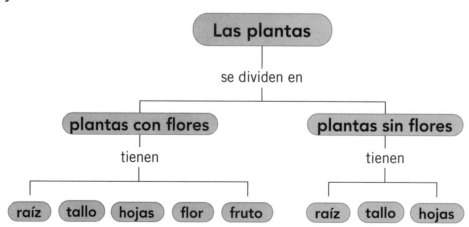

3. **Escribe cuál crees que es la principal función de los mapas conceptuales.**

_____

_____

Las tablas de doble entrada

Aprendizaje esperado. Conoce las características, usos y funciones de las tablas de doble entrada.

> Las **tablas de doble entrada** son tablas comparativas que se usan para **organizar información** de manera **visual** y práctica, con el propósito de resumir los contenidos de un texto. La información **se organiza en dos ejes**, uno vertical y otro horizontal. Los temas generales se colocan en las columnas y los subtemas, aspectos, preguntas, etc., en las filas. Se pueden leer de manera vertical (columnas) y horizontal (filas).

1. **Completa las oraciones con las palabras del recuadro.**

> resumir   variables   organizar   visual   semejanzas   vertical

a) Las tablas de doble entrada ayudan en la comparación de elementos por sus _____ o diferencias.

b) Permiten _____ la información para hacerla más _____ y práctica.

c) Su principal función es _____ la información.

d) La información se organiza en dos ejes: uno _____ y otro horizontal.

e) Las tablas de doble entrada son muy útiles para resumir información que posea dos o más _____ fijas.

2. **Observa la tabla de doble entrada y contesta las preguntas.**

| Tipos de insectos ||
Voladores	No voladores
abeja	hormiga
avispa	cucaracha
libélula	grillo
mariposa	pulga

a) ¿Cuál es el tema principal de la tabla?

_____

b) ¿Cuántos subtemas tiene y cuáles son?

_____

c) ¿Qué tipo de insecto es la avispa?

_____

Clasifico lo que me piden

Aprendizajes esperados. Establece criterios de clasificación al organizar información de diversas fuentes. Elabora cuadros sinópticos y mapas conceptuales para resumir información.

Para **resumir** información con una **estructura organizada** y gráfica se pueden utilizar las **tablas**, ya que nos permiten, como los cuadros sinópticos y mapas conceptuales, jerarquizar y visualizar el contenido.

1. **Observa los dibujos y clasifica cada elemento en la categoría que corresponda.**

a)

Seres vivos	
Animales	Vegetales

b)

Instrumentos musicales
- Cuerda
- Viento
- Percusión

2. **Observa los dibujos y elabora un mapa conceptual; escribe el título que le corresponde y los enlaces.**

aéreos
acuáticos
terrestres

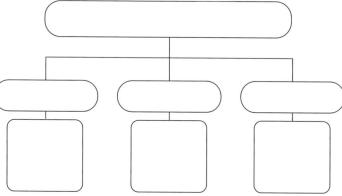

Uso de comillas en citas textuales

Aprendizaje esperado. Utiliza correctamente las comillas en citas textuales.

1. **Hannia quiere escribir sobre el tema de la amistad en un trabajo llamado "Libro del mes". Ayúdala con las siguientes actividades.**

   a) Busca en el diccionario lo que significa la palabra *amistad* y escríbelo sobre las líneas.

   _____

   _____

   b) Ahora escribe lo que tú piensas sobre la amistad.

   _____

   _____

   c) Fíjate lo que otras personas dicen sobre los beneficios de la amistad:

   "La mayoría de nosotros declara que las experiencias vividas con nuestros amigos se encuentran entre las más positivas (¡incluso por encima de las pasadas en familia o con el cónyuge!). Ponen a las personas felices, alertas, sociables, alegres, motivadas, sobre todo los adolescentes, pero también la gente de edad".

   Decídase a ser feliz, México, Marabout, 2006.

2. **¿Por qué el párrafo anterior está entre comillas?**

   _____

3. **Investiga algunas ideas sobre la amistad y escríbelas. Recuerda que las ideas que se copian tal como están en el original deben ir entre comillas.**

   _____

   _____

   _____

   _____

   _____

Los textos expositivos

Aprendizajes esperados. Recuerda qué es un texto expositivo, su estructura y usos. Establece criterios de clasificación al organizar la información de diversas fuentes.

> **Recuerda:**
> En el **texto expositivo** se recopila información de diferentes fuentes para resumirla con el fin de explicarla a alguien más. Utiliza diferentes recursos, como la descripción, narración o argumentación. La información se divide en títulos y subtítulos, y utiliza ilustraciones como apoyo. Consta de tres partes: **introducción**, **desarrollo** y **conclusiones**.

1. **Lee este ejemplo de texto expositivo y escribe en los globos el nombre de cada una de sus partes. Apóyate en las palabras del recuadro.**

> Opinión Información para clasificar Título
> Conclusión Párrafo introductorio Resumen

a)

b)

PLATO DEL BIEN COMER

El Plato del bien comer es una guía gráfica de alimentación. A través de él, se ofrece a la población opciones prácticas, con respaldo científico, para la lograr una alimentación correcta.

Como se muestra en la ilustración, en el Plato del bien comer los alimentos se organizan en tres grupos, todos importantes y necesarios para dar al cuerpo los nutrientes que requiere para funcionar correctamente.

c)

Grupos de alimentos
1. Verduras y frutas que aportan agua, vitaminas y fibra: apio, ejote, uvas, etcétera.
2. Cereales y tubérculos que aportan energía, fibra, vitaminas y minerales: trigo, arroz, papa, camote, pastas, galletas, tortillas, etcétera.
3. Leguminosas y alimentos de origen animal: aportan proteínas y grasa: pescado, pollo, res, huevos, leche, frijoles, habas.

d)

A manera de repaso: para tener una alimentación balanceada, hay que combinar en cada comida alimentos de los tres grupos.

En conclusión, el esquema del Plato del bien comer es un instrumento que muestra cómo promover una alimentación saludable, mediante la combinación y variación de los alimentos que integran la dieta.

e)

f)

http://www.facmed.unam.mx/deptos/salud/periodico/30%20plato/index.html
y http://www.cucurrucu.com/plato-del-buen-comer/index.html (adaptación).

2. Encierra en un círculo el texto expositivo.

a) Poema.   b) Cuento.   c) Artículo.   d) Canción.

3. Lee el texto expositivo.

EL *AUSTRALOPITHECUS*

Para proporcionar estas características, los investigadores tuvieron que realizar muchas investigaciones y así determinar su parecido con el hombre actual.

El mundo en que vivimos existe desde hace 4 000 millones de años, pero el ser humano más cercano a nuestra condición actual apareció hace apenas 100 000 años. Entre los que nos preceden está el *australopithecus*, que fue el primero en vivir en grutas.

El *australopithecus* tenía cara corta y ancha, prácticamente sin frente; la estructura de la pelvis y los huesos de las piernas sugieren que anduvo en posición semirrecta; otros estudios señalan que tuvo dientes delanteros pequeños y una capacidad craneal de 650 mL, lo cual es pequeño para los estándares humanos.

4. Imagina que vas a exponer sobre el *australopithecus*. Piensa en las preguntas que harás para obtener información y escríbelas. Después revisa cuáles puedes responder con el texto anterior y cuáles no. Investiga las que no puedes responder y escribe las respuestas.

a) Pregunta _____

   Respuesta _____

b) Pregunta _____

   Respuesta _____

c) Pregunta _____

   Respuesta _____

d) Pregunta _____

   Respuesta _____

e) Pregunta
   Respuesta

f) Pregunta _____

   Respuesta _____

¿Cómo clasificar la información?

Aprendizaje esperado. Establece criterios de clasificación al organizar información de diversas fuentes.

1. Con ayuda del Plato del bien comer, completa el cuadro sinóptico.

Plato del bien comer
- Verduras y _____ { _____
- _____ { _____
- _____ { _____
- _____ y alimentos de origen animal { _____

2. Relaciona los temas con las categorías en las que podrías clasificar su información.

a) Ecosistemas de México.   (   ) África, América, Asia, Europa.

b) Continentes.   (   ) Ensaladas, postres, sopas.

c) Recetas.   (   ) Desiertos, bosques y selvas.

3. Escribe una forma para organizar la información de...

a) los libros de la biblioteca de aula. _____

b) los videojuegos. _____

_____

4. Intercambia tu libro con otro compañero y revisen sus respuestas, luego responde: ¿utilizaron las mismas categorías? ¿Por qué crees que fue así?

_____

_____

_____

_____

5. Lee el siguiente texto expositivo y lleva a cabo lo que se te pide.

COMPORTAMIENTO INNATO Y COMPORTAMIENTO APRENDIDO

Los seres vivos y en especial los animales presentan determinadas conductas para casi cada aspecto de su vida, desde buscar alimento hasta criar a sus cachorritos. Algunos de estos comportamientos son innatos, es decir, se nace con ellos, como dormir o comer. Otras conductas se aprenden, como cazar o leer y escribir.

El comportamiento innato es conocido también como "instinto". Es aquel comportamiento que no necesita un aprendizaje o experiencia anterior para llevarlo a cabo, ya que se nace con él; se hereda genéticamente de padres a hijos. Por eso, se puede hablar de un determinado carácter y pautas de comportamiento según la raza a la que pertenezca el animal, y así tenemos por ejemplo que los osos hibernan o las mariposas monarcas migran en el invierno. Estas conductas no tienen nada que ver con el ambiente o lugar en el que viven. Otros ejemplos de comportamiento innato en los animales son la defensa de las crías o el territorio, buscar alimento, etcétera.

El comportamiento aprendido o adquirido es el que se aprende a lo largo de la vida. Por tanto, en este tipo de comportamiento, el ambiente, la educación y las experiencias influyen de manera determinante y hacen que las conductas cambien conforme los animales se van desarrollando y aprendiendo nuevas cosas; de igual manera con la experiencia y repetición se van mejorando las conductas. Es una forma de conducta individual que no afecta a toda la raza; por ejemplo, aprender a volar, jugar futbol, advertir señales de peligro, entre otras.

a) Subraya las palabras clave del texto anterior y completa la tabla.

Comportamiento	
Innato	Aprendido

b) ¿Consideras que la información fue suficiente en la tabla anterior? Explica tu respuesta y, si falta información, escribe qué faltó.

_____

_____

_____

_____

Citar para no plagiar

Aprendizajes esperados. Emplea referencias bibliográficas para ubicar fuentes de consulta. Emplea citas textuales para referir información de otros en sus escritos.

1. Observa la historieta y coméntala con tus compañeros y maestro.

http://es.wikipedia.org/wiki/Referencia_bibliogr%C3%A1fica (adaptación).

2. Responde las preguntas. Si lo requieres, consulta a tu maestro.

a) ¿Qué significa plagiar información?

_____

b) ¿Por qué hay que mencionar al autor o el material del que tomamos los datos?

_____

c) ¿Por qué es importante hacer la cita bibliográfica de un material?

_____

3. Lee la ficha bibliográfica de este libro.

Branzei, Sylvia, *Asquerosología animal,*
Ediciones Lamique, Buenos Aires, 2005, p. 79.

4. ¿Qué información de la que se presenta en el recuadro es útil para hacer una cita bibliográfica? Márcala con una ✔.

( ) Nombre y apellidos del autor.

( ) Dirección completa de la editorial.

( ) Editorial.

( ) Año.

( ) Ciudad.

( ) Páginas que se utilizaron de la obra.

( ) Título del libro.

( ) Tipo de papel.

5. Organiza los datos para elaborar la ficha bibliográfica en el recuadro en blanco. Toma como modelo la actividad 3.

La magia del cine, Editorial Mundo,
pp. 14-15. 2010
RUIZ, Pedro, Munich,

6. Relaciona los textos con la ficha bibliográfica que les corresponde.

a) Al bebé le salen los primeros dientes a los 6 meses. A los 5 años, un niño tiene ya 20 dientes de leche que se le caerán para dejar espacio a los 32 dientes que tendrá de adulto.

Dubovoy, Silvia, *El regalo de los mayas,* Editorial Everest, Madrid, 2006, p. 41.

b) Para adornarse, los mayas se incrustaban trozos de jade en los dientes.

Brewer, Sarah, *1001 datos sobre el cuerpo humano,* Editorial Molino, Barcelona, 2002, p. 131.

7. Elabora la ficha bibliográfica de tu libro favorito y dibuja su portada.

Portada

8. También la información de internet se puede citar. Observa este ejemplo.

http://www.patzcuaro.com/festividades/dia_muertos.html (consultado el 25 de julio de 2019).

Palabras que unen palabras

Aprendizajes esperados. Emplea oraciones complejas al escribir e identifica la función de los nexos en un texto. Utiliza la información relevante de los textos que lee en la producción de los propios.

> **Recuerda:**
> Los **nexos** son palabras que se usan **para unir** dos palabras u oraciones que tienen conexión. Hay diferentes tipos de nexos: **copulativos**: unen ideas de acumulación (*y, e, ni, que*); **disyuntivos**: unen opciones (*o, u, o bien*); **adversativos**: unen contradicciones u oposiciones (*pero, mas, sin embargo, si no que*); **causales**: unen la causa y la situación (*porque, puesto que, pues que, ya que*).

1. **Subraya las palabras que puedes usar como nexos.**

   es decir   y   amanece   por lo tanto   compraron   por ejemplo   causar

   cuando   librería   porque   entonces   además   terminó   aunque   pero

2. **Encierra los nexos que encuentres en este párrafo.**

   Cuando llega la pubertad, los cambios hormonales hacen la piel más grasosa, por lo tanto aparece el temido acné. La pubertad inicia en las niñas a los 9-13 años y en los chicos a los 10-14 años.

3. **Relaciona las columnas, utilizando los nexos para unir las partes de las oraciones.**

   a) La piel pesa entre 4 y 7 kilos;

   b) Analizando el ADN de una persona se pueden detectar enfermedades genéticas;

   c) Al hacer ejercicio, los músculos necesitan más sangre;

   entonces,

   por ello

   por ejemplo,

   el síndrome de Down.

   el corazón aumenta su ritmo para que llegue en cantidad suficiente.

   es el órgano más pesado del cuerpo.

4. **Selecciona uno de los nexos para completar las oraciones.**

   a) _____ (Cuando/Y) en 1895, el físico Willhelm Conrad Roentgen descubrió los rayos X; los llamó así _____ (es decir/porque) no comprendía su naturaleza.

   b) Cada día, el bebé necesita dormir entre 14 y 16 horas, _____ (mientras/por ejemplo) que un niño de 3 años lo hace 12 y un adulto sólo 7.

   c) El tamaño de la pupila se dilata, _____ (aunque/es decir), se agranda en la oscuridad y disminuye cuando la luz es muy intensa.

   Información tomada de: Brewer, Sarah (2002) *1001 datos sobre el cuerpo humano.*
   Editorial Molino. Barcelona, 2002, 292 p.

Los artículos de divulgación científica

Aprendizajes esperados. Lee, escribe y organiza artículos de divulgación científica. Identifica la relación entre los datos y los argumentos de un texto expositivo. Interpreta la información obtenida en tablas de datos y gráficas.

Los **artículos de divulgación** científica son textos que presentan síntesis de investigaciones científicas con un lenguaje claro, objetivo y directo. Su objetivo es dar a conocer la información científica al público en general. Tienen la siguiente estructura:

Título: es corto, atractivo y relacionado con el contenido.

Nombre de los autores

Resumen: es un planteamiento donde se presenta brevemente el contenido del artículo.

Introducción: menciona los objetivos de la investigación de manera clara y original.

Materiales y métodos: son los procedimientos metodológicos y los recursos que se utilizaron.

Resultados: presenta los resultados de la investigación mediante datos, estadísticas y notas donde se justifica lo que arrojó la investigación. Puede apoyarse con gráficas, esquemas, mapas y fotos.

Discusión: es el análisis de resultados que se presentaron, donde se reflexiona acerca de si se lograron los objetivos y se respondió a la pregunta de investigación. Se argumentan y justifican los puntos de vista.

Conclusiones: resumen de los resultados que se obtuvieron y la discusión.

Referencias: fuentes de información que se utilizaron o consultaron.

1. **Con ayuda de la portada de esta revista, encierra la ficha bibliográfica que le corresponda.**

   a) FLEKEN, Erika 100cia para niños, 16.

   b) FLEKEN, Erika: "Caries: Un enemigo lento y silencioso", en *100cia para niños*. Science, número 14 (mayo de 2012), pág. 16.

   Disponible en http://muyinteresante.mx/, consultado en mayo de 2019.

2. **Completa el texto con tus propias palabras. Utiliza la información de la gráfica.**

   <u>El 80% de los residuos sólidos que se generan en la Ciudad de México pueden reciclarse. Los residuos están compuestos en su mayoría por</u> _____

   _____

   _____

   _____

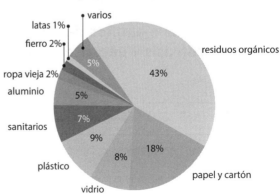

Composición de la basura que se produce en Ciudad de México

- varios
- latas 1%
- fierro 2%
- ropa vieja 2%
- aluminio 5%
- sanitarios 7%
- plástico 9%
- vidrio 8%
- papel y cartón 18%
- residuos orgánicos 43%

¿Cómo lo dijo?

Aprendizaje esperado. Emplea citas y paráfrasis en la construcción de un texto propio.

1. Lee los textos y subraya el tipo de información que presentan.

a) Los antropólogos David Raichlen y Adam Gordon intentaron explicar por qué los humanos y otros primates tienen cerebros más grandes comparados con otras especies animales.

- Paráfrasis.
- Cita textual.

b) "Lo que hemos descubierto", dijo Gordon, "es que entre las especies de mamíferos parientes lejanos, los que tienen la capacidad relativamente alta para el ejercicio de resistencia tienen un cerebro más grande. Esto sugiere que el fenómeno observado en los entornos de laboratorio de experimentación puede trabajar en una escala de tiempo evolutivo también".

- Cita textual.
- Paráfrasis.

Fragmentos adaptados y disponibles en http://mx.noticias.yahoo.com/tama%c3%b1o-cerebro-estar%c3%ADada-ligado-ejercicio-f%c3%adsico-revela-estudio-131600812.html, consultado el 8 de agosto de 2011.

2. Lee el texto.

DESCUBREN FÓSIL DE RINOCERONTE LANUDO

El fósil de un rinoceronte lanudo de unos 3.6 millones de años descubierto en el Tíbet indica que algunos mamuts gigantes, perezosos y tigres diente de sable pudieron haber evolucionado en las montañas antes de la era del hielo, dicen los expertos.

Además del rinoceronte lanudo, el equipo de paleontólogos también develó especies extintas de caballos con tres dedos, el Bharal tibetano y otros 25 tipos de mamíferos.

"Lugares fríos, como el Tíbet, el Ártico o la Antártida, serán ideales para realizar más descubrimientos en el futuro", dijo Xiaoming Wang, del Museo de Historia Natural de Los Ángeles.

Fragmentos adaptados y disponibles en http://mx.noticias.yahoo.com/f%C3%B3sil-rinoceronte-lanudo-ser-previo-hielo-0918511330.html, consultado el 5 de septiembre de 2011.

3. Fíjate en los ejemplos del ejercicio 1, con ayuda de las definiciones escribe una paráfrasis y una cita textual con base en el contenido del texto anterior.

_____

_____

_____

_____

El arte de argumentar

1. Copia en orden las palabras de color gris y sabrás qué es un argumento.

Prueba Razonamiento donde para obtener probar o o razonar demostrar sin algo y o y para un convencer de a convence alguien de de o lo decir que de decimos eso.

Argumento: _____

_____

http://buscon.rae.es/drael/SrvltConsulta?TIPO_BUS=3&LEMA=argumento,
(consultado el 9 de enero de 2020. Adaptación).

2. En una reunión de vecinos informaron sobre la Semana Nacional de Vacunación Antirrábica Canina y Felina. Lee este fragmento del texto que dieron.

El número de mascotas aumenta cada día y con ello la probabilidad de un contagio de rabia si el animal no está vacunado. Por ello durante la Semana Nacional de Vacunación Antirrábica, la Secretaría de Salud ofrece gratis la aplicación de vacunas seguras y de la más alta calidad, así las mascotas y sus familias estarán protegidas de tan terrible y mortal enfermedad.

La rabia puede transmitirse entre animales (perro-perro), pero también cuando un animal muerde o lame a un humano. Esta enfermedad puede evitarse con la aplicación de una vacuna. Los perros deben vacunarse al mes de vida, a los tres meses y luego 1 vez al año.

En caso de mordedura se debe lavar la herida con abundante agua y jabón y acudir al centro de salud más cercano. No se debe matar al animal que atacó, sino mantenerlo en observación para confirmar si está infectado de rabia.

Fuente: http://www.cenave.gob.mx/zoonosis/rabia/
snvacyf2011.pdf

3. Después de la reunión, los vecinos hicieron los siguientes comentarios. Escribe con ayuda del texto, los argumentos para cada situación.

a) Alguien dice que la vacunación no es importante. Tú no estás de acuerdo, ¿qué le contestarías?

_____

b) Un vecino que tiene dos gatos no quiere vacunarlos, pues argumenta que les va a doler. ¿Qué razón le darías para convencerlo?

_____

Repaso

I. Contesta lo que se te pide.

1. **Subraya la respuesta correcta.**

   a) A la narración cronológica de hechos reales del pasado se le llama:

   1. relato de hechos   2. relato narrativo   3. relato histórico

   b) El texto que presenta información sobre un tema es:

   1. texto informativo   2. texto científico   3. texto expositivo

   c) El texto que recopila información de diferentes fuentes para explicarlo a alguien más se conoce como:

   1. texto informativo   2. texto científico   3. texto expositivo

   d) La introducción, desarrollo y conclusiones son partes del:

   1. texto expositivo   2. relato narrativo   3. texto histórico

2. **Escribe una oración de apoyo para las oraciones tópico.**

   a) Comer sano es bueno para la salud, _____

   b) Messi es un gran futbolista, _____

   c) El agua es vital para la vida, _____

   d) Los salones de 5° son muy grandes, _____

3. **Completa las oraciones.**

   a) Las _____ son vocablos que se utilizan como instrumentos de búsqueda.

   b) Una manera rápida y efectiva de saber si una fuente de información es útil es revisar el _____

   c) Los textos tienen _____ y subtítulo y también los utilizamos para buscar _____

   d) Las palabras clave también son útiles para _____ la información en cuadros, esquemas y mapas.

4. **Une cada inicio de palabra con la terminación que le corresponda.**

   a) eva   lucionar

   b) eve   tar
                   nto

   c) evi   cuar
                   dente

   d) evo   luación

5. Lee las características de cada herramienta y marca con una ✔ de cuál se trata.

a) En él se relacionan los conceptos clave de un tema.

☐ Tabla ☐ Mapa conceptual ☐ Cuadro sinóptico

b) Esquema ordenado por niveles que muestra todos los elementos de un tema.

☐ Cuadro sinóptico ☐ Mapa conceptual ☐ Tabla

c) Organiza la información en filas (horizontales) y columnas (verticales).

☐ Mapa conceptual ☐ Cuadro sinóptico ☐ Tabla

d) Los conceptos se conectan entre sí, con palabras de enlace escritas en minúscula.

☐ Mapa conceptual ☐ Cuadro sinóptico ☐ Tabla

6. Relaciona la información con la imagen que le corresponda.

a)
Aumento de basura en Ciudad de México

b)

c)
¿Dónde se producen los residuos sólidos?

( ) El programa contempla la separación de residuos en dos categorías: orgánicos e inorgánicos.

( ) Es en los hogares donde se produce la mayor cantidad de residuos sólidos, seguidos por comercios, servicios, y otras actividades.

( ) La cantidad de basura que produce un habitante de Ciudad de México ha aumentado drásticamente en las últimas décadas.

7. Acomoda en el lugar que corresponda los datos para que la ficha bibliográfica del artículo quede bien escrita.

Pág. 37   "Rinoceronte lanudo"
En *Paleontología de ayer y hoy*,
Los Ángeles,   Wang, Xiaomimg.
Número 26 (junio 2102)   MHNLA.

8. Escribe tu opinión acerca del uso de las redes sociales y arguméntala.

_____

_____

_____

Los refranes

Aprendizajes esperados. Identifica las características de las fábulas, y sus semejanzas y diferencias con los refranes. Comprende la función de fábulas y refranes. Interpreta el significado de fábulas y refranes.

> Los **refranes** son frases de uso común. Su función es enseñar las consecuencias de las actitudes humanas mediante símiles y metáforas. En un símil se compara una cosa o situación con otra. En una metáfora se atribuyen a una cosa o situación las características de otra.

1. **Elige el refrán que refiere a las situaciones.**

   a) Aunque la gente sea amable, no podemos conocer sus verdaderas intenciones.

   - En casa del herrero cuchillo de palo.

   - Caras vemos corazones no sabemos.

   b) Todos podemos equivocarnos, incluso en aquello que mejor hacemos.

   - Al mejor cazador se le va la liebre.

   - El hábito no hace al monje.

   c) Cuando la gente tiene dinero, tiene más amigos.

   - Quien paga sus deudas su capital aumenta.

   - Al nopal sólo lo van a ver cuando tiene tunas.

   d) Si somos pacientes podemos lograr aquello que parecía imposible.

   - Quien no se aventura no pasa la mar.

   - Con paciencia y calma, sube el burro a una palma.

2. **Observa la imagen y subraya el refrán con el que se relaciona.**

   a) Candil de la calle, oscuridad en su casa.

   b) Toda moneda tiene dos caras.

3. **Explica el significado de los refranes.**

   a) Más vale paso que dure y no trote que canse.

   _____

   _____

   _____

   _____

   b) A buen hambre, no hay pan duro.

   _____

   _____

   _____

   _____

4. **En los siguientes refranes, observa las palabras resaltadas. Después, elige los elementos con los que pueden compararse.**

   a) Del **árbol caído** todos hacen leña.

   - Una persona en desgracia.

   - Una persona que se cayó.

   - Una persona enojada.

   b) Tanto peca el que mata la vaca como **el que le agarra la pata**.

   - Una persona inocente.

   - El cómplice de una mala acción.

   - La persona que trata de impedir una desgracia.

   c) **Cuando el río suena**, es que agua lleva.

   - Cuando se tienen problemas.

   - Cuando alguien viaja en barco.

   - Cuando hay rumores.

El que a buena fábula se arrima...

Aprendizajes esperados. Identifica las características de las fábulas, y sus semejanzas y diferencias con los refranes. Comprende la función de fábulas y refranes. Interpreta el significado de fábulas y refranes.

> Una **fábula** es una narración literaria sencilla y breve escrita en verso o prosa. Su objetivo es dejar una **enseñanza**, la cual se conoce como **moraleja**. Los personajes generalmente son animales o seres inanimados con comportamientos humanos. Tiene tres partes: **inicio** y presentación del conflicto, **desarrollo del conflicto** y **desenlace** o solución del conflicto. La moraleja se presenta al final, por lo general.

1. Lee el texto y coméntalo con tus compañeros.

EL ÁGUILA

Un águila, mirando hacia abajo desde su altísimo nido, cierto día, vio un búho.

—¡Qué gracioso animal! —dijo para sí—. Ciertamente no debe ser un pájaro.

Picada por la curiosidad, abrió sus grandes alas y describiendo un amplio círculo comenzó a descender.

Cuando estuvo cerca del búho le preguntó:

—¿Quién eres? ¿Cómo te llamas?

—Soy el búho —contestó temblando el pobre pájaro, tratando de esconderse detrás de una rama.

—¡Ja! ¡Ja! ¡Qué ridículo eres! —rio el águila dando vueltas alrededor del árbol—. Eres todo ojos y plumas. Vamos a ver —siguió, posándose sobre la rama—, veamos de cerca cómo estás hecho. Déjame oír mejor tu voz. Si es tan "bella" como tu cara, habrá que taparse los oídos.

El águila, mientras tanto, trataba de abrirse camino entre las ramas para acercarse al búho; pero un campesino había dispuesto unas varas engomadas entre las ramas del árbol y esparcido abundante goma en las ramas más gruesas.

El águila se encontró de improviso con las alas pegadas al árbol y cuanto más forcejeaba por librarse, más se le pegaban todas sus plumas.

El búho dijo:

—Águila, dentro de poco vendrá el campesino, te agarrará y te encerrará en una jaula, o quizás te mate para vengar los corderos que te has comido. Tú vives siempre en el cielo, libre de peligros, ¿qué necesidad tenías de bajar tanto para reírte de mí?

Fábulas y leyendas de Leonardo da Vinci.
Disponible en http://www.galeon.com/fierasysabandijas/
enlaces/vinci.htm

2. Subraya las respuestas correctas.

a) El refrán que puede utilizarse como moraleja para la fábula "El Águila" es...

- Más vale pájaro en mano que ver un ciento volar.

- El que siembra viento cosecha tempestades.

- Al ojo del amo engorda el caballo.

b) El título de este proyecto es "El que a buena fábula se arrima..." ¿de qué refrán se tomó la idea?

- El que a buen árbol se arrima, buena sombra le cobija.

- Más vale tarde que nunca.

- Al que madruga, Dios le ayuda.

3. Tomando en cuenta este refrán, ¿cómo completarías el título?

El que a buena fábula se arrima... _____

_____

4. Lee las oraciones y colorea *R* si describe una característica de los refranes o *F* si es de las fábulas. Puedes colorear los dos si se trata de una característica compartida.

a) Ofrece una enseñanza o consejo. F R

b) Utiliza animales para presentar el mensaje. F R

c) Es una frase del dominio público. F R

d) Hace reflexionar sobre las virtudes o defectos humanos. F R

5. Escribe en qué se parecen las moralejas y los refranes.

_____

_____

_____

_____

¿En qué se parecen?

Aprendizajes esperados. Escribe correctamente las palabras que pertenecen a una misma familia de palabras. Comprende cómo se relacionan las palabras.

> Las **palabras** que pertenecen a una misma **familia** o grupo, se escriben de manera similar.

1. Lee y responde.

> Frecuentemente, las fábulas utilizan animales como personajes para presentar defectos y **virtudes** humanos.

¿Qué palabra está en negritas? _____

2. Colorea las palabras cuyo significado está relacionado con ella.

virtuoso

persona

virtuosismo

desvirtuar

virtud

3. Observa su escritura y escribe en qué se parecen.

_____

4. Ordena las letras, forma las palabras escondidas y escríbelas en las líneas.

| umahon | niumahon | hindaduma |

_____   _____   _____

5. Escribe otras dos palabras que pertenezcan a este grupo o familia de palabras.

_____

_____

Narraciones y personajes

Aprendizajes esperados. Distingue a los personajes por su relevancia en la historia. Hace inferencias sobre las motivaciones implícitas de los personajes y sus perspectivas.

La presencia o el papel que tienen durante la narración, ubica a los **personajes** como principales o secundarios.

Los personajes **principales** mantienen la trama, participan con mayor frecuencia en la narración y en ocasiones la cuentan. Los personajes **secundarios** acompañan al principal y aparecen de manera incidental o ayudan a los personajes principales en algún momento de la historia.

1. Lee la fábula y realiza lo que se te pide.

EL ASNO, EL GALLO Y EL LEÓN

En cierta ocasión, el asno y el gallo se encontraron en los pastizales. Cuando menos lo esperaban, el gallo advirtió la presencia de un hambriento león que, viendo al despreocupado asno, se alistaba a devorarlo.

Entonces el gallo, al observar el peligro de su compañero, se puso a cantar y el león, al oír tan singular sonido de trompeta, se asustó y tomó otro camino.

El asno, burro al fin, creyó que el león huía por su presencia y no titubeó en ir en su persecución. Mas, cuando llegó a cierta distancia en que ya no se oía el canto del gallo, el león devoró al asno sin miramientos.

—¡Qué burrada cometí! —dijo el asno antes de morir—. Si no nací guerrero, ¿por qué me lancé a la contienda?

Moraleja: Quien busca el peligro, en él perecerá.

https://fabulasanimadas.com/el-asnoel-gallo-y-el-leon/
(consultado el 10 de enero de 2020).

a) Subraya con verde a los personajes principales y con naranja a los secundarios, y escribe por qué los escogiste así.

_____

b) ¿Por qué crees que el asno creyó que el león huía porque le tenía miedo a él?

_____

c) ¿Por qué se fue el león?

_____

2. Escribe los personajes principales y secundarios del cuento *Caperucita y el lobo*.

a) Personajes principales: _____

b) Personajes secundarios: _____

Uso de z: izo

Aprendizaje esperado: Utiliza correctamente la z al transformar adjetivos y darles la terminación *izo*.

1. Lee el texto y completa el reto.

¡LORE, LA TRANSFORMADORA!

A Lore le fascina la magia; de hecho, es la maga del circo que tiene su papá. A ella le encanta transformar cosas: conejos en palomas, palomas en conejos, etc. Una vez transformó un ratón en un elefante, y ¡qué decir cuando, en una función del circo, transformó a un espectador en plátano!

Sí, Lore era la mejor transformadora de cosas, pero no siempre le salía bien todo; una vez quiso transformar una silla en columpio y en vez de columpio se transformó en coche. Estaba muy triste y desilusionada, así que al otro día platicó con su maestra Tere sobre su tragedia; la maestra le dijo que necesitaba esforzarse más y practicar, así que le propuso un reto muy difícil, uno que necesitaba de mucha concentración: la transformación de las palabras.

—¿Transformación de palabras? —dijo Lore, extrañada.

—¡Sí, la transformación de las palabras! —aseveró la maestra.

Así que la maestra le escribió algunas palabras en su cuaderno y le dijo que podría hacerlo con la condición de mantener el origen de la palabra, pero transformando su significado utilizando la terminación *-izo.*

Y Lore, con su varita mágica, gritó: ¡transfórmense! Pero no ocurrió nada.

Ayuda a Lore a completar su mayor reto.

2. Convierte las palabras y transfórmalas, observa el cambio de significado.

a) enfermo _____

b) asustado _____

c) pegado _____

d) movido _____

e) primero _____

> Los **adjetivos** que terminan o que se transforman en **-izo** se escriben con **z**.

3. Transforma las palabras y construye una pequeña oración.

a) rojo: _____

_____

_____

_____

_____

b) quebrar: _____

_____

_____

_____

_____

c) cobre: _____

_____

_____

_____

_____

d) resbalar: _____

_____

_____

_____

_____

4. Escribe las letras que hacen falta en las palabras.

a) El hielo de los polos está quebrad _____ por el calentamiento global.

b) Los hech_____ de la bruja del cuento de Blanca Nieves son divertidos.

c) El subsuelo de la ciudad de México es moved_____

d) El escurrid_____ ladrón se escapó.

e) El pavimento mojado es resbalad_____, lo que provoca muchos choques.

No son cuentos… son leyendas

Aprendizajes esperados. Identifica las características de las leyendas. Distingue fantasía y realidad en leyendas. Reconstruye las relaciones temporales entre los acontecimientos. Recupera los acontecimientos principales de la leyenda para escribir una versión de la historia.

1. Lee la siguiente leyenda.

EL SOL Y LA LUNA

Antes de que existiera la luz del día, los dioses de Teotihuacan se reunieron en uno de los templos para decidir quién iba a dar luz al mundo.

Todos sabían que esto costaría la vida a quienes decidieran hacerlo, pues tendrían que arrojarse en una hoguera.

Un dios joven llamado Tecuciztécatl, dijo:

—Yo estoy dispuesto a lanzarme al fuego.

Los dioses aceptaron de buen grado el ofrecimiento, pero necesitaban otro dios para acompañar a Tecuciztécatl. Él, de manera burlona preguntó a los dioses:

—¿Nadie es tan valiente como yo para ofrecer su vida y dar luz al mundo? Un dios viejecito y humilde, se puso delante de todos y dijo.

—Yo soy Nanahuatzín y estoy dispuesto a dar mi vida para dar luz al mundo.

Y llegó el esperado día de la ceremonia. Los dioses encendieron una gran hoguera en el centro del templo. Tecuciztécatl se acercó al fuego, pero el calor era tan intenso que tuvo miedo y se retiró. Así ocurrió cuatro veces: trataba de entrar, pero no se atrevía y volvía a retirarse. Entonces, Nanahuatzín caminó hacia la enorme hoguera, y se arrojó al fuego. Tecuciztécatl sintió vergüenza y siguiendo el ejemplo de Nanahuatzín se lanzó al fuego también.

De pronto, un rayo de sol apareció en el este, luego se formó el Sol por completo. Los dioses sabían que era Nanahuatzín porque había entrado primero en el fuego.

Después de algún tiempo, salió también otra luz. Era la Luna, y se veía también muy brillante. Entonces, uno de los dioses dijo:

—Debemos oscurecer un poco la segunda luz, pues no pueden brillar igual las dos luces porque Nanahuatzín tuvo más valor…

Los demás dioses estuvieron de acuerdo, así que uno de ellos tomó un conejo y lo arrojó a la segunda luz. Por eso el Sol es más brillante que la Luna y en ésta se puede ver la tenue silueta de un conejo.

Escobar, Melba, *Mitos y leyendas de América. Visiones del mundo de los pueblos indígenas de norte, centro y sur América*, Bogotá, Intermedio Editores, 2006, p. 130 (adaptación).

2. Lee esta historieta.

2. Javier contó a Laura la leyenda de manera muy breve.

> Imagina que vas a narrar por escrito a Laura esa leyenda.
> ¿Cómo la contarías? Escríbela con ayuda de este esquema.

Título		
¿Qué pasó primero? (Ideas principales del primer párrafo: introducción, planteamiento de los hechos, quiénes participaron, en dónde.)	¿Qué pasó después? (Ideas principales de los párrafos siguientes, en orden.)	¿Qué pasó al final? (Párrafo final: se cuenta cómo terminó la historia.)
_____ _____ _____ _____ _____	_____ _____ _____ _____ _____	_____ _____ _____ _____ _____

Realidad o fantasía en las leyendas

Aprendizajes esperados. Identifica las características de las leyendas. Distingue elementos de realidad y fantasía.

Las **leyendas** son relatos que combinan **elementos imaginarios** o fantásticos con algunos **elementos reales**. Se ubican en un tiempo y lugar reales y específicos. Se narran de manera oral o escrita, por lo que hay diferentes versiones de una misma leyenda según quién la narre o escriba.

1. **Anota una *F* si lo que se menciona es fantasía o una *R* si es real.**

   a) La Luna se puede observar por la noche.

   b) Dos dioses dieron origen al Sol y la Luna.

   c) Un conejo fue arrojado al fuego para atenuar el brillo de un dios.

   d) El Sol es más brillante que la Luna.

2. **Lee la leyenda y, de acuerdo con su contenido, anota lo que se pide.**

El señor del monte llamó a todas las aves de la creación para vestirlas con plumajes bellos. El primero que llegó fue el pavo real y, por eso, recibió un plumaje con casi todos los colores del arcoíris. Le siguió el faisán y también fue vestido con colores muy brillantes. Luego, llegaron la guacamaya, el azulejo, el cardenal, el colibrí… Cuando se le habían terminado las plumas al señor del monte, apareció un pajarillo. Por llegar en último lugar, recibió las plumas que estaban tiradas en el suelo, ya sucias. En compensación, el señor del monte le dio un hermoso trino. Desde entonces, lo escuchamos cantar en primavera. Esa ave es "la chica".

González Parada, Ivette (Comp.), Efraín Can Ek. 12 años, lengua maya, *Las narraciones de niñas y niños indígenas. Textos seleccionados de los concursos*, Tomo I, Dirección General de Educación Indígena, Campeche, 2003, p. 104 (adaptación).

   a) Elementos fantasiosos _____

   b) Elementos reales _____

Reescribiendo leyendas

Aprendizaje esperado. Utiliza párrafos temáticos que delimita con puntuación, espacios en blanco y uso de mayúsculas en la redacción de leyendas.

1. Lee este fragmento de una leyenda tepehuana.

CÓMO SE FORMÓ LA TIERRA

Cuentan que hace muchos años, cuando vivían nuestros antepasados, se oían rumores que se hundiría la Tierra, que desaparecería y que sólo quedaría agua.

Un señor empezó a pensar cómo salvarse, pues no quería morir. Se le ocurrió lo siguiente: tallar una canoa que lo mantuviera a flote. Tardó un mes para terminarla.

Cuando empezó la inundación, llenó la canoa con comida, animales distintos, pájaros y un perro. Se embarcó y esperó días y días hasta que el agua bajó, la tierra empezó a secarse y la canoa quedó sobre terreno firme.

González Parada, Ivette (Comp.), Mauro Alejandro Muñoz Rafael, 9 años, lengua tepehuana, *Las narraciones de niñas y niños indígenas. Textos seleccionados de los concursos,* Tomo II, Dirección General de Educación Indígena, Nayarit, 2003, pp. 40-43 (adaptación).

2. El texto anterior tiene tres párrafos. Subraya los elementos que te dan pistas para saber dónde inicia y dónde termina cada uno.

a) Punto y seguido.

b) Mayúscula al inicio del renglón.

c) Punto y aparte.

d) Espacios entre renglones.

e) Comas.

f) Minúsculas.

3. Une por medio de una línea, el número de párrafo con el tema que aborda.

- Párrafo 1.

- Párrafo 2.

- Párrafo 3.

a) Menciona de qué manera el personaje concretó su idea para ponerse a salvo.

b) Introduce el relato. Plantea de qué tratará la leyenda.

c) Dice qué idea se le ocurrió al personaje para resolver el problema planteado.

Descripciones para toda ocasión

Aprendizaje esperado. Hace descripciones de personajes o sucesos mediante recursos literarios: uso de frases adjetivas, reiteraciones, símiles e imágenes.

1. Fíjate en el ejemplo y completa el texto, ordenando las letras para formar palabras. Observa el ejemplo.

> Una ___descripción___ según el tipo de texto y su intención, puede ser:
> noicpircsed
>
> _____, _____, _____ o _____
> acincét,   avitejbo,   avitejbus   airaretil.

2. Ayuda a los policías a resolver el misterio del Robapán; encierra en un círculo la descripción que facilite la identificación del ladrón.

   a) Hombre de 1.80 m de estatura, delgado, 40 años de edad, cabello negro y chino. Piel morena, boca grande, barba y bigote grueso. Vestía pantalón de mezclilla, chamarra amarilla y tenis verdes.

   b) Un señor, de cabellos color azabache. Olía muy bien y vestía ropa muy moderna.

3. Subraya el tipo de descripción que resuelve esta situación.

   a) Descripción técnica.   b) Descripción subjetiva.

4. Marca con una ✔ la descripción que encontrarías en un documental realizado por un investigador sobre la reproducción de la ballena gris.

   a) Jacques Yves Cousteau (1910-1997). Oficial naval francés, amante de la naturaleza y defensor del medio ambiente. Inventor, investigador, fotógrafo y cineasta subacuático, produjo en su barco Calypso innumerables documentales de divulgación científica.

   http://es.wikipedia.org/wiki/Jacques-Yves_Cousteau (adaptación. Fragmento).

   b) El periodo de gestación de la ballena gris es de 12 meses. Las hembras tienen una cría por parto. Al nacer, el ballenato mide entre 4 y 5 metros de longitud y pesa entre 500 y 750 kilos; al terminar la lactancia, entre los 6 y 9 meses, el ballenato bebe 190 litros diarios de leche y pesa en promedio 8 toneladas.

   http://saladeprensa.semarnat.gob.mx/index.php?option=com_content&view=article&id=2802:segura-la-reproduccion-de-ballenas-en-mares-de-mexico&catid=50:comunicados&Itemid=110 (adaptación. Fragmento).

5. Marca con una ✗ cómo se llama el tipo de descripción que elegiste.

   a) Descripción literaria.   b) Descripción objetiva.

6. **Identifica qué o a quién se describe en cada caso y anota el número que corresponda.**

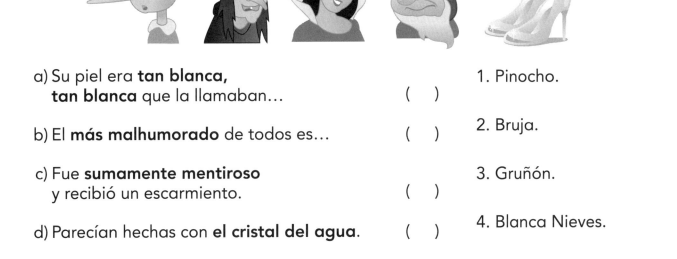

a) Su piel era **tan blanca, tan blanca** que la llamaban…　( )

b) El **más malhumorado** de todos es…　( )

c) Fue **sumamente mentiroso** y recibió un escarmiento.　( )

d) Parecían hechas con **el cristal del agua**.　( )

e) Era **tan dañina como el veneno** mismo.　( )

1. Pinocho.

2. Bruja.

3. Gruñón.

4. Blanca Nieves.

5. Zapatillas de cristal.

7. **Describe personajes y sucesos de las leyendas que has leído. Utiliza expresiones como las empleadas en el ejercicio anterior.**

Personaje o suceso	Descripción
a) Tecuciztécatl	
b) Nanahuatzín	
c) El pajarillo llamado "la chica"	
d) La reunión de las aves con el señor del monte	

Las palabras lo dicen todo

Aprendizaje esperado. Usa verbos, adverbios, adjetivos y frases preposicionales para describir.

1. Completa el texto con los verbos del recuadro.

> vieron   busqué   escuché   aullaba   subí

Eran las 5 de la mañana cuando _____ un aullido lastimero en el techo de mi casa. Rápidamente _____ mi linterna y sigilosamente subí al _____. ¿Qué_____ mis ojos? Un conjunto de gatos aullaba _____ de Fifí, la gatita de mi vecina.

2. Marca con una ✔ la respuesta correcta.

Un adverbio complementa el significado del verbo y ayuda a describir…

a) las cualidades de una persona. ☐

b) la forma en que se realizan las acciones. ☐

3. Completa las oraciones escribiendo los adverbios que faltan.

> aproximadamente   alrededor   afanosamente   antes

a) Diego Rivera pintó _____ los murales del Palacio Nacional.
Adverbio de modo

b) El día de muertos se celebraba desde _____de la llegada de los españoles.
Adverbio de tiempo

c) Octavio Paz viajó _____ del mundo.
Adverbio de lugar

d) Cantinflas actuó _____ en 50 películas.
Adverbio de cantidad

4. Lee con atención y subraya la respuesta correcta.

Los adjetivos acompañan a los sustantivos y nos sirven para describir…

a) las características de un lugar, persona u objeto.

b) cómo realiza una acción el personaje de un cuento.

5. Observa la imagen de esta famosa pintora mexicana.

6. Escribe adjetivos o frases para describir cada uno de los elementos.

   a) Mujer: _____

   b) Cabello: _____

   c) Cejas: _____

   d) Blusa: _____

7. **Ahora integra tus respuestas para escribir una descripción de Frida Kahlo.**

   _____

   _____

   _____

8. **Observa las ilustraciones y completa las oraciones, utiliza las frases preposicionales del recuadro.**

   Entre los recursos para describir están las frases preposicionales que consisten en grupos de palabras que equivalen a una preposición.

   | al lado de | a través de | al final de | debajo de |

   a) _____ la obra el público se levantó
   y aplaudió entusiasmado a los actores.

   b) En una habitación bastante desordenada,
   el joven encontró sus zapatos _____ la
   cama.

   c) La nueva biblioteca pública está _____
   la plaza pública.

   d) El túnel pasa _____
   la montaña.

Elaborar un compendio de leyendas

Aprendizajes esperados. Emplea elementos convencionales de la edición de libros: portada, portadilla, introducción, índice. Revisa la puntuación de su escrito con ayuda de otros, especialmente para delimitar diálogos y redacción.

> **Recuerda:**
>
> Las partes de un libro son: portada, contraportada, introducción e índice.
>
> Un **compendio** es una **recopilación** breve, pero completa, de un conjunto de conocimientos o actividades de un determinado campo de interés.

1. **Escribe una leyenda y utiliza párrafos, signos de puntuación, mayúsculas y diferentes técnicas y recursos de descripción. Inicia por la presentación de personajes, sigue con el desarrollo y termina con el desenlace o final. Después ilústrala.**

2. **Colorea del mismo color las partes de un trabajo de compendio y su descripción.**

a) portada	Es aquella hoja o página que antecede a la portada. Se presenta el título del libro y el autor.
b) portadilla	Lista en la que se indica el orden del contenido de un libro o trabajo escrito.
c) introducción	Presenta el título y el nombre del autor y editorial. Si es un trabajo, se pone la clase, curso, fecha, nombre del profesor y nombre de la escuela. Se puede ilustrar.
d) índice	Se plantean los temas y aspectos que comprenden el trabajo.

3. Imagina que haces un compendio de leyendas. Diseña la portada, portadilla, introducción e índice y escribe en cada uno de los espacios de abajo las secciones que le corresponden. Luego anota en los paréntesis el número de orden que le corresponde.

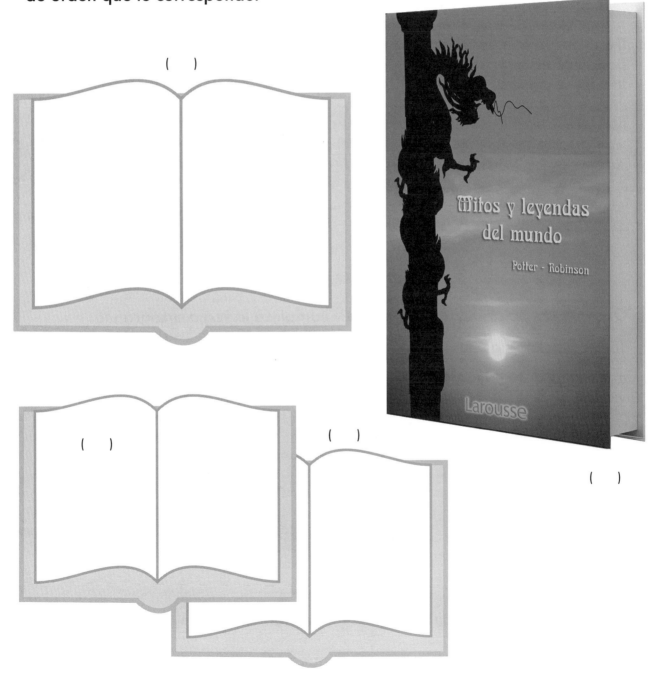

Uso de b en bu-, bur- y bus-

1. **Lee las oraciones y numéralas del 1 al 3, de acuerdo con el orden en que sucedieron los hechos.**

( ) Después de muchos días de trabajo, los hijos del labrador pensaron que su padre se había **burlado** de ellos.

( ) Cuando el viejo labrador murió, sus dos hijos comenzaron a **buscar** el tesoro por todo el terreno.

( ) Todos los días, acompañados de su manso **burro Buscapleitos**, regresaban al terreno para continuar la **búsqueda** del tesoro.

2. **De acuerdo con su sílaba inicial, escribe en la columna correspondiente las palabras en negritas de las oraciones anteriores y las que lleva la carreta; usa letra cursiva.**

a) bu-	b) bur-	c) bus-

3. **Observa las palabras que escribiste y completa la regla ortográfica.**

Todas las palabras que comienzan con las sílabas _____, _____

y _____ se escriben con _____.

4. **Ordena las siguientes palabras y escribe cada una debajo de la imagen que le corresponda.**

que-bu   ho-bú   lo-fa-bú   bu-ja-bur

_____   _____   _____   _____

5. **Escribe una oración en la que utilices las palabras: burlón, butaca y buscapiés.**

_____

Metro, ritmo, rima

Aprendizaje esperado. Aprecia la musicalidad de poemas de la lírica tradicional; la relaciona con las formas estróficas y de versificación utilizadas (metro, ritmo, rima).

Los poemas se escriben en **verso**. Todo verso debe sujetarse a la **versificación**; es decir, a la técnica que determina la estructura del verso: metro, ritmo y rima.

- **Metro** o métrica: medida del verso; se encuentra contando el número de sílabas. Ejemplo: Mi/ró/ a/ mi /ven/ta/na/ = 7.
- **Ritmo**: musicalidad del verso de acuerdo con la distribución de los acentos para que las sílabas acentuadas coincidan con las del verso siguiente. Ejemplo: Caminar muy muy lejos / por caminos extraños.
- **Rima**: semejanza al final de cada verso a partir de la última sílaba tónica. Ejemplo: Partimos cuando nace**mos** / andamos mientras vivi**mos**.

1. Lee el poema y elabora lo que se te pide.

LA NUBE
(Amado Nervo)

¡Qué de cuentos de hadas saldrían de esa nube
crepuscular, abismo celeste de colores!
¡Cuánta vela de barco, cuánta faz de querube,
cuánto fénix incólume, que entre las llamas sube;
cuánto dragón absurdo, cuántas divinas flores!

¡Cuánto plumón de cisne, cuánto sutil encaje,
cuánto pavón soberbio, de colas prodigiosas;
cuánto abanico espléndido, con áureo varillaje,
cuánto nimbo de virgen, cuánto imperial ropaje,
cuántas piedras preciosas!

Mas ella no lo sabe, y ensaya vestiduras
de luz y vierte pródiga sus oros y sus cobres,
para que la contemplen tan solo tres criaturas:
¡un asno pensativo, lleno de mataduras,
y dos poetas líricos, muy flacos y muy pobres!

a) Subraya con rojo las palabras que rimen con la palabra *maduras*.

b) Escribe cuál es la métrica de cada uno de los versos de la segunda estrofa.

Verso 1 _____

Verso 2 _____

Verso 3 _____

Verso 4 _____

Verso 5 _____

c) Subraya con verde las palabras acentuadas que le dan ritmo al poema en la segunda estrofa.

d) Escribe el número de estrofas del poema _____

e) Escribe el número de versos del poema _____

Recursos literarios y poemas

Aprendizaje esperado. Identifica algunos recursos literarios de poemas de la lírica tradicional: aliteraciones, rimas, comparaciones, metáforas, entre otros.

1. **Para hacer que los poemas se vean y se escuchen distinto, los poetas emplean recursos como los de los ejemplos. Relaciona, por medio de líneas, los fragmentos de poemas con el recurso que se usa en ellos. Fíjate en lo subrayado y en lo que está en negritas.**

Recursos

a) *Repetición*: palabras o expresiones que se repiten en el poema.

b) *Comparación*: se comparan dos cosas que comparten características; esto puede hacerse a través de la palabra "como".

c) *Metáfora:* las características de una cosa se toman para explicar otra.

d) *Aliteración:* sonidos que se repiten en un verso o en varios.

e) *Rima:* sonidos que se repiten en las palabras al final de los versos, a partir de la sílaba tónica.

Por ejemplo...

3. ¿Qué te acongoja mientras que sube del horizonte del mar la nube <u>negro capuz</u>?

Salvador Díaz Mirón

4. **A**zul **a**zu**c**ena,
   Zig-**z**ag.
   Zar**z**al y **a**z**a**frán,
   zig-**z**ag.
   Zo**z**obra y **a**z**ú**car,
   zig-**z**ag.

Antonio Rubio

5. La calaca no habla ingl**és**
   por eso toma la cl**ase**,
   y así, pase lo que p**ase**,
   será bilingüe en un m**es**.

Anónimo

1. ¡Miradlos <u>qué viejos son</u>!
   ¡<u>Qué viejos son</u> los lagartos!

Federico García Lorca

2. Mamá te cantaba
   la nana más bella.
   Naciste de noche,
   como las estrellas.

Anónimo

Capuz: capucha, prenda de vestir para cubrir la cabeza.

Nana: canción de cuna.

Palabras de siempre, palabras distintas

Aprendizaje esperado. Distingue entre el significado literal y figurado en palabras o frases de un poema.

> Esa forma especial de usar las palabras en un poema, en los dichos o en los refranes es el **sentido figurado**. El sentido **literal** es el que se usa todos los días, el que puedes encontrar, por ejemplo, en los diccionarios y que no se presta a interpretaciones.

1. En los poemas, las palabras se utilizan de una manera especial; por ejemplo, en "Luna de rosas y albahaca, ¿por qué la Luna es de cuerno y espada?". Para descubrirlo lleva a cabo las actividades.

   a) Encierra en un círculo la línea que mejor represente al cuerno de un toro y a una espada.

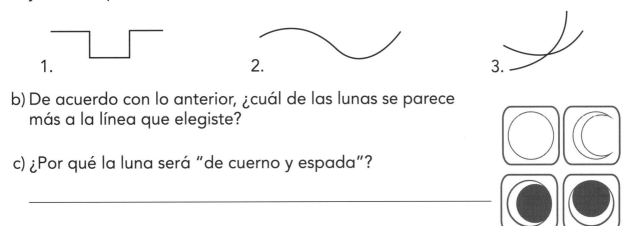

   1.   2.   3.

   b) De acuerdo con lo anterior, ¿cuál de las lunas se parece más a la línea que elegiste?

   c) ¿Por qué la luna será "de cuerno y espada"?

   _____

   _____

2. En los versos, ¿cuál es el sentido literal de cada palabra? ¿Cuál es su sentido figurado cuando están juntas en el poema?

Sentido literal de...

   a) Niño: _____

   b) Lucero: _____

   c) Estrellita: _____

   d) Cielo: _____

Te quiero mi niño,
mi dulce lucero,
eres la estrellita
más linda del cielo.

En sentido figurado...

   e) ¿Qué debe entenderse por un niño que es como un lucero, la estrellita más linda del cielo?

   _____

Transformo mi mundo

Aprendizaje esperado. Identifica los temas de un poema y reconoce los sentimientos involucrados.

> La **poesía** tiene, entre otras, las funciones de comunicar sentimientos y de describir el mundo de una manera distinta a como se observa día con día.

1. Lee estos fragmentos y escribe la emoción o sentimiento que comunican. Elige entre las palabras del recuadro.

> enojo   alegría   lástima o conmiseración

Primavera
hoja primera,
hojita volantinera.

Antonio Rubio

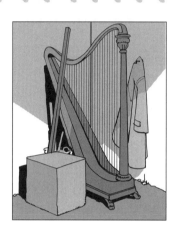

Del salón en el ángulo oscuro,
de su dueño tal vez olvidada,
silenciosa y cubierta de polvo
veíase el arpa.

Gustavo Adolfo Bécquer

a) _____   b) _____

Pobre limonero de fruto amarillo
cual pomo pulido de pálida cera,
¡qué pena mirarte, mísero arbolillo
criado en mezquino tonel de madera!

Antonio Machado

c) _____

2. ¿Qué sentimiento o tema te gustaría que estuviera en tu poema? ¿Qué palabras, expresiones y signos de puntuación son los más convenientes para tu propósito? Escríbelos para completar la tabla.

Sentimiento que quiero comunicar _____

_____

_____

¿Qué palabras me ayudarán a hacerlo?		
Sustantivos	Adjetivos	Verbos

3. Selecciona las palabras que más te gusten y construye oraciones con ellas. Permite que el sentimiento que quieres expresar guíe tu escritura.

_____

_____

_____

_____

_____

4. Lee varias veces lo que escribiste. Modifica lo que no te guste; acomoda las palabras de tal manera que, cuando las oigas, te sientas satisfecho de lo que hiciste.

5. Escribe tu poema. Para ello, repasa los recursos poéticos que has aprendido: aliteración, repetición, rima, comparación y metáfora. ¿Cuáles de ellos vas a emplear?

_____

_____

_____

_____

_____

¡Adivina, adivinador!

Aprendizajes esperados. Participa con fluidez en el juego de decir una adivinanza y responderla. Analiza las adivinanzas para identificar las pistas de respuesta que ofrece: descripción de un objeto, comparación, metáfora, juego de palabras. Se plantea dónde hacer el corte de línea al escribir adivinanzas en verso.

> Las **adivinanzas** son una forma muy antigua de **juego con palabras**. Utilizan metáforas, rimas y comparaciones para hacerlas más llamativas. Su función es aumentar el ingenio y la habilidad verbal. Al decir o leer adivinanzas, es muy importante hacerlo con la entonación adecuada siguiendo los signos de puntuación, como las pausas en las comas o los signos de interrogación cuando es pregunta. Algunas adivinanzas se escriben en verso.

1. **Lee las adivinanzas en voz alta y responde la pregunta para saber de qué se trata. Fíjate en los dibujos.**

   a) Sin ser rica tengo cuartos
   y sin morir, nazco nueva;
   y a pesar de que no como,
   hay noches que luzco llena.
   ¿Quién soy? _____

   b) Flor milagrosa
   que entre flores se posa.
   Vuela como ave
   y sólo ella sabe.
   ¿Qué es? _____

   c) Todo el mundo lo lleva,
   todo el mundo lo tiene,
   porque a todos le dan uno
   en cuanto al mundo vienen.
   ¿Qué es? _____

   d) Tengo corona, pero no soy reina.
   Tengo cien ojos y no puedo ver.
   ¿Qué soy? _____

Nombre

2. **Lee las adivinanzas y escribe su respuesta en la línea. Después, une cada adivinanza con el tipo de recurso literario que utiliza.**

   a) Redondo como la luna
   blanco como la cal,
   me hacen de leche,
   ¡y no te digo más!   _____

   b) Mis caras redondas,
   ¡qué estiradas son!
   A fuerza de golpes,
   así canto yo.   _____

   c) Como la piedra son duros,
   para el perro un buen manjar
   y sin ellos no podrías
   ni saltar ni caminar.   _____

   1. Rima.

   2. Metáfora.

   3. Comparación.

3. Lee el texto.

Una de las visitas que más gustaron a Martha y sus amigas, fue el castillo de Segovia. Ahí se enteraron de que el escritor Francisco de Quevedo llamó "coja" a la reina Mariana de Austria, pues de manera gentil le dijo con una rosa en una mano y un clavel en la otra: "Entre el clavel blanco y la rosa roja su majestad escoja".

En realidad, lo que le estaba diciendo era: "Entre el clavel blanco y la rosa roja su majestad es coja".

Quevedo jugó con las palabras, agrupando las sílabas de distinto modo.

4. Seguramente has hecho lo que hizo Quevedo y no te has dado cuenta. Lee y analiza las adivinanzas, subraya el juego de palabras que contiene la pista para encontrar la respuesta y escríbela en el renglón.

a) Blanca por dentro, verde por fuera, si quieres que te lo diga espera. ¿Qué es? _____

b) Dicen que son de dos, pero son de una. ¿Qué son? _____

c) Oro no es, plata no es. ¿Qué es? _____

5. Escribe otras adivinanzas que conozcas y emplea juegos de palabras.

_____

_____

6. A las adivinanzas les falta un verso. Busca el que les corresponde dentro del cuadro y escríbelo en la línea. Coloca la coma o el punto donde sea necesario y adivina la respuesta.

> mas en la boca tu gozas   ni es león   nadie me puede cerrar
> y una vieja parlanchina   un ojo solo tengo   cuando deja de llover

a) Alta y delgada soy,
_____
hago vestidos y no me los pongo. ¿Quién soy?
_____

b) Soy fruta de temporada, y, aunque parezca maraca, no sueno ni a ritmo llego;
_____
lo dulce de mis semillas. ¿Qué es _____

c) Soy blanco como el papel y frágil como el cristal; aunque todos me pueden abrir
_____
¿Qué es? _____
_____

d) Treinta y dos sillitas blancas, en un viejo comedor, _____ que las pisa sin temor. ¿Qué es? _____

e) Doy al cielo resplandores
_____
abanicos de colores que nunca podrás coger. ¿Qué es?
_____

f) No es cama _____ y desaparece en cualquier rincón. ¿Qué es? _____

El guion teatral y sus partes

Aprendizajes esperados. Distingue, enumera y describe las partes del guion teatral. Conoce la estructura de una obra de teatro.

1. Observa y comenta la ilustración con tus compañeros y maestro.

http://www.conevyt.org.mx/cursos/enciclope/teatro.html (consultado el 10 de enero de 2020. Adaptación).

2. Reúnete con un compañero y con ayuda de la ilustración, completen las oraciones, escribiendo en la línea el nombre de la persona o elemento del guion teatral.

a) Indicaciones que se leen, pero no se dicen. Con ellas los actores saben los movimientos, expresiones y tono de voz de su personaje: _____

b) Historia a partir de la cual el autor construye el guion de la obra: _____

c) Persona que escribió la obra de teatro: _____

d) Es quien organiza y realiza la obra de teatro, orienta a los actores en su actuación y decide cómo será la escenografía y el vestuario: _____

e) Parte del teatro donde se presenta la obra: _____

f) Partes en las que se divide una obra de teatro: _____

g) Decorado por el que el teatro se convierte en un desierto o un barco, en el día o en la noche: _____

h) Escrito de la obra de teatro, donde el autor escribe cómo debe ser la escenografía, el vestuario, los personajes y sus parlamentos: _____

i) Diálogo que dice cada personaje: _____

j) Seres interpretados por los actores: _____

k) Ropa que llevan los actores para representar a sus personajes: _____

l) Objetos que se usan en el escenario durante la obra de teatro: _____

Describir personajes

Aprendizajes esperados: Expresa su interpretación de las características y motivaciones de los personajes a partir de las acciones y diálogos. Identifica las características de un personaje a partir de descripciones.

1. Lee las descripciones físicas de los personajes y relaciónalas con la imagen que le corresponde.

a) Héroe joven, fuerte y musculoso. Viste túnica y sandalias griegas. ( )

b) Jovencita con cola de pescado, que vive en el mar. Su cabello largo, pelirrojo y ondulado enmarca las finas facciones de su rostro. ( )

c) Muñeco de madera con una nariz larga y puntiaguda. ( )

d) Hombre joven, fuerte y musculoso, de cabellos largos y cafés, que sólo viste un taparrabo de piel. ( )

e) Chica de piel morena, cabello oscuro, brillantes ropas árabes y velo sobre su rostro. ( )

1.

2.

3.

4.

5.

2. Completa la historieta con los parlamentos del recuadro y responde.

| ¡Largo de aquí malvado lobo!, | ¡Auxilio! | ¡Son para comerte mejor! |

1)

Abuelita, ¡qué orejas tan grandes tienes! ¡Son para oírte mejor!

2)

Y ¡qué dientes tan grandes tienes!

3.

a) ¿Cuál de los personajes es muy valiente y cómo lo demuestra?

_____

b) ¿Por qué el cazador llama malvado al lobo?

_____

Leemos y ensayamos

Aprendizaje esperado. Adapta la expresión de sus diálogos, de acuerdo con las intenciones o características de un personaje.

1. **Reúnete con un compañero y, junto con él, lee un fragmento de una escena de alguna obra de teatro, siguiendo estas instrucciones:**

   a) Lean en silencio e individualmente la escena y traten de imaginar el escenario.

   b) Elijan un personaje, cierren los ojos un minuto y dejen volar su imaginación, pensando en sus características.

   c) Mientras están leyendo, intenten sentirse como si realmente fueran ese personaje.

   d) Presten atención a las acotaciones y respeten sus turnos.

2. **Intercambia tu libro con tu compañero y pídele que marque con ✔ la carita que refleje la calidad de tu lectura en este primer ensayo.**

Al leer en voz alta, mi compañero...	☺	😐	☹
Lee con ritmo y fluidez los parlamentos de su personaje.			
Modula su tono de voz para transmitir sentimientos, emociones o inquietudes.			
Se mueve por el escenario y se expresa según las acotaciones de su personaje.			

3. **Para mejorar los puntos marcados con caritas 😐 o ☹ y conocer algunos tips valiosos para leer mejor en voz alta, completa las oraciones con las palabras del recuadro.**

> público   guion   ensayar   espejo   respira   parlamento

   a) Lee el _____ completo y asegúrate de entender el _____ de tu personaje.

   b) _____, lento y profundo, antes de iniciar la lectura dramatizada o actuación.

   c) Para _____, párate frente a un _____ y levanta la mirada para verte lo más que puedas o pídele a tus amigos o familiares que te ayuden como si fueran el _____.

Aprendiz de guionista

Aprendizaje esperado. Emplea la puntuación correcta para organizar los diálogos en una obra teatral, así como para darle la intención requerida al diálogo.

1. Completa el párrafo con las frases y signos del recuadro.

> ¡! signos de exclamación o admiración   ¿? signos de interrogación

a) Para expresar emociones como sorpresa, o actitudes como gritos, el guionista

utiliza en las frases estos signos _____ llamados _____

y cuando en el parlamento el personaje hace preguntas o manifiesta dudas,

entonces escribe _____ como éstos _____.

2. Subraya con azul el parlamento que lleva signos de interrogación y con verde el que lleva signos de exclamación.

> — MAYORDOMO: (*Tocando a la puerta de la casa del sastre*) ¡Abre la puerta, te digo, el traje vengo a buscar!
> —SASTRE: (*Asomándose a la puerta*) El tejedor nunca vino, ¿qué tela podía cortar? (se mete a su casa).

3. Observa la ilustración y completa el parlamento de esta escena, escribiendo en las líneas los signos que faltan.

a) —Mayordomo: (*muy contento*) __ Despierte su majestad y mire su lindo traje__

b) —Emperador: (*alegre salta de la cama*) __ no es posible, no es verdad que tan pronto se trabaje __ Está realmente precioso, dime ahora __quién lo hizo __

c) —Mayordomo: (*haciendo una reverencia*) Muchas manos, de verdad.

http://pacomova.eresmas.net/paginas/teatro/traje_del_rey.htm, (consultado el 10 de enero de 2020. Adaptación.

4. Escribe los parlamentos para el final del guion "El traje nuevo del Emperador". Si no te sabes el final, inventa uno utilizando los signos que aprendiste.

_____

_____

_____

Uso de y: yec, yer, ayu

Aprendizaje esperado. Escribir correctamente la y en las sílabas yec, yer, ayu.

1. **Ayuda a Lore a descubrir las palabras escondidas. Sólo tienes tres pistas, si las colocas en el lugar indicado las encontrarás. Observa y descubre qué parte le hace falta a cada palabra para completarla.**

> yec   yer   ayu

a) in_____tor   b) pro_____to   c) hu_____on

d) _____da   e) tra_____to   f) reclu_____on

g) tra_____toria   h) ca_____on   i) _____no

j) _____no   k) in_____ción   l) _____ntamiento

2. **Observa y relaciona, según corresponda, cada una de las imágenes con las oraciones. Descubre la palabra faltante y escríbela para completar el enunciado.**

a) El _____ de mi

   madre es mi esposo.

b) Los _____ del motor

   de mi auto están sucios.

c) Mi tía Gloria va a _____

   a su paciente.

c) A los delincuentes los _____

   en prisión.

d) La misión de los médicos

   es _____.

> Las sílabas yec, yer, ayu se escriben con y.

Lore tiene otro problema, pues las letras de las palabras se le revolvieron en su sombrero.

3. **Observa con mucha atención y descubre las palabras que se forman ordenando las letras. Escríbelas en los recuadros de la derecha.**

a) onery	
b) yecptroor	
c) ruanya	
d) teduyana	
e) mitoenatayun	

4. **Lee y encierra los errores ortográficos que hay en las oraciones.**

a) La trallectoria que siguen las señales cibernéticas es invisible. Estas señales alludan al hombre a estar comunicado con todo el mundo.
Los proiectos educativos actuales inclullen el uso de estas tecnologías para alludar a los niños en el desarrollo de sus habilidades.
La ciencia ha injectado avances, ayudando así a que los niños puedan prollectar sus logros en su vida cotidiana.

b) Ahora escribe correctamente los enunciados y las palabras mal escritas.

La _____ que siguen las señales cibernéticas es invisible. Estas

señales _____ al hombre a estar comunicado con todo el mundo.

Los _____ educativos actuales _____ el uso de

estas tecnologías para a los niños a desarrollar sus habilidades.

La ciencia ha _____ avances, ayudando así a que los niños

puedan _____ sus logros en su vida cotidiana.

Repaso

1. Escribe junto a cada oración si se trata de un *refrán* o una *moraleja*.

a) Más vale pájaro en mano que ciento volando. _____

b) Quien oye aduladores nunca espere otro premio. _____

c) A caballo regalado no se le ve el colmillo. _____

d) Quien ansia lo del otro puede perder lo propio también. _____

2. Elabora un dibujo para cada una de las narraciones de acuerdo con la descripción.

a) Había una vez una aldea perdida en las montañas, tan tranquila que el viento susurraba para no molestar a los habitantes. Hasta que llegó el terror encarnado en aquel ogro tan maleducado.

b) Estábamos emocionados. Era la primera vez que salíamos juntos. Fuimos de expedición a un gran bosque con un río pequeño y muchos animales. Nunca vi algo tan hermoso aun cuando decían que estaba embrujado.

3. Completa las oraciones con la palabra correcta.

a) La técnica que determina la estructura del verso se conoce como _____.

b) La métrica o _____ es la medida del verso, se encuentra contando el número de _____.

c) El ritmo es la _____ del verso, de acuerdo con la distribución de los acentos.

d) La semejanza al final de cada verso a partir de la última sílaba tónica se llama _____.

4. Escribe un ejemplo para cada recurso literario.

a) repetición   b) aliteración   c) rima

_____   _____   _____

_____   _____   _____

_____   _____   _____

5. Inventa una adivinanza cuya respuesta sea *paraguas*, utiliza como recurso la comparación y elabora un dibujo.

_____
_____
_____
_____
_____
_____

6. Une los elementos del guion teatral con sus definiciones.

a) escenas.

b) acotaciones.

c) parlamento.

d) personajes.

• Diálogo que dice cada personaje.

• Seres interpretados por los actores.

• Partes en las que se divide una obra de teatro.

• Indicaciones para los actores que sólo se leen.

7. Escribe de qué parte de un trabajo escrito o libro se trata.

a) Hoja o página que está antes de la portada y presenta el título del libro

y el autor. _____

b) Lista donde se indica el orden del contenido de un libro o trabajo escrito.

_____

c) Presenta el título, nombre del autor y editorial. _____

d) En él se plantean los temas y aspectos que comprenden el trabajo. _____

8. Encierra en un círculo las palabras escritas correctamente.

a) escurridiso b) bursátil c) desayuno d) comvustible

e) proyecto f) aller g) hamburguesa i) abusar

9. Transforma las palabras utilizando correctamente la *z*.

a) hecho _____

b) acoger _____

c) mover _____

d) huir _____

e) rojo _____

La carta

Aprendizajes esperados. Escribe una carta formal de solicitud, considera en la redacción el planteamiento del problema y la justificación de la solicitud. Usa mayúsculas para nombres propios e inicio de párrafo. Utiliza correctamente los signos de puntuación.

La **carta** es un tipo de texto que se utiliza para enviar información de un **emisor** (remitente) a un **receptor** (destinatario).

Existen diferentes tipos de cartas:

Carta **informal**: cuando dos personas que tienen una relación de familiaridad (familia, amigos, pareja, etc.) se envían cartas. La estructura ideal de una carta no tiene por qué seguirse al pie de la letra y el lenguaje que se utiliza es informal o coloquial.

Carta **formal**: son las cartas enviadas en los campos laboral, institucional y profesional. También en las que el remitente y el destinatario tienen una relación de formalidad o no se conocen. La información debe ser precisa y sin vaguedades. El lenguaje que se utiliza es formal.

1. Lee con atención las cartas y escribe si se trata de una carta *formal* o *informal*.

Guadalajara, 7 de octubre de 2020.

Feromat
HACEMOS TU VIDA MEJOR

Sr. Director Juan Álvarez
Director General
Banco Unidos

Nos es grato invitarlo a ud. y a su apreciable esposa a asistir a la inauguración de nuestra nueva planta de envasado. Deseamos compartir con ud. tan importante evento y agradecer todas las atenciones prestadas por su compañía.

La cita es el jueves 24 del presente mes a las 19:00 hrs. en Cerrada de Chabacano # 43, Col. Industrial.

Inmediatamente después de la inauguración se realizará un recorrido por la planta y se ofrecerá una cena de gala para todos los asistentes.

Esperamos contar con su apreciable asistencia.

Saludos cordiales.

Juan Pedro Ruíz
Director de Finanzas
Feromat S.A.

México, 24 de agosto de 2020

Hola Ana:

¿Cómo estás? ¿Qué tal te va en París?

Cuéntame todo, cómo es tu casa, tu escuela y la vida por allá.

Aquí todo está muy bien. Las clases van bien pero el salón no es lo mismo sin ti, te extraño mucho, pero sé que nos veremos pronto y que para ti va a ser una gran experiencia.

Te mando muchos saludos y espero recibir noticias tuyas,

Te quiero

Lucía

a) _____ b) _____

Las partes de la carta

Aprendizajes esperados. Identifica las partes de una carta informal y de una informal. Distingue las diferencias entre la carta formal y la informal.

> Las **cartas** en general constan de las siguientes **partes**:
>
> **Lugar y fecha**: día y lugar donde se escribe la carta. Se deben poner en la esquina derecha.
>
> **Saludo**: indica a quién se dirige la carta, es decir, el destinatario. Se debe poner dos puntos después del saludo.
>
> **Cuerpo**: es la parte más importante. Narra el asunto que se desea tratar, puede ser una información o una solicitud. Se organiza en párrafos con la siguiente estructura: introducción del mensaje, desarrollo de la idea y conclusión de lo expuesto o argumentado.
>
> **Despedida**: se da por terminada la comunicación con algún modo de cortesía.
>
> **Firma**: se finaliza con la firma o nombre de quien la escribe, es decir, el remitente.
>
> **P.D.**: (*post data*) es una nota aclaratoria o en la que se agrega algo que se olvidó incluir, pero no es indispensable.
>
> Además, las **cartas formales** llevan el **logo** o membrete del remitente en el caso de empresas, secretarías, escuelas, etc.; el **encabezado**, que son los datos del destinatario.

1. Escribe las partes de la carta.

a)

b)

c)

d)

e)

f)

g)

Ciudad de México, 10 de septiembre de 2020.

Colegio Sierra Madre

Lic. Gabriela Hernández
Dirección Primaria
Presente.

Estimada directora:

Por medio de la presente me dirijo a usted, para solicitarle el préstamo de los documentos oficiales del alumno Francisco Javier para tramitar su beca para el concurso de robótica.

Le mando un cordial saludo y quedo a sus órdenes para lo que necesite.
Atentamente,

Amparo Méndez Leal
Coordinación Departamento de Tecnología

Uso de los dos puntos

Aprendizajes esperados. Utiliza dos puntos después del saludo en cartas formales e informales. Escribe con mayúscula después de dos puntos en una carta o recado. Recuerda el uso de mayúsculas en nombres propios, después de punto y al iniciar un párrafo.

> Los **dos puntos** son un signo de puntuación que se usa **para llamar la atención** o hacer una **pausa** enfática sobre lo que sigue. Se representa con dos puntos, uno suspendido sobre el otro (:).
>
> Se emplean después de las expresiones de saludo en cartas y documentos. En este caso la palabra que sigue a los dos puntos se escribe con mayúscula, y generalmente, en un renglón aparte.
>
> También se usan los dos puntos antes de **enumeraciones** y **citas textuales**.

1. **Joaquín está muy contento porque recibió carta de su tío Andrés, avisándole que viene a visitarlo. Lee la carta.**

Cuernavaca, Mor., a 20 de junio de 2020.

Mi querido Joaquinillo:

Te mando esta carta para avisarte que la próxima semana iré a tu casa porque tengo muchas ganas de verlos y quiero estar allá para el cumpleaños de tu papá. Así es que no le digas nada para que sea una sorpresa. De regalo, le llevo un baúl con algunos recuerdos de cuando era niño: una fotografía, un camión de madera, unas estampitas, un patín sin ruedas y unos cuentos.

Te manda un abrazo,
tu tío Andrés

P.D.: Recuerda que esto es un secreto.

2. **Vuelve a leer la carta y encierra en un círculo los dos puntos (:).**

3. **Subraya las palabras que están escritas después de los dos puntos y observa cómo inician su escritura: ¿con mayúscula o con minúscula?**

_____

4. **¿Identificaste otro caso en el que se coloquen dos puntos, además de en el saludo? Completa la siguiente oración.**

En las cartas, se usan los dos puntos después de la abreviatura P. D. o _____.

> Se escribe con inicial mayúscula la palabra que está después de los dos puntos del saludo de una carta o un recado.

5. Joaquín está muy contento porque llegó su tío. Ahora deben preparar la fiesta de cumpleaños de su papá y enviar las invitaciones. Ayúdales colocando los dos puntos y las mayúsculas que faltan.

Cuernavaca, Mor., a 20 de junio de 2020.

Mi querida Alejandra_

___spero que tú y mis sobrinos estén bien de salud. Te escribo para invitarte a la fiesta que estamos preparando para mi hermano. Queremos reunir a toda la familia, ya que hace muchísimo que no nos vemos.
¡Con decirte que ya no me acuerdo de todos mis primos!

Si puedes, trae las siguientes cosas_ _apelitos de color azul, globos, cartulina y serpentinas.

___vísame cuando vayas a llegar, para ir por ti a la terminal.

Tu primo Andrés

Lista de invitados
La tía Alejandra y sus Hijos.
El Sr. José y su esposa.
Los vecinos Rodríguez.

Para Alejandra

Morelia, Mich., a 28 de junio de 2020.

___stimado señor _osé_

___e escribo para invitarlo a la fiesta de cumpleaños de mi papá. Sé que ustedes son muy buenos amigos y que a él le daría mucho gusto verlo ese día. Le aviso que es una fiesta sorpresa, así que, por favor, no le diga nada de los preparativos.

Atentamente,
Joaquín Hernández

Organizamos un debate

Aprendizajes esperados. Conoce la función y organización del debate. Fundamenta sus opiniones al participar en un debate.

1. Escribe con tus palabras, ¿qué es un debate y cuál es su función?

_____

_____

2. Subraya la persona que lleva a cabo cada actividad en un debate.

   a) Brinda la palabra a los participantes y al final elabora las conclusiones.

   • moderador.   • participantes.   • secretarios.

   b) Anota las ideas centrales del debate.

   • participantes.   • secretario.   • moderador.

   c) Cuando tienen la palabra, expresan su punto de vista con argumentos claros.

   • secretarios.   • moderador.   • participantes.

3. Observa y lee las dos historietas. Encierra en un círculo la que represente un debate.

a)

b)

4. **Con base en la historieta, responde.**

   a) ¿Cuál es el tema que se debate?

   _____

   b) ¿Quién es el moderador?

   _____

   c) ¿Cuáles son las dos posturas del debate?

   _____

5. **¿Cómo organizar un debate? Lee y escribe *antes*, *durante* o *al final*, según corresponda a cada acción descrita.**

   a) Cada equipo nombra a su secretario, para que anote las ideas centrales.

   _____

   b) Exponer los puntos de vista de los equipos.

   _____

   c) Se decide quién será el moderador del debate.

   _____

   d) Elaborar las conclusiones del debate.

   _____

   e) Seguir el orden de participación que brinda el moderador.

   _____

   f) El moderador anuncia el tema a tratar y lanza la primera pregunta.

   _____

   g) Preparar el tema para tener argumentos sólidos que sirvan para defender nuestro punto de vista.

   _____

6. **Dibuja una ☺ en las oraciones que describan un comportamiento apropiado para participar en un debate y dibuja una ☹ en las que no lo sean.**

   a) Burlarnos de los demás, cuando no compartamos su punto de vista. ☐

   b) Esperar a que el moderador nos dé la palabra. ☐

   c) Expresar nuestro punto de vista con claridad y ser breves al participar. ☐

   d) Gritar para que el otro se calle y podamos hablar nosotros. ☐

   e) Ser tolerantes, aunque no estemos de acuerdo con lo que escuchamos. ☐

   En un **debate** se presentan los diferentes puntos de vista de las personas.

Preparando el debate

Aprendizajes esperados. Investiga y escribe notas sobre un tema elegido para preparar un debate. Defiende su punto de vista mediante un debate.

Antes de asistir a un **debate**, es importante prepararse **llevando** a cabo lo siguiente:

- **Investigar** lo más posible sobre el tema elegido.
- **Tomar notas** y conocer el significado de todas las palabras que utilicemos, por lo que el uso del diccionario es de gran utilidad para aquellas palabras que no comprendamos.

- **Determinar** nuestra **postura** u opinión acerca del tema.
- **Elaborar un texto** en el que argumentamos nuestro punto de vista y opiniones a favor o en contra del tema a tratar.
- **Revisar que el texto** sea claro, con argumentos y conclusiones definidos y un uso adecuado de los conectores, mayúsculas y signos de puntuación.

1. **Imagina que vas a participar en un debate sobre la vacunación de los bebés. Tu postura será apoyar que se vacune a los bebés recién nacidos. Lee el texto.**

LAS ENFERMEDADES GRAVES TODAVÍA EXISTEN

Las vacunas son uno de los principales logros de salud pública porque han reducido o eliminado muchas enfermedades. Gracias a las vacunas, la mayoría de los padres jóvenes nunca ha visto los efectos devastadores que las enfermedades como la poliomielitis, el sarampión o la tosferina (pertussis) pueden tener en un niño, una familia o una comunidad. Los niños aún pueden contraer (y contraen) algunas de estas enfermedades. Cuando las tasas de vacunación son bajas en una comunidad, no es raro que se produzca un brote.

Vacunar a su hijo ayuda a proteger a los demás en su comunidad. La decisión de proteger a su hijo con vacunas también protegerá a su familia, sus amigos y sus vecinos.

Aunque su hijo pueda sentir algún dolor o malestar en el lugar de la inyección, esto es leve comparado con las complicaciones graves que pueden generar las enfermedades que estas vacunas previenen. Es muy raro que se presenten efectos secundarios graves por las vacunas.

https://www.cdc.gov/spanish/especialescdc/razonesvacunarse/index.html
(consultado el 13 de enero de 2020. Adaptación).

2. **Subraya en el texto las palabras que no conozcas y busca en el diccionario su significado. Escríbelos en tu cuaderno.**

3. **Escribe con tus propias palabras el significado de las palabras.**

a) devastador _____

b) secundario _____

c) brote _____

El tríptico

Aprendizaje esperado. Reconoce la función de los trípticos para difundir información.

Cuando se necesita informar acerca de un tema a través de un texto corto, fácil de entender y atractivo, la mejor opción es hacer un tríptico.

Un **tríptico** es un medio de comunicación impreso que sirve para difundir información. Se utiliza en campañas de publicidad, salud, prevención de accidentes o campañas sociales.

Presenta una **portada** que debe ser atractiva mediante un título e ilustración atractivos.

La información se organiza mediante títulos y subtítulos, y se amplía con gráficas, esquemas o ilustraciones.

En la **contraportada** se colocan los datos de quien lo emite (institución, empresa o personas). Generalmente se elabora en una **hoja doblada en tres partes**, con tres caras por lado (por eso se llama tríptico).

1. Lee el tríptico.

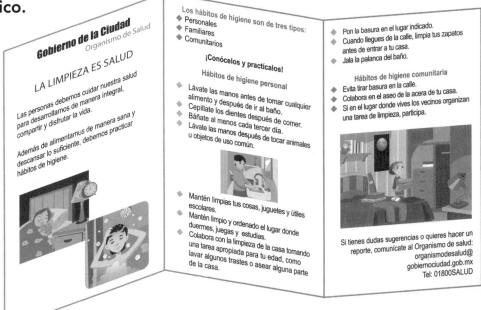

2. Elige la respuesta correcta.

a) El tríptico anterior está escrito para que lo lean especialmente:

- las personas de mayor edad.
- las niñas y niños.

b) Señala que es necesario practicar hábitos de higiene para:

- disfrutar la vida y desarrollarnos de manera integral.
- poder descansar lo suficiente cuando dormimos.

c) ¿Qué dice el tríptico acerca de bañarse?

- Que lo hagamos con agua caliente y jabón.
- Que lo hagamos cada tercer día o más seguido.

Hagamos un tríptico

Aprendizajes esperados. Integra la información de diversas fuentes para elaborar un texto para un tríptico. Identifica las partes del tríptico. Elabora un tríptico con información organizada y utilizando recursos de apoyo como gráficas o ilustraciones.

1. Elige un tema para tu tríptico, del que creas es importante informar a tu comunidad escolar para mejorar la convivencia.

2. ¿Cuál tema elegiste? ¿Por qué?

_____

_____

3. Subraya el o los medios donde creas que puedes encontrar la información que necesitas para tu tríptico y búscala en ellos.

   a) Revistas.

   b) Documentales.

   c) Periódico.

   d) Entrevistas en radio o TV.

   e) Internet.

4. En tu cuaderno, elabora una tabla o esquema para resumir y organizar la información.

5. Elabora tu tríptico. Utiliza espacio de la hoja que ya está dividida en tres partes; en la primera parte elabora la portada, en la segunda una de las partes de la información y en la tercera la contraportada. Recuerda que puedes utilizar ilustraciones, gráficas o fotos como apoyo.

6. **Juan quiere hacer un tríptico sobre el albinismo, pues a su escuela entró un niño albino. Lee los textos que encontró Juanito y selecciona los que consideres puede utilizar para hacer su tríptico.**

Texto 1

El albinismo es una condición natural genética en la que hay una ausencia congénita de pigmentación de ojos, piel y pelo en los animales. También aparece en los vegetales, donde faltan otros compuestos como los carotenos. Es hereditaria; aparece con la combinación de los dos padres portadores del gen recesivo.

http://es.wikipedia.org/wiki/Albinismo
(consultado el 13 de enero de 2020).

Texto 2

La maestra Georgina, de sexto año, dijo: "Por genética el albinismo se hereda, es decir, los rasgos y las características de los padres se transmiten a los hijos a través de los genes".

Texto 3

La genética es el campo de las ciencias biológicas que trata de comprender cómo los genes son transmitidos de una generación a la siguiente, y cómo se efectúa el desarrollo de las características que controlan esos genes.

Winchester, M. A., Genética, México, CECSA, 1978.

Texto 4

El doctor Domínguez, gemelo de su tío político Genaro, le dijo: "El albinismo es la falta de una sustancia que da color a la piel, el cabello y los ojos. Existen dos tipos de albinismo:

a) El albinismo completo, en el que las personas presentan la piel y el cabello de color blanco y los ojos de un color rosado. Además, sufren trastornos visuales, como la fotofobia o el estrabismo.

b) El albinismo ocular, el cual afecta sólo a los ojos, teniendo en la piel y los cabellos pigmentación normal. En esta variedad del albinismo, el color del iris puede variar de azul a verde y en ocasiones ser de color café. Es muy importante que sepas que si las personas albinas se exponen al sol no se broncearán y sí pueden sufrir severas quemaduras".

Uso de g

Aprendizajes esperados. Identifica cuándo se debe escribir con g al principio de palabra. Escribe correctamente las palabras que inician con *geo*, *gen* y *gem*.

1. **En los textos de la página anterior, subraya las palabras que inicien con g. Escríbelas en las columnas y responde las preguntas.**

Texto 1	Texto 2	Texto 3	Texto 4

a) ¿Cuál es la letra que se repite en los tres inicios de palabra? _____

b) De acuerdo con lo que has observado, ¿cuál es la regla ortográfica para el uso de g que puedes deducir de las palabras que colocaste en la tabla? Complétala.

c) Se escriben con g las palabras que inician con _____, _____

   y _____.

2. **Completa los textos con las palabras del recuadro.**

> gemelas   genes   genoma   genómica
>
> genoma   Géminis   Geografía   gen   Geometría

a) Un _____ es la unidad más pequeña donde se guarda la información que los padres van a heredar a los hijos.

b) Los _____ se encuentran en los cromosomas.

c) Al conjunto de cromosomas de una especie se le denomina _____.

d) El Instituto Nacional de Medicina concluyó el mapa del _____ humano de los mexicanos.

e) Luisa y Gina son _____ y su signo zodiacal es _____.

f) La _____ y la _____ me encantan. Están entre mis clases favoritas.

3. **Encuentra en el diccionario cinco palabras con g y escribe una oración con cada una.**

_____   _____

_____   _____

_____

Los anuncios publicitarios

Aprendizajes esperados. Identifica anuncios publicitarios en revistas y periódicos, impresos y electrónicos. Identifica los tipos, características y funciones de los anuncios publicitarios.

> Un **anuncio publicitario** es un **medio de comunicación** masivo impreso, audiovisual o sonoro que busca **difundir** determinada **información** para atraer la atención de posibles clientes, usuarios, compradores o espectadores, mediante un mensaje que debe ser creíble, atractivo, específico y conciso con encabezados y frases llamativos. Los anuncios los elaboran expertos a los que se les paga para lograr el objetivo deseado. Son impersonales al estar dirigidos a un grupo de personas y no a alguien en particular.
>
> De acuerdo con su objetivo, hay tres tipos principales de anuncios: **comercial**: tiene la finalidad de vender bienes o servicios, **político**: tiene la finalidad de persuadir la manera de pensar o convencer y **social**: tiene la meta de promover valores, hábitos y conductas.

1. Escribe debajo de cada anuncio publicitario si se trata de un anuncio comercial, político o social, según corresponda.

a) _____ b) _____ c) _____

2. Encuentra en la sopa de letras, las ocho características y funciones de un anuncio publicitario.

C	B	Y	S	R	V	Z	F	T	Q	I	K	I	E	X	I	C
C	R	E	I	B	L	E	G	Y	I	N	A	H	P	L	B	O
D	I	F	U	N	D	I	R	A	T	F	X	A	M	B	H	U
I	O	D	I	W	U	A	M	S	D	O	H	Z	V	F	Y	I
A	M	P	V	U	T	C	O	E	J	R	L	G	E	O	K	D
A	T	P	Y	T	U	D	F	A	Q	M	I	F	N	X	E	T
O	R	R	E	S	E	U	E	O	W	A	N	K	D	Q	J	P
P	A	T	A	R	O	U	Z	S	T	R	X	X	E	C	W	D
A	E	A	S	C	S	D	V	Z	O	O	U	D	R	M	E	K
H	O	R	K	E	T	O	Y	C	A	K	E	Q	I	W	K	M
U	E	A	S	U	U	I	N	O	R	E	S	I	I	P	C	R
N	R	K	E	U	Z	V	V	A	O	L	Y	N	P	E	D	B
L	M	L	B	B	A	O	W	O	L	P	P	E	T	I	W	E
F	R	S	Y	F	E	D	L	Y	S	E	X	V	J	O	G	Q
R	I	L	S	M	B	G	I	P	V	D	S	Y	M	T	F	E
A	I	E	E	P	U	A	B	R	H	G	Q	M	E	K	B	U
O	D	L	T	C	O	N	C	I	S	O	I	U	E	F	Q	P

Las frases publicitarias

Aprendizajes esperados. Analiza en algunos anuncios las características de las frases publicitarias y su función. Reflexiona sobre su brevedad y el uso de adjetivos, rimas, metáforas o comparaciones, entre otros recursos, para hacer atractivo el anuncio.

> Las **frases** o **textos publicitarios** son textos cortos que **buscan llamar la atención** de los consumidores respecto de un producto o servicio que se desea promocionar. Las frases cortas que utilizan se llaman **eslogan**.
>
> Las frases publicitarias tienen dos objetivos: dar a conocer un producto y convencer al público para que lo adquiera. Para lograrlo utilizan adjetivos calificativos que describen al producto de manera positiva y atractiva, así como juegos de palabras y recursos literarios, como la metáfora, rima o analogía. Asimismo, recurren a los estereotipos para representar personas y situaciones con las que se identifique el público o consumidor.

1. **Lee y observa distintos anuncios publicitarios en revistas, periódicos o espectaculares. Identifica las frases publicitarias y escribe en los renglones las dos que más te gusten.**

_____

_____

2. **Une cada una de las frases publicitarias con el tipo de recurso literario o juego de palabras que utiliza.**

   a) Así es como sabe el confort.

   b) En la casa, en el taller y en la oficina,
   tenga usted Micocidina. ¡Ah, que buena medicina!

   c) Suave y ligera como la seda.

   d) Date un refresco con Fresco.

   (calambur)

   (comparación)

   (metáfora)

   (rima)

3. **Escribe en la línea el adjetivo calificativo que consideres le va mejor a las frases publicitarias.**

   a) La galleta más _____.

   b) Un cabello _____
   empieza con champú Bella.

   c) Belfort el automóvil _____
   para la gente _____.

   d) Viajes Paraíso para un mundo
   _____.

4. **Subraya los adverbios en las frases publicitarias.**

   a) Productos La Esperanza haciendo más fácil tu vida.

   b) Porque pronto llegará el futuro asegúrate hoy.

   c) Todo un mundo pasando delante de ti.

   d) Comprar mucho al mejor precio.

Analizamos los anuncios publicitarios

Aprendizajes esperados. Analiza en algunos anuncios publicitarios las características de las frases publicitarias y su función. Adopta una postura crítica frente a los anuncios publicitarios.

1. **Escoge una revista y busca en ella anuncios publicitarios. Responde las preguntas.**

    a) ¿Qué tipo de anuncios encontraste? _____

    b) ¿Hay algún producto o servicio del que haya más de un anuncio? _____

    c) ¿Qué tipo de lenguaje usan? _____

    d) ¿Por qué crees que lo usan? _____

2. **Observa los anuncios y lleva a cabo lo que se pide.**

    a) Busca las frases que utilizan para interesar al público y señálalas con un color.

    b) Escribe, debajo de cada uno, cómo influyen esas frases en las personas y si lo que se ofrece puede ser verdad o no.

    c) Inventa y escribe una nueva frase publicitaria para cada anuncio.

    d) Encierra en un círculo el anuncio que te parezca el mejor y explica por qué.

1.

2.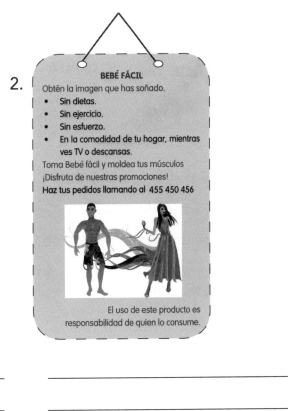

_____   _____

_____   _____

_____   _____

El boletín informativo

Aprendizajes esperados. Conoce e identifica las características y funciones de un boletín informativo. Identifica acontecimientos que sean relevantes para su comunidad.

Un **boletín informativo** es un **texto** de tipo periodístico que se **publica periódicamente** de manera semanal, mensual o bimestral, etc., a un **grupo determinado** de lectores o comunidad que comparten intereses. Su extensión es variable y puede incluir notas informativas, textos expositivos, anuncios publicitarios, avisos y cualquier información interesante o importante para los lectores. Dicha información debe ser breve y estar organizada. El boletín puede incluir ilustraciones o fotografías para hacerlo más atractivo.

Sus principales **funciones** son:

- Mantener informados a los lectores acerca de temas de su interés.

- Ofrecer un medio para intercambiar información en menor tiempo.

- Crear unión y sentido de pertenencia entre sus integrantes.

- Educar a todos los lectores sobre temas e ideas que interesan o inquietan al grupo.

1. Observa y lee el boletín informativo, después responde lo que se te indica.

Boletín Informativo Núm. 2 |

Gaceta Deportiva

Marzo 2020

Torneo de futbol

Invitamos a toda la comunidad del Club México, a participar en el 5° Torneo de futbol organizado por la junta de socios que se llevará a cabo dentro de nuestras instalaciones del 5 al 7 de abril.

¡Inscríbete ya!

AVISO
LES RECORDAMOS QUE EL PRÓXIMO 31 DE MARZO ES EL ÚLTIMO DÍA PARA A HACER EL PAGO ANUAL DE SU MEMBRESÍA.

Curiosidades del mundo deportivo

Fue hasta el mundial México 70 que los árbitros utilizaron tarjetas rojas y amarillas. Su creador fue el árbitro inglés Ken Aston.

Orgullo Deportivo

Felicitamos a todos los participantes en el Triatlón de Cozumel y hacemos una mención especial para Mauricio Gómez de 14 años, quien obtuvo el primer lugar de su categoría.

Diseño y contenido:
Gabriel Iturbide | gi@gmail.com

a) ¿A quién está dirigido el boletín? _____

b) ¿Cuál es el título del boletín? _____

c) El boletín se utiliza para informar a:

- la comunidad de un club literario.
- la comunidad de un club deportivo.
- la comunidad escolar.

d) Las partes del boletín son:

- noticias, avisos, cuentos, suscripciones y pagos.
- nombre del editor, lugar en que se elaboró, fecha, hora.
- título, tema, fecha, número e información de contacto.

2. Aquí tienes otros ejemplos de boletines informativos, obsérvalos y analiza qué tipo de imágenes tienen, cómo se distribuye la información, qué temas tratan, a quién se dirige la información y qué tipo de lenguaje utiliza cada uno.

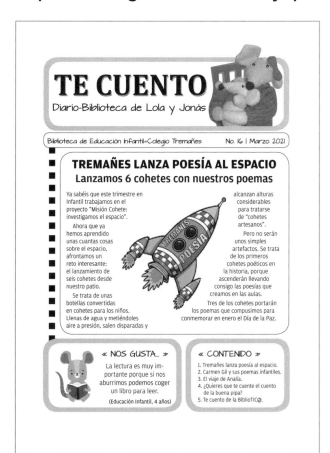

TE CUENTO
Diario-Biblioteca de Lola y Jonás

Biblioteca de Educación Infantil=Colegio Tremañes   No. 16 | Marzo 2021

TREMAÑES LANZA POESÍA AL ESPACIO
Lanzamos 6 cohetes con nuestros poemas

Ya sabéis que este trimestre en Infantil trabajamos en el proyecto "Misión Cohete: investigamos el espacio".

Ahora que ya hemos aprendido unas cuantas cosas sobre el espacio, afrontamos un reto interesante: el lanzamiento de seis cohetes desde nuestro patio.

Se trata de unas botellas convertidas en cohetes para los niños. Llenas de agua y metiéndoles aire a presión, salen disparadas y alcanzan alturas considerables para tratarse de "cohetes artesanos".

Pero no serán unos simples artefactos. Se trata de los primeros cohetes poéticos en la historia, porque ascenderán llevando consigo las poesías que creamos en las aulas.

Tres de los cohetes portarán los poemas que compusimos para conmemorar en enero el Día de la Paz.

« NOS GUSTA... »
La lectura es muy importante porque si nos aburrimos podemos coger un libro para leer.
(Educación Infantil, 4 años)

« CONTENIDO »
1. Tremañes lanza poesía al espacio.
2. Carmen Gil y sus poemas infantiles.
3. El viaje de Analía.
4. ¿Quieres que te cuente el cuento de la buena pipa?
5. Te cuento de la BiblioTIC@.

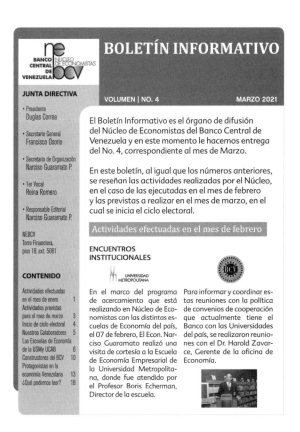

BANCO CENTRAL DE VENEZUELA — NÚCLEO DE ECONOMISTAS BCV

BOLETÍN INFORMATIVO

VOLUMEN | NO. 4   MARZO 2021

JUNTA DIRECTIVA

- Presidente
  Duglas Correa

- Secretario General
  Francisco Osorio

- Secretario de Organización
  Narciso Guaramato P.

- 1er Vocal
  Reina Romero

- Responsable Editorial
  Narciso Guaramato P.

NEBCV
Torre Financiera,
piso 18, ext. 5061

CONTENIDO

El Boletín Informativo es el órgano de difusión del Núcleo de Economistas del Banco Central de Venezuela y en este momento le hacemos entrega del No. 4, correspondiente al mes de Marzo.

En este boletín, al igual que los números anteriores, se reseñan las actividades realizadas por el Núcleo, en el caso de las ejecutadas en el mes de febrero y las previstas a realizar en el mes de marzo, en el cual se inicia el ciclo electoral.

Actividades efectuadas en el mes de febrero

ENCUENTROS INSTITUCIONALES

UNIVERSIDAD METROPOLITANA   BCV

En el marco del programa de acercamiento que está realizando en Núcleo de Economistas con las distintas escuelas de Economía del país, el 07 de febrero, El Econ. Narciso Guaramato realizó una visita de cortesía a la Escuela de Economía Empresarial de la Universidad Metropolitana, donde fue atendido por el Profesor Boris Echerman, Director de la escuela.

Para informar y coordinar estas reuniones con la política de convenios de cooperación que actualmente tiene el Banco con las Universidades del país, se realizaron reuniones con el Dr. Harold Zavarce, Gerente de la oficina de Economía.

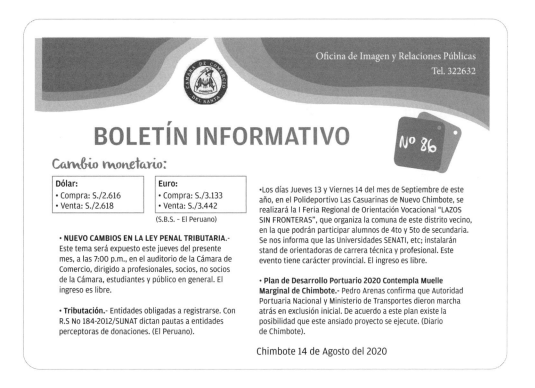

CÁMARA DE COMERCIO DEL SANTA

Oficina de Imagen y Relaciones Públicas
Tel. 322632

BOLETÍN INFORMATIVO

Nº 86

Cambio monetario:

Dólar:
- Compra: S./2.616
- Venta: S./2.618

Euro:
- Compra: S./3.133
- Venta: S./3.442
(S.B.S. - El Peruano)

• **NUEVO CAMBIOS EN LA LEY PENAL TRIBUTARIA.-** Este tema será expuesto este jueves del presente mes, a las 7:00 p.m., en el auditorio de la Cámara de Comercio, dirigido a profesionales, socios, no socios de la Cámara, estudiantes y público en general. El ingreso es libre.

• **Tributación.-** Entidades obligadas a registrarse. Con R.S No 184-2012/SUNAT dictan pautas a entidades perceptoras de donaciones. (El Peruano).

•Los días Jueves 13 y Viernes 14 del mes de Septiembre de este año, en el Polideportivo Las Casuarinas de Nuevo Chimbote, se realizará la I Feria Regional de Orientación Vocacional "LAZOS SIN FRONTERAS", que organiza la comuna de este distrito vecino, en la que podrán participar alumnos de 4to y 5to de secundaria. Se nos informa que las Universidades SENATI, etc; instalarán stand de orientadoras de carrera técnica y profesional. Este evento tiene carácter provincial. El ingreso es libre.

• **Plan de Desarrollo Portuario 2020 Contempla Muelle Marginal de Chimbote.-** Pedro Arenas confirma que Autoridad Portuaria Nacional y Ministerio de Transportes dieron marcha atrás en exclusión inicial. De acuerdo a este plan existe la posibilidad que este ansiado proyecto se ejecute. (Diario de Chimbote).

Chimbote 14 de Agosto del 2020

Diseñamos un boletín informativo

Aprendizajes esperados. Identifica acontecimientos que sean relevantes para su comunidad. Diseña y elabora un boletín informativo.

Las **partes** de un **boletín** informativo son: nombre, datos generales (fecha, número de boletín y quién lo publica o información de contacto), portada general (cuando tiene más de una página), lista de contenidos y número de páginas y tema (información que se brindará) organizado en títulos y subtítulos.

Antes de diseñar un boletín es importante saber a quién va dirigido, los temas que queremos informar y escoger un nombre.

1. **Imagina que a tus amigos y a ti les encargan diseñar y hacer el boletín escolar. Sigan las indicaciones para elaborarlo.**

   a) Escojan un nombre para el boletín y escríbanlo. _____

   b) Averigüen qué acontecimientos importantes han sucedido en su escuela o la comunidad escolar como eventos que se han hecho o se van a llevar a cabo, concursos, paseos, nuevos integrantes, etc. Escojan uno o varios temas que tratarán en el boletín y anótenlos.

   _____

   _____

   c) Elijan el propósito de su boletín (informar, educar, entretener o prevenir). También piensen cuántas y cuáles secciones tendrá y anótenlo.

   _____

   _____

   d) Escojan los textos que tendrá cada sección y de qué tipo serán; así como el número de páginas que tendrá.

   _____

   e) Investiguen sobre el tema o información que escogieron (pueden hacer entrevistas, encuestas o recurrir a las diferentes fuentes informativas). Tomen notas.

   f) Recuerden poner título a los textos y escribir párrafos breves, directos y concisos, cuidando la ortografía, el uso de mayúsculas y los signos de puntuación.

   g) Determinen si se usarán fotografías o ilustraciones, y cuáles. Tomen en cuenta las características del público al que se dirigen.

   h) Finalmente, diseñen su portada y en qué lugar colocarán cada sección, texto e ilustraciones; así como los datos generales (nombre de la gaceta, fecha, número y contacto o editor).

2. En el recuadro elaboren la primera página de su boletín o su portada en caso de que sólo tenga una.

Uso de *h*: *hiper* e *hidro*

Aprendizaje esperado. Escribe correctamente los prefijos *hiper* e *hidro* en diferentes palabras.

Los **prefijos *hiper*** e ***hidro*** se escriben con *h* inicial.

Un día Amanda soñó que ella y sus amigos estaban en la universidad, pero en el sueño aparecían como son ahora. Su mamá le dijo que eso puede suceder en realidad, que algunos niños, reconocidos como genios, son universitarios.

1. Lee la noticia que apareció en el boletín informativo.

> ## NIÑAS Y NIÑOS GENIO
> ## A LA UNIVERSIDAD
>
> La Universidad Nacional Autónoma de México (UNAM) anunció, mediante un comunicado, la incorporación de un grupo de doce estudiantes a diversas áreas de investigación.
>
> Sus edades fluctúan entre los ocho y quince años, y pese a su corta edad han colaborado con sus ideas e inteligencia para mejorar las condiciones del país.
>
> Estudios en hidrobiología, ecología, arte, hidrodinámica, hiperespacio, estadística y ciencias se verán influenciados por el conocimiento y forma de ver el mundo de estos chicos hiperpoderosos.

2. Relaciona la palabra con su definición.

a) hidrobiología.

b) hidrodinámica.

c) hiperespacio.

d) hiperpoderosos.

• Que tienen poder más allá de lo normal.

• Ciencia que estudia la vida de los seres que habitan en el agua.

• En ciencia ficción es una especie de región conectada a nuestro universo, que a menudo sirve como atajo en los viajes interestelares para viajar más rápido que la luz.

• Energía eléctrica provocada por la fuerza hidráulica.

• Parte de la mecánica que estudia el movimiento de los fluidos.

3. ¿Qué significan los prefijos *hidro* e *hiper*?

a) *hidro*: _____   b) *hiper*: _____

4. Encierra en un círculo las palabras más adecuadas para cada oración.

a) Luis le teme muchísimo al agua, es…

- hidrofóbico.
- hipermiedoso.

b) Susana critica duramente a quienes no cuidan el agua, ella es…

- hipercrítica.
- hidrocrítica.

c) Mi prima Nora se preocupa y llora mucho ante cualquier escena triste, ella es…

- hidroexpresiva.
- hipersensible.

5. Utilizando los prefijos *hiper* e *hidro*, escribe palabras que correspondan a las definiciones que se te dan.

a) Niña muy inteligente: _____

b) Perrito muy gracioso: _____

c) Agua muy rica: _____

d) Masaje corporal a partir del golpeteo del agua: _____

e) Aguascalentense (que vive en Aguascalientes): _____

f) Electricidad obtenida por la fuerza y el movimiento del agua: _____

Las encuestas

Aprendizaje esperado. Conoce y enumera las características y funciones de las encuestas.

Una **encuesta** es un método para **recabar información** mediante diferentes **preguntas** sobre un tema determinado a un grupo de personas representativo del total de la población que se conoce como muestra. La información recabada puede ser de opinión o para obtener datos precisos, como el número de habitantes.

Las preguntas pueden ser abiertas (cuando la respuesta es libre) o cerradas (cuando sólo hay dos o más opciones predeterminadas para responder).

La **función** de las encuestas es **obtener datos** verídicos y **reportarlos** a la comunidad.

1. **Numera del 1 al 6, los pasos para realizar una encuesta.**

   a) Organizar los datos. ☐

   b) Preparar las preguntas. ☐

   c) Elegir el tema. ☐

   d) Elegir la muestra. ☐

   e) Elaborar primero las preguntas cerradas y dejar las abiertas para el final de la encuesta. ☐

   f) Hacer la encuesta. ☐

2. **Elige un tema que consideres importante para tu comunidad escolar y elabora una encuesta para recabar la información que quieres saber. Escribe las preguntas. Anota también las opciones de respuestas en el caso de las preguntas cerradas.**

   _____

   _____

   _____

3. **Elige tu muestra y aplica la encuesta. Escribe los resultados de la encuesta y organízalos, poniendo cuántas personas respondieron a cada pregunta.**

   _____

   _____

   _____

Reportando una encuesta

Aprendizaje esperado. Conoce la estructura y función de un reporte de encuesta.

1. Subraya la palabra correcta para completar la definición.

Un reporte de investigación es un (documento / gráfico) en el que se presentan los (valores / resultados) de una investigación.

2. Completa el diagrama acerca del reporte de investigación.

a) Escribe las sílabas que faltan en las partes del reporte.

b) Lee las definiciones y cópialas donde corresponde para completar el diagrama.

1. Presenta las preguntas, sus respuestas y un breve texto que explica los resultados. Se pueden incluir tablas de frecuencia o gráficas para cada pregunta.

2. Menciona el objetivo y la forma en que se realizó la encuesta (número de informantes, lugar y fecha en que se aplicó).

3. Parte final del reporte en la que se comentan los resultados obtenidos.

3. Escribe con tus palabras por qué es importante dar a conocer los resultados de una investigación.

_____

_____

_____

La encuesta indica que...

Aprendizajes esperados. Conoce la estructura y función de un reporte de encuesta. Distingue los diferentes tipos de apoyos visuales que se usan para presentar resultados de encuestas, como gráficas de frecuencia y tablas de datos.

1. Lee el ejemplo de reporte de una encuesta.

DIFERENTES GUSTOS... EN EL MISMO VIDEOJUEGO

La productora de videojuegos Arcadio encuestó en abril a 30 niños, para conocer sus preferencias sobre videojuegos. Aquí se presentan parte de los resultados de la encuesta.

¿Qué tipo de videojuegos te gusta más?		
Opciones	Respuestas	Número
Acción	IIIII IIIII IIIII III	18
Aventuras	IIIII	5
Misterio	IIIII II	7

a)

b)

A la mayoría de los niños les gustan más los juegos de acción. ¿Cuántas veces por semana juegas?

d)

c)

■ Diario
■ Fin de semana

e)

De los niños encuestados, 5 juegan diario con su videojuego, los otros 5 sólo los fines de semana. ¿Con quién juegas?

g)

h)

f)

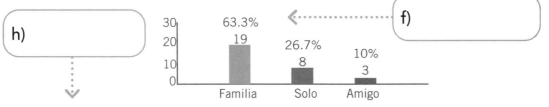

30 | 63.3% 19 | 26.7% 8 | 10% 3 |
Familia | Solo | Amigo

De los niños, 63.3% juegan con su familia y 26% lo hacen solos. A partir de 2012 y debido a los resultados de la encuesta, los ingenieros de la compañía Arcadio diseñarán nuevos juegos de acción, para jugar en familia.

2. Escribe los elementos y partes del reporte en la letra que le corresponda.

> Conclusiones   Gráfica de barras   Tabla de frecuencia   Pregunta
> Introducción   Texto explicativo   Desarrollo   Gráfica de pastel

Para unir o comparar... ¡Nexos debes utilizar!

Aprendizaje esperado. Usa nexos para indicar orden y relación lógica de ideas.

1. **Subraya la oración que describa qué son y para qué se usan los nexos.**

    a) Son frases que indican la posición de un objeto.

    b) Son palabras o expresiones que se usan para unir dos ideas o compararlas.

2. **Encierra en un círculo los nexos que encuentres en este párrafo.**

    En mi escuela, la mayoría de los alumnos aprobaron la prueba ENLACE, pero en la de mi primo solamente 60%.

3. **Observa las gráficas o tablas y escribe una oración explicativa en la que utilices por lo menos uno de los nexos o expresiones del recuadro.**

| en cambio | pero | una parte | algunos | otros |
| todos solamente | pues | como esperábamos | la mayoría |

¿Qué tipo de programas les gusta más ver a los niños?

a) _____

_____

_____

_____

Documentales
Caricaturas
Series

20%
26%
54%

¿Cuál de los festivales fue el más divertido?

b) _____

_____

_____

_____

Navideño   Primavera   Fin de cursos

La información nos ayuda a mejorar

Aprendizaje esperado. Escribe conclusiones a partir de datos estadísticos simples.

1. **Sigue estos pasos y termina de escribir este breve reporte de investigación.**

   a) Observa la gráfica mostrada y escribe los datos para completar el párrafo de la introducción.

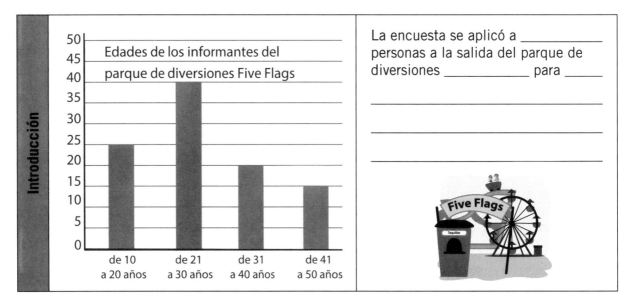

Edades de los informantes del parque de diversiones Five Flags

de 10 a 20 años · de 21 a 30 años · de 31 a 40 años · de 41 a 50 años

La encuesta se aplicó a _____ personas a la salida del parque de diversiones _____ para _____

_____

_____

_____

   b) Escribe un párrafo explicativo para cada pregunta del desarrollo.

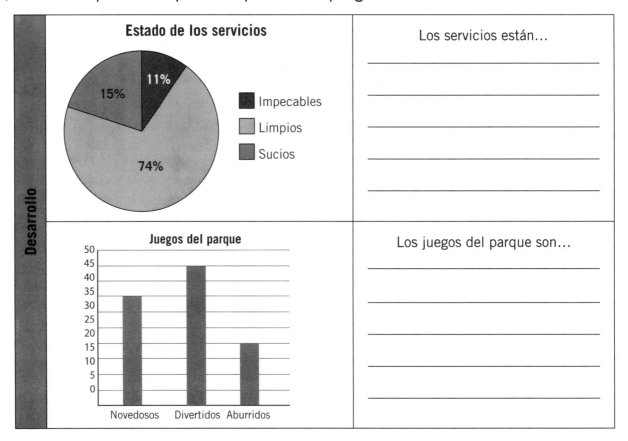

Estado de los servicios

11%
15%
74%
Impecables
Limpios
Sucios

Los servicios están...

_____

_____

_____

_____

_____

Juegos del parque

Novedosos · Divertidos · Aburridos

Los juegos del parque son...

_____

_____

_____

_____

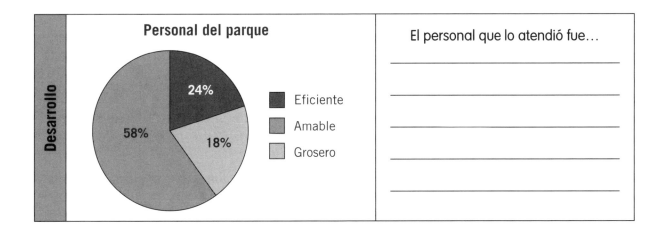

Personal del parque

Desarrollo

- 24% Eficiente
- 58% Amable
- 18% Grosero

El personal que lo atendió fue…

_____

_____

_____

_____

_____

c) Escribe una conclusión sobre lo que podría hacer el parque para mejorar los resultados obtenidos.

Conclusiones

_____

_____

_____

_____

_____

_____

_____

_____

_____

Las lenguas indígenas y el español

Aprendizajes esperados. Reconoce la presencia de las lenguas indígenas en el español usual en México. Busca en fuentes impresas o electrónicas, por medio de entrevistas con personas, algunas palabras del español originarias de las lenguas indígenas de México.

> Las **lenguas indígenas** se hablaban en México desde antes de la llegada de los españoles. En México se hablan 68 lenguas indígenas, por lo que nuestro país cuenta con una gran diversidad lingüística y cultural. Muchas de las palabras que utilizamos diariamente en el español provienen de alguna lengua indígena.

1. **Las lenguas indígenas que más se hablan en México son náhuatl, chol, totonaca, mazateco, mixteco, zapoteco, otomí, tzotzil, tzeltal y maya. Encuéntralas dentro del texto y enciérralas en un círculo.**

camarónpantalóntzotzilcamaleónmesaburóhigobrunocholpalabra
lenguaperronáhuatlespañolhombretododiversidadlagunamazateco
trompojamónotomanohuicholenahuamarpiemanozapatomayacutzamal
paraguasgigantehospitaldiacurazaomielfuegotzancudounozapoteco
quechuamaquetagirasoltotemtzeltalnigerianoonduladotoltecaarabe
meridatotonacapalmeramixioteoaxacaplumeroparacuaroquinque
alebrijetortugamixtecotextopalaciocubrezanahoriaarr

2. **Investiga en diferentes fuentes de información o mediante entrevistas qué palabras del español tienen su origen en alguna lengua indígena. Escribe tres y anota también la lengua de la cual provienen.**

Palabra	Lengua indígena de la que proviene
a) _____	_____
b) _____	_____
c) _____	_____

3. **Lee las palabras escritas en lengua indígena, investiga de qué lengua provienen y escribe cómo se dice originalmente.**

	Lengua de la que proviene	Palabra en español
a) xocolatl.	_____	_____
b) izquitl.	_____	_____
c) aguacatl.	_____	_____

¿De dónde vienen?

Aprendizajes esperados. Registra las palabras y busca su significado y su historia. Indaga las acepciones de las palabras seleccionadas o los nombres para objetos, personas, animales y acciones en las lenguas indígenas y el español. Valora el multilingüismo y la importancia de adquirir otra lengua.

1. Busca el significado de estas palabras del español que tienen su origen en alguna lengua indígena, y únelas con su significado que incluye algún dato de su historia.

- Proviene del náhuatl *popotli*, un tallo seco y hueco que crecía con abundancia alrededor de Tenochtitlán. Por su parecido con estos tallos derivó en popote para referirse a éstos.

a) achichincle

- Significa "mellizo", viene del náhuatl *cuatl*. Actualmente la usamos para nombrar a un amigo.

b) buey

- Del náhuatl *huey*, que significa "grande, gran, venerado, honorable". Los españoles la equipararon a buey, y adquirió ese significado.

c) apapachar

- Significa "quien chupa el agua". Viene de las palabras náhuatles *atl* (agua) y *chichinqui* (que chupa). Al castellanizarse, su significado se transformó en un despectivo que señala a un "hombre ordinario que acompaña a un superior y sigue sus órdenes".

d) popote

e) cuate

- Proviene del náhuatl *apapachoa*, que significa "ablandar algo con los dedos". Hoy en día se traduce como "palmada cariñosa o abrazo con el alma".

2. Relaciona las tres columnas.

a) papalotl

elote

b) comal

tomatl

c) elotl

papalote

d) tomate

comalli

3. Explica por qué crees que es importante hablar una lengua diferente al español.

_____

_____

Uso de z al final de palabra en los patronímicos

Aprendizaje esperado. Identifica los apellidos patronímicos y los escribe correctamente.

LOS APELLIDOS

Una cosa de la que se enteró Martita durante su viaje, es que su apellido Ramírez viene del nombre Ramiro. Así que ni tarda ni perezosa buscó también los nombres de donde vienen los apellidos de sus mejores amigos.

---

1. **Relaciona los nombres de sus amigos con los apellidos que más se le parecen.**

   a) Domingo   Estévez

   b) Rodrigo   González

   c) Juan   Juárez

   d) Esteban   Domínguez

   e) Gonzalo   Rodríguez

> Los apellidos que se derivan del nombre del padre se llaman **patronímicos**. Los apellidos patronímicos que terminan en *ez* se escriben con *z*. Ejemplos: Díaz, Martínez, Ortiz, Albornoz, Cruz. Son excepciones: Valdés, Cortés, Pagés.

2. **Investiga con tus compañeros, familiares y amigos si sus apellidos son patronímicos y, si es así, escribe el nombre del que se originan.**

Patronímico	Nombre de origen
a) _____	_____
b) _____	_____
c) _____	_____
d) _____	_____
e) _____	_____

3. **Escribe los nombres propios que dieron origen a los patronímicos.**

   a) Álvarez _____   d) Martínez _____

   b) Benítez _____   e) Vázquez _____

   c) Fernández _____   f) Velázquez _____

Repaso

1. Subraya los elementos de una carta formal.

bibliografía   fecha   destinatario   hora

cuerpo   logo   introducción   remitente

despedida   conclusiones   lugar   saludo

2. Colorea del mismo color los conectores y el tipo de relación que establecen.

Causales: señalan una causa.	Temporales: indican un momento en el tiempo.	Lógicos: expresan la relación existente.
antes, finalmente, actualmente, después, luego, mientras…	y, pero, sin embargo, además, aunque, o…	porque, pues, a causa de, por lo cual, por esto…

3. Completa las oraciones sobre el tríptico, utilizando las palabras del recuadro.

difundir	portada	caras	subtítulos
esquemas	impreso	trípticos	atractiva

a) Los _____ son un medio de comunicación _____.

b) Se caracterizan por tener seis _____.

c) En la _____ se introduce el contenido con un título y una imagen _____.

d) La finalidad de los trípticos es _____ información de diferentes temas.

4. Escribe g o j, según corresponda.

a) __ eometría   b) __eringa   c) __enoma   d) __ eroglífico

e) __inete   f) __erónimo   g) __enético   h) __ emela

5. Ordena los pasos a seguir para preparar un debate.

a) Tomar una postura   ☐   d) Elaborar un texto   ☐

b) Revisar el texto   ☐   e) Tomar notas   ☐

c) Investigar sobre el tema elegido   ☐

6. Subraya la respuesta correcta.

a) Las frases que utilizan los anuncios publicitarios para promover un producto se llaman:

- adjetivas.
- eslóganes.
- publicidad.

b) De acuerdo con su finalidad, los anuncios publicitarios pueden clasificarse en:

- comerciales, políticos y sociales.
- propaganda, educativos y legales.
- comerciales, fílmicos y productivos.

c) Las ideas preconcebidas sobre las características de las personas o actividades y trabajos se llaman:

- subjetividades.
- estereotipos.
- conceptos.

d) El método que se utiliza para recabar información sobre un tema a base de preguntas se conoce como:

- comercial.
- debate.
- encuesta.

7. Escribe tres usos de un boletín informativo.

_____

_____

_____

8. Marca con una ✔ la gráfica de pastel que corresponda a esta oración explicativa.

De los 60 alumnos encuestados, 30 vacacionan una vez al año, los demás lo hacen cada dos años.

a)

1 vez por año
Cada 2 años

b)

1 vez por año
Cada 2 años

c)

1 vez por año
2 veces por año

9. Encierra en un círculo las palabras que utilices cotidianamente y que provengan de alguna lengua indígena.

aguacate	azúcar	papel	tianguis
queso	chocolate	México	guante
zapato	chicle	papalote	esquite
mezcal	uva	plato	itacate

Números naturales

Aprendizaje esperado. Lee, escribe y ordena números naturales hasta de nueve cifras.

Los números de **nueve cifras** se dividen en **unidades**, **millares** y **millón**.

Cada una contiene tres dígitos y a cada uno le corresponde una posición.

Centena de millón	Decena de millón	Unidad de millón	Punto de millón	Centena de millón	Decena de millar	Unidad de millar	Punto de miles	Centena	Decena	Unidad
↓	↓	↓	↓	↓	↓	↓	↓	↓	↓	↓
6	7	3	.	7	1	8	.	6	4	6

1. Encierra en un círculo lo que se te pide. Fíjate en el ejemplo.

a) Decenas de millar.

545 7②1 326

4③9 837

2 2①2 675

b) Unidades de millar.

543 632 657

18 093 872

53 137 415

c) Unidad de millón.

943 422 095

751 437 102

306 154 237

d) Centenas de millón.

543 739 201

482 562 886

831 274 435

e) Decenas.

608 773 701

124 536

7 093 782

f) Unidades.

561 327 834

83 727 198

32 561 395

2. Agrupa, de tres en tres, los siguientes números iniciando por la derecha. Escríbelos con número y después con letra. Fíjate en el ejemplo.

a) 9 456 374   9 456 374   Nueve millones cuatrocientos cincuenta y seis mil trescientos setenta y cuatro.

b) 835 672 _____ _____

c) 15 647 930 _____ _____

d) 276 589 _____ _____

e) 346 487 602 _____ _____

3. **Escribe con números las siguientes cantidades. Fíjate en el ejemplo.**

a) Tres millones doscientos veintitrés mil trescientos dos. _____ 3 223 302 _____

b) Cuatrocientos ochenta y cinco mil ciento cuarenta. _____

c) Doscientos veintiséis millones doscientos noventa

   y dos mil cuatrocientos nueve. _____

d) Siete millones quinientos veintiséis mil

   trescientos doce. _____

e) Cincuenta y nueve millones novecientos ochenta

   y dos mil uno. _____

4. **Observa las siguientes cifras y realiza lo que se te pide. Fíjate en el ejemplo.**

4 327 829

a) Escribe el número que va antes. _____ 4 327 828 _____

b) Escribe el número que va después. _____ 4 327 830 _____

432 517 239

c) Escribe el número que va antes. _____

d) Escribe el número que va después. _____

875 132 784

e) Escribe el número que va antes. _____

f) Escribe el número que va después. _____

No te guíes por el primer dígito. Siempre verifica la cantidad de dígitos que hay en cada número para que tu margen de error sea nulo.

5. **Usa los números del recuadro para formar dos cifras más. Fíjate en el ejemplo.**

5 2 4 6 3 7 8 1 9

a) 9 5 7 2 8 1 4 6 3

b) ___ ___ ___ ___ ___ ___ ___ ___ ___

c) ___ ___ ___ ___ ___ ___ ___ ___ ___

6. **Utiliza la cifra 394 175 826 y con sus números escribe lo siguiente:**

a) Un número que sea mayor.

___ ___ ___ ___ ___ ___ ___ ___ ___

b) Un número que sea menor.

___ ___ ___ ___ ___ ___ ___ ___ ___

c) Un número que tenga la misma centena de millar.

___ ___ ___ ___ ___ ___ ___ ___ ___

7. **Ordena las siguientes cifras de menor a mayor.**

15 627 321	a) _____
425 675 874	b) _____
956 213 002	c) _____
716 496 047	d) _____
303 009 123	e) _____
9 779 865	f) _____

8. Escribe con letra los siguientes números y pon el signo <, > o =, según corresponda.

a) 803 071 231   ◯   958 156 992

_____   _____

_____   _____

b) 221 643 879   ◯   221 643 779

_____   _____

_____   _____

9. Mónica hará un viaje a Italia. Antes del viaje investigó acerca de ese país. Observa la tabla con la información que encontró de la población de las ciudades que visitará y contesta las preguntas.

Población total del país	60 340 328 habitantes
Milán	1 299 633 habitantes
Nápoles	973 132 habitantes
Bolonia	372 256 habitantes
Roma	2 718 768 habitantes
Turín	908 263 habitantes

Disponible en https://www.wikipedia.org/wiki/italia#demograf.C3.ada
4 de febrero de 2020.

a) Escribe la población total de Italia: _____

_____

b) ¿Cuál es la ciudad con menor población? _____

c) ¿Cuántas centenas de millar de habitantes tiene más Nápoles que Bolonia?

_____

d) ¿Qué ciudad tiene la población de novecientos setenta y tres mil ciento treinta

y dos habitantes? _____

e) Escribe de menor a mayor el número de habitantes de las ciudades que visitará.

_____   _____   _____ _____ _____

f) ¿Qué número se aproxima más al total de habitantes de estas cinco ciudades? Encierra la respuesta.

• 60 500 000   • 6 500 000   • 5 500 000   • 4 500 000

Números decimales

Aprendizaje esperado. Lee, escribe y ordena números decimales.

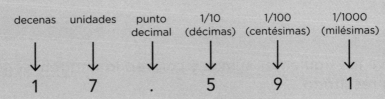

Nuestro sistema de numeración se llama **sistema decimal**.

Los **números enteros** siempre se escriben a la izquierda del punto decimal y los números **decimales** a la derecha del punto. Los números decimales nos indican que el entero se ha dividido en 10, 100, 1000 o más partes iguales.

decenas	unidades	punto decimal	1/10 (décimas)	1/100 (centésimas)	1/1000 (milésimas)
↓	↓	↓	↓	↓	↓
1	7	.	5	9	1

1. **Escribe con letra las siguientes cantidades de números decimales. Fíjate en el ejemplo.**

a) **2.009**   Dos enteros, nueve milésimos

b) **198.2**   _____

c) **211 738.21**   _____

d) **105.33**   _____

e) **6.005**   _____

2. **Encierra el número correcto. Fíjate en el ejemplo.**

a) Quinientos ochenta y dos mil dieciséis enteros, doce milésimos.

- (582 016.12)
- 582 160.120
- 482 016.12

b) Tres cientos veinticinco mil seiscientos setenta y tres enteros, novecientos dos milésimos.

- 4 325 663.902
- 305 763.092
- 325 673.902

c) Nueve millones cuarenta y tres mil ochocientos veintiún enteros, seis décimos.

- 9 043 821.006
- 9 043 821.6
- 9 043 821.60

d) Siete millones novecientos treinta mil doscientos cuarenta y un enteros, ochenta centésimos.

- 7 730 241.80
- 7 930 241.80
- 903 241.08

e) Tres millones quinientos nueve mil ochocientos setenta enteros, cuatro décimos.

- 3 519 870.4
- 3 509 870.04
- 3 509 870.4

Adición

Aprendizaje esperado. Resuelve problemas de suma y resta con decimales.

> Las partes de la suma son:
>
> $$14 \leftarrow \text{sumandos}$$
> $$+\ 33 \leftarrow$$
> $$\overline{}$$
> $$47 \leftarrow \text{suma}$$

1. **Resuelve las siguientes sumas y colorea la imagen, según corresponda a cada resultado.**

a) azul marino

$$+\ \begin{array}{r} 34\ 056 \\ 21\ 538 \end{array}$$

b) café

$$+\ \begin{array}{r} 67\ 184 \\ 76\ 302 \end{array}$$

c) morado

$$+\ \begin{array}{r} 43\ 064 \\ 75\ 817 \end{array}$$

d) naranja

$$+\ \begin{array}{r} 1\ 62\ 609 \\ 832\ 285 \end{array}$$

e) rosa

$$+\ \begin{array}{r} 687\ 176 \\ 702\ 590 \end{array}$$

f) verde

$$+\ \begin{array}{r} 1\ 26\ 305 \\ 403\ 125 \end{array}$$

g) azul cielo

$$+\ \begin{array}{r} 732\ 158\ 765 \\ 154\ 863\ 527 \end{array}$$

h) amarillo

$$+\ \begin{array}{r} 2\ 134\ 905 \\ 3\ 107\ 886 \end{array}$$

i) rojo

$$+\ \begin{array}{r} 5\ 492\ 632 \\ 2\ 252\ 878 \end{array}$$

j) gris

$$+\ \begin{array}{r} 7\ 416\ 701 \\ 1\ 965\ 919 \end{array}$$

5 242 791

55 594

9 382 620

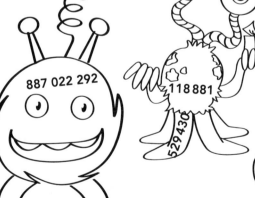

887 022 292

118 881

529 430

994 894

143 486

7 745 510

1 389 766   1 389 766

Recuerda que en las casillas donde no se encuentra ningún número son igual a 0.

2. **Resuelve las siguientes sumas.**

a)
$$+\;\begin{array}{r} 65.76 \\ 29.23 \end{array}$$

b)
$$+\;\begin{array}{r} 57.2 \\ 31.63 \end{array}$$

c)
$$+\;\begin{array}{r} 73.82 \\ 24.51 \end{array}$$

d)
$$+\;\begin{array}{r} 43.195 \\ 5.679 \end{array}$$

e)
$$+\;\begin{array}{r} 58.02 \\ 6.438 \end{array}$$

f)
$$+\;\begin{array}{r} 44.07 \\ 5.622 \end{array}$$

g)
$$\begin{array}{r} 79.481 \\ +\;\;\;\; 4.16 \\ 12.072 \end{array}$$

h)
$$\begin{array}{r} 63.283 \\ +\;\;34.08 \\ 6.972 \end{array}$$

i)
$$\begin{array}{r} 80.426 \\ +\;\;\;7.256 \\ 35.538 \end{array}$$

3. **Acomoda las sumas de manera vertical y resuélvelas.**

a) 236 541 987.602 + 653.948

b) 4 062.7 + 8.407

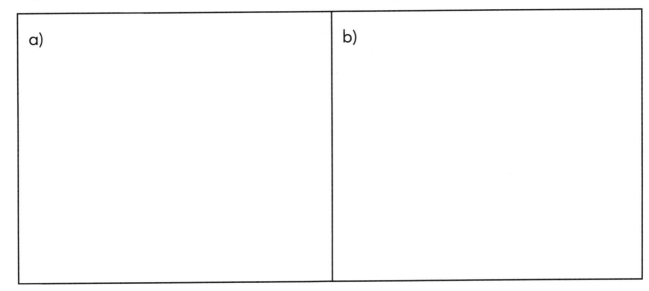

a)

b)

Sustracción

Aprendizaje esperado. Resuelve problemas de suma y resta con decimales.

> Las partes de la resta son:
>
> 46 ⟵ **minuendo**
>
> − 22 ⟵ **sustraendo**
>
> 24 ⟵ **diferencia**

1. ¿Sabes cuáles son algunos de los seres más grandes del mundo? Resuelve las restas y anota la letra que le corresponde a cada una; descubrirás el nombre de dos. Fíjate en el ejemplo.

a) ___S___ _____ _____ _____ _____ _____

1) 537 454 467 − 412 350 611 125 103 856	2) 4 955 952 − 826 433	3) 129 520 713 − 25 627 702	A = 7 644 286 E = 4 129 519 O = 6 995 269
4) 5 374 624 − 2 646 319	5) 8 563 206 − 1 567 937	6) 7 042 134 − 4 479 542	U = 2 728 305 C = 103 893 011 S = 125 103 856
7) 9 532 743 − 1 888 457			Y = 2 562 592

b) _____ _____ _____ _____ _____ _____

1) 7 035 782 − 596 704	2) 6 276 788 − 2 601 379	3) 9 565 876 − 3 126 798	A = 6 439 078 D = 322 353 752
4) 3 754 000 − 1 946 459	5) 4 256 071 − 2 567 985	6) 5 217 076 − 1 541 667	N = 3 675 409 C = 1 807 541
7) 487 202 736 − 164 848 984	8) 8 303 276 − 1 864 198		O = 1 688 086

2. **Resuelve las restas.**

a) $-\begin{array}{r} 56.367 \\ 43.422 \end{array}$

b) $-\begin{array}{r} 64.753 \\ 23.864 \end{array}$

c) $-\begin{array}{r} 56.320 \\ 34.718 \end{array}$

d) $-\begin{array}{r} 73.142 \\ 45.083 \end{array}$

e) $-\begin{array}{r} 92.300 \\ 73.037 \end{array}$

f) $-\begin{array}{r} 47.925 \\ 20.098 \end{array}$

g) $-\begin{array}{r} 132.480 \\ 14.637 \end{array}$

h) $-\begin{array}{r} 360.040 \\ 43.891 \end{array}$

i) $-\begin{array}{r} 196.387 \\ 140.680 \end{array}$

3. **Acomoda las restas de manera vertical y resuélvelas.**

a) 203.002 − 13.98

b) 602.03 − 98.478

a)	b)

Problemas con suma y resta

Aprendizaje esperado. Resuelve problemas de suma y resta con decimales.

1. Resuelve los problemas.

a) Un señor se fue por trabajo a otro país un año. Al salir de México pesaba 72.3 kg y cuando regresó pesaba 89.43 kg. ¿Cuántos kilos subió?

Datos: **Operación:**

R: _____

b) Para hacer un pastel se necesitan 563.04 g de harina. Si el pastelero ya tiene 345.98 g, ¿cuánto le falta?

Datos: **Operación:**

R: _____

c) Toño quiere comprar una consola para videojuegos que cuesta $5 782.40 y un videojuego que cuesta $4 050. Si tiene ahorrado $1 305.50, ¿cuánto dinero le falta?

Datos: **Operación:**

R: _____

d) En un restaurante vendieron $13 980.25 el viernes y $29 764.25 el sábado. Si el lunes por la mañana tenían $50 000.50, ¿cuánto vendieron el domingo?

Datos: **Operación:**

R: _____

Fracciones

Aprendizaje esperado. Ordena fracciones con denominadores múltiplos.

> Don Nico va a poner un puesto de fruta en el mercado. Está muy emocionado, pero el primer día le surgen algunas dudas y su hijo Raúl le ayuda a resolverlas.

1. Observa sus dudas y contesta con cuidado.

a) El mantel sobre el que pondrá la fruta debe medir $\frac{4}{8}$ de metro. Cuando lo compra le dicen que sólo tienen tramos de $\frac{1}{2}$ metro.

Colorea la representación de estas fracciones:

$\frac{4}{8}$

$\frac{1}{2}$

b) ¿Le sirve el mantel que le venden? _____ ¿Por qué? _____

_____

c) Después le aconsejan vender $\frac{1}{2}$ papaya en $14.00, pero él ya la cortó en cuartos. ¿En cuánto debe vender los cuartos y por qué? _____

_____

d) Luego, mete seis cuartos de naranjas en bolsitas y, a la vez, su esposa hace bolsitas de doce octavos de naranja. ¿Puede venderlas al mismo precio?

_____ ¿Por qué? _____

_____

e) Representa gráficamente estas dos fracciones:

$\frac{6}{4}$ ◯ ◯ $\frac{12}{8}$ ◯ ◯

f) ¿Cómo se llaman las fracciones como $\frac{6}{4}$ y $\frac{12}{8}$? _____

> Las **fracciones equivalentes** son aquellas cuyo numerador y denominador son diferentes, pero tienen el mismo valor.

2. Divide la recta numérica. Representa en ella las fracciones e indica cuál fracción es <, > o = que la otra.

a) $\dfrac{2}{4}$  $\dfrac{3}{2}$

|---|

b) $\dfrac{5}{6}$ ◯ $\dfrac{4}{3}$

|---|

c) $1\dfrac{2}{4}$ ◯ $\dfrac{9}{8}$

|---|

3. Coloca el signo de mayor que (>), menor que (<), o igual (=), según corresponda. Fíjate en el ejemplo.

a) $\dfrac{2}{9}$ (=) $\dfrac{4}{18}$ b) $\dfrac{15}{3}$ ◯ $\dfrac{7}{23}$ c) $\dfrac{7}{5}$ ◯ $\dfrac{1}{2}$ d) $\dfrac{34}{56}$ ◯ $\dfrac{56}{34}$

e) $\dfrac{6}{7}$ ◯ $\dfrac{4}{5}$ f) $\dfrac{6}{8}$ ◯ 1   g) $\dfrac{8}{4}$ ◯ 2   h) $\dfrac{3}{2}$ ◯ 1

i) $\dfrac{1}{3}$ ◯ $\dfrac{1}{4}$ j) $\dfrac{1}{2}$ ◯ $\dfrac{1}{4}$

4. Ordena de menor a mayor las siguientes fracciones.

$\dfrac{2}{3}$ $\dfrac{5}{6}$ $\dfrac{5}{3}$ $\dfrac{1}{2}$ $\dfrac{1}{4}$

◻   ◻   ◻   ◻   ◻

Sumas y restas de fracciones

Aprendizaje esperado. Resuelve problemas de suma y resta con fracciones con denominadores, uno múltiplo del otro.

> Para elaborar una **suma o resta de fracciones**, estas deben tener el **mismo denominador**.
>
> Las fracciones con **diferente denominador** deben ser transformadas para encontrar fracciones equivalentes que tengan el mismo denominador y poder resolver la operación.
>
> Cuando el denominador es diferente pero uno es múltiplo del otro, se multiplica el numerador y el denominador de la fracción con menor denominador por el mismo número para llegar al denominador mayor. Ya que tenemos el mismo denominador, se hace la suma o resta de los numeradores; por ejemplo:
>
> $$\overset{\times 2}{\underset{\times 2}{\frac{3}{4}}} + \frac{2}{8} = \frac{6}{8} + \frac{2}{8} + \frac{8}{8} = 1$$

1. **Resuelve las siguientes sumas de fracciones. Fíjate en el ejemplo.**

a) $\dfrac{3}{4} + \dfrac{2}{8} = \dfrac{5}{7}$

f) $\dfrac{7}{8} + \dfrac{1}{2} = \underline{\quad}$

b) $\dfrac{5}{8} + \dfrac{1}{8} = \underline{\quad}$

g) $\dfrac{2}{8} + \dfrac{3}{4} = \underline{\quad}$

c) $\dfrac{3}{9} + \dfrac{4}{9} = \underline{\quad}$

h) $\dfrac{2}{4} + \dfrac{3}{8} = \underline{\quad}$

d) $\dfrac{5}{7} + \dfrac{6}{7} = \underline{\quad}$

i) $\dfrac{3}{7} + \dfrac{5}{21} = \underline{\quad}$

e) $\dfrac{3}{6} + \dfrac{1}{3} = \underline{\quad}$

j) $\dfrac{5}{6} + \dfrac{1}{2} = \underline{\quad}$

2. Resuelve restas de fracciones. Fíjate en el ejemplo. Simplifica el resultado lo más que puedas.

a) $\dfrac{9}{4} - \dfrac{5}{4} = \dfrac{4}{4} = 1$

g) $\dfrac{4}{9} - \dfrac{1}{3} = \rule{2em}{0.4pt} =$

b) $\dfrac{5}{7} - \dfrac{3}{7} = \rule{2em}{0.4pt} =$

h) $\dfrac{5}{6} - \dfrac{1}{3} = \rule{2em}{0.4pt} =$

c) $\dfrac{7}{9} - \dfrac{4}{9} = \rule{2em}{0.4pt} =$

i) $\dfrac{7}{9} - \dfrac{2}{3} = \rule{2em}{0.4pt} =$

d) $\dfrac{6}{8} - \dfrac{1}{8} = \rule{2em}{0.4pt} =$

j) $\dfrac{4}{6} - \dfrac{14}{30} = \rule{2em}{0.4pt} =$

e) $\dfrac{7}{4} - \dfrac{1}{8} = \rule{2em}{0.4pt} =$

k) $\dfrac{10}{21} - \dfrac{1}{7} = \rule{2em}{0.4pt} =$

f) $\dfrac{3}{4} - \dfrac{3}{8} = \rule{2em}{0.4pt} =$

l) $\dfrac{16}{18} - \dfrac{5}{9} = \rule{2em}{0.4pt} =$

3. **Resuelve los siguientes problemas.**

a) Una familia comió $\frac{3}{4}$ kg de huevo el lunes, $\frac{6}{8}$ el martes y $\frac{1}{2}$ kg el miércoles. ¿Cuántos kilogramos de huevo comieron en total?

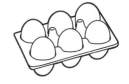

Datos: Operación:

R: _____

b) María tiene $12\frac{3}{8}$ kg de chocolate. Le va a regalar $\frac{3}{2}$ kg a Luis y $\frac{2}{4}$ kg a su hermano. ¿Cuántos kilogramos le sobran?

Datos: Operación:

R: _____

c) Un electricista compró $\frac{3}{6}$ m de alambre rojo y $\frac{2}{3}$ m de alambre azul. ¿Cuántos metros de alambre compró en total?

Datos: Operación:

R: _____

d) Margarita preparó para un bazar $3\frac{3}{5}$ kg de panqués y vendió $2\frac{1}{10}$ kg. ¿Cuántos kg de panqués le quedaron?

Datos: Operación:

R: _____

4. Resuelve los siguientes problemas.

a) En una fiesta compraron pizzas para tres personas. Si una comió $\frac{1}{3}$; otra, $\frac{4}{6}$ y una tercera, $\frac{9}{12}$ de pizza, ¿cuánta pizza comieron en total?

Datos: **Operación:**

R: _____

b) En un hotel $\frac{2}{5}$ partes de las habitaciones estaban ocupadas por españoles; $\frac{6}{10}$ por franceses; $\frac{4}{15}$ por italianos y $\frac{6}{8}$ por canadienses. ¿Qué fracción del hotel estaba ocupada por europeos?

Datos: **Operación:**

R: _____

c) En una olimpiada escolar, la escuela visitante ganó $\frac{3}{4}$ del total de las medallas; la escuela vecina ganó $\frac{2}{8}$ y la escuela hermana que llegó de fuera de la ciudad ganó la mitad. ¿Qué fracción del total de las medallas ganaron entre estas escuelas?

Datos: **Operación:**

R: _____

d) Una señora tiene $\frac{5}{6}$ de azúcar para preparar dos postres. Si en el primero usó $\frac{3}{12}$, ¿cuánto le queda para el segundo postre?

Datos: **Operación:**

R: _____

Cálculo mental

Aprendizaje esperado. Calcula mentalmente, de manera exacta y aproximada, sumas y restas de múltiplos de 100 hasta de cinco cifras y de fracciones naturales.

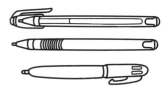

1. **Natalia y sus amigos se reunieron para platicar sobre sus colecciones y algunos llevaron objetos de su colección para compartir. Ayúdales a ver cómo están formadas.**

   a) Natalia tiene una colección de plumas. Si 221 representan la tercera parte de sus plumas, ¿cuántas plumas tiene en total? _____

   b) Mauricio tiene 540 canicas. Si le va a regalar la sexta parte a su amigo Carlos, ¿cuántas canicas le va a dar?

   _____

   c) La mamá de Natalia compró un pastel para la reunión. Mauricio se comió $\frac{1}{8}$, Regina $\frac{1}{4}$ y Polo $\frac{1}{4}$. ¿Cuánto pastel se comieron entre los tres? _____

   d) Si estuvieron $\frac{1}{8}$ del día en casa de Natalia, ¿cuántas horas estuvieron ahí?

   _____

   e) Regina quiere hacer galletas para sus amigas y el kilo de chochitos para adornarlas cuesta $48. Si sólo necesita $\frac{3}{4}$ de kilo, ¿cuánto tiene que pagar?

   _____

   f) Polo tiene 720 chicles de colores. Si $\frac{2}{5}$ son rojos, $\frac{1}{10}$ son morados, $\frac{2}{4}$ son verdes y los demás son rosas:

   - ¿Cuántos chicles son rojos? _____

   - ¿Cuántos chicles son morados? _____

   - ¿Cuántos chicles son verdes? _____

2. **Relaciona cada operación con su resultado.**

   a) $\dfrac{3}{4} + \dfrac{1}{4} =$

   b) $1 + \dfrac{1}{2} =$

   c) $\dfrac{9}{5} + \dfrac{2}{10} =$

    2

   1

    $1\dfrac{1}{2}$

Multiplicación con números decimales

Aprendizaje esperado. Resuelve problemas de multiplicación con decimales, con multiplicador en número natural.

La **multiplicación de números decimales** se resuelve como se hace con números enteros. Contamos las cifras que hay después del punto en el multiplicando y en el multiplicador y colocamos el punto en el resultado para que quede el mismo número de cifras decimales.

$$
\begin{array}{r}
38.56 \quad \longleftarrow \text{ dos dígitos decimales} \\
\times \quad 3.1 \quad \longleftarrow \text{ un dígito decimal} \\
\hline
3.856 \\
115.68 \\
\hline
119.536 \quad \longleftarrow \text{ tres dígitos decimales}
\end{array}
$$

1. Resuelve las siguientes multiplicaciones.

a)
$$
\begin{array}{r}
0.3 \\
\times \ 0.4 \\
\hline
\end{array}
$$

b)
$$
\begin{array}{r}
0.2 \\
\times \ 0.5 \\
\hline
\end{array}
$$

c)
$$
\begin{array}{r}
0.7 \\
\times \ 0.8 \\
\hline
\end{array}
$$

d)
$$
\begin{array}{r}
0.9 \\
\times \ 0.2 \\
\hline
\end{array}
$$

e)
$$
\begin{array}{r}
2.7 \\
\times \ 0.5 \\
\hline
\end{array}
$$

f)
$$
\begin{array}{r}
7.8 \\
\times \ 0.6 \\
\hline
\end{array}
$$

g)
$$
\begin{array}{r}
2.8 \\
\times \ 0.3 \\
\hline
\end{array}
$$

h)
$$
\begin{array}{r}
3.6 \\
\times \ 0.4 \\
\hline
\end{array}
$$

i)
$$
\begin{array}{r}
5.3 \\
\times \ 7.4 \\
\hline
\end{array}
$$

j)
$$
\begin{array}{r}
8.2 \\
\times \ 5.3 \\
\hline
\end{array}
$$

k)
$$
\begin{array}{r}
1.8 \\
\times \ 8.3 \\
\hline
\end{array}
$$

l)
$$
\begin{array}{r}
4.9 \\
\times \ 8.1 \\
\hline
\end{array}
$$

2. Resuelve las siguientes multiplicaciones.

a)
$$\begin{array}{r} 45.6 \\ \times\ 0.3 \\ \hline \end{array}$$

b)
$$\begin{array}{r} 7.42 \\ \times\ 4.6 \\ \hline \end{array}$$

c)
$$\begin{array}{r} 8.35 \\ \times\ 7.08 \\ \hline \end{array}$$

d)
$$\begin{array}{r} 98.6 \\ \times\ 25 \\ \hline \end{array}$$

e)
$$\begin{array}{r} 81.32 \\ \times\ 0.79 \\ \hline \end{array}$$

f)
$$\begin{array}{r} 39 \\ \times\ 0.46 \\ \hline \end{array}$$

g)
$$\begin{array}{r} 22.47 \\ \times\ 0.065 \\ \hline \end{array}$$

h)
$$\begin{array}{r} 45 \\ \times\ 7.052 \\ \hline \end{array}$$

i)
$$\begin{array}{r} 6.7 \\ \times\ 3.61 \\ \hline \end{array}$$

3. Acomoda las multiplicaciones de manera vertical y resuélvelas. Fíjate en el ejemplo.

$$5.2 \times 6.4 \longrightarrow \begin{array}{r} 5.2 \\ \times\ 6.4 \\ \hline 2.08 \\ 31.2 \\ \hline 33.28 \end{array}$$

a) 7.42×6.38

b) 6.31×0.598

c) 4.019×6.7

d) 4.507×9.06

e) 23.002×3.9

f) 62.03×0.478

a)	d)
b)	e)
c)	f)

4. Unos amigos fueron a la tienda a comprar varios productos para una fiesta. Observa los precios y completa la tabla, escribiendo cuánto gastó cada uno. Fíjate en el ejemplo.

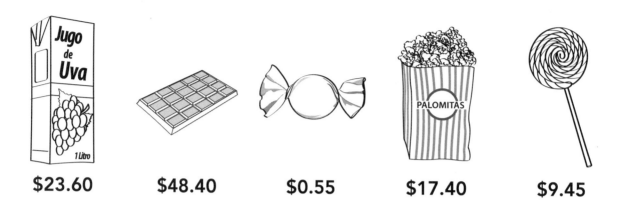

$23.60 $48.40 $0.55 $17.40 $9.45

	Precio unitario	×	Número de artículos	=	Pagó en total
a) Margarita compró 2 dulces.	0.55	×	2	=	$1.10
b) Eduardo compró 17 jugos.		×		=	
c) Alejandro compró 25 paletas.		×		=	
d) Pablo compró 64 dulces.		×		=	
e) Rodrigo compró 16 paletas.		×		=	
f) Renata compró 20 chocolates.		×		=	
g) Romina compró 36 bolsas de palomitas.		×		=	
h) Marco compró 57 chocolates.		×		=	
i) Andrea compró 69 bolsas de palomitas.		×		=	
j) Tomás compró 56 jugos.		×		=	

Multiplicación de fracciones

Aprendizaje esperado. Resuelve problemas de multiplicación con fracciones.

> **Multiplicar fracciones**, ya sea de igual o distinto denominador, es muy sencillo. Se multiplican los numeradores y denominadores entre sí y lo único que debe hacerse luego es simplificar para llegar a la fracción más pequeña.
>
> $$\frac{5}{7} \times \frac{3}{4} = \frac{5 \times 3}{7 \times 4} = \frac{15}{28} \longleftarrow \textbf{numerador}$$
> $$\phantom{\frac{5}{7} \times \frac{3}{4} = \frac{5 \times 3}{7 \times 4} = \frac{15}{28}} \longleftarrow \textbf{denominador}$$

1. **Resuelve las siguientes multiplicaciones de fracciones. Simplifica el resultado. Fíjate en el ejemplo.**

a) $\dfrac{2}{5} \times \dfrac{1}{2} = \dfrac{2}{10} = \dfrac{1}{8}$

f) $\dfrac{3}{7} \times \dfrac{2}{3} = \underline{\quad} =$

b) $\dfrac{3}{4} \times \dfrac{1}{4} = \underline{\quad} =$

g) $\dfrac{4}{6} \times \dfrac{5}{4} = \underline{\quad} =$

c) $\dfrac{4}{5} \times \dfrac{1}{3} = \underline{\quad} =$

h) $\dfrac{5}{7} \times \dfrac{2}{4} = \underline{\quad} =$

d) $\dfrac{2}{5} \times \dfrac{2}{4} = \underline{\quad} =$

i) $\dfrac{8}{3} \times \dfrac{3}{2} = \underline{\quad} =$

e) $\dfrac{2}{6} \times \dfrac{1}{2} = \underline{\quad} =$

j) $\dfrac{6}{4} \times \dfrac{1}{8} = \underline{\quad} =$

2. Resuelve las siguientes multiplicaciones de fracciones. Simplifica el resultado.

a) $\dfrac{5}{8} \times \dfrac{2}{4} = \underline{\hspace{1cm}} =$

g) $\dfrac{3}{7} \times \dfrac{1}{9} = \underline{\hspace{1cm}} =$

b) $\dfrac{3}{7} \times \dfrac{5}{9} = \underline{\hspace{1cm}} =$

h) $\dfrac{6}{3} \times \dfrac{5}{8} = \underline{\hspace{1cm}} =$

c) $\dfrac{4}{5} \times \dfrac{2}{7} = \underline{\hspace{1cm}} =$

i) $\dfrac{2}{5} \times \dfrac{4}{6} = \underline{\hspace{1cm}} =$

d) $\dfrac{5}{3} \times \dfrac{1}{8} = \underline{\hspace{1cm}} =$

j) $\dfrac{7}{2} \times \dfrac{1}{9} = \underline{\hspace{1cm}} =$

e) $\dfrac{7}{9} \times \dfrac{4}{2} = \underline{\hspace{1cm}} =$

k) $\dfrac{4}{6} \times \dfrac{1}{9} = \underline{\hspace{1cm}} =$

f) $\dfrac{3}{5} \times \dfrac{7}{3} = \underline{\hspace{1cm}} =$

l) $\dfrac{3}{8} \times \dfrac{7}{6} = \underline{\hspace{1cm}} =$

3. Resuelve las siguientes multiplicaciones de fracciones. Simplifica el resultado.

a) $\dfrac{3}{5} \times \dfrac{4}{7} = \underline{\quad} =$

g) $\dfrac{3}{4} \times \dfrac{3}{4} = \underline{\quad} =$

b) $\dfrac{2}{8} \times \dfrac{5}{3} = \underline{\quad} =$

h) $\dfrac{2}{7} \times \dfrac{5}{6} = \underline{\quad} =$

c) $\dfrac{2}{6} \times \dfrac{5}{6} = \underline{\quad} =$

i) $\dfrac{8}{6} \times \dfrac{3}{6} = \underline{\quad} =$

d) $\dfrac{1}{9} \times \dfrac{2}{8} = \underline{\quad} =$

j) $\dfrac{5}{3} \times \dfrac{4}{2} = \underline{\quad} =$

e) $\dfrac{4}{7} \times \dfrac{2}{8} = \underline{\quad} =$

k) $\dfrac{9}{6} \times \dfrac{4}{3} = \underline{\quad} =$

f) $\dfrac{7}{9} \times \dfrac{4}{5} = \underline{\quad} =$

l) $\dfrac{8}{4} \times \dfrac{3}{7} = \underline{\quad} =$

4. Resuelve los problemas.

a) En la tienda de la esquina se venden huevos empacados por docena. Uno de los clientes les pide solamente $\frac{5}{6}$ de docena. ¿Cuántos huevos le venderán?

Datos: **Operación:**

R: _____

b) La cocinera de un restaurante usa $\frac{3}{4}$ kg de harina para hacer un pastel de vainilla. ¿Cuántos kilos necesitará para hacer tres pasteles y medio?

Datos: **Operación:**

R: _____

c) El patio de la escuela mide 700 m². ¿Cuánto mide $\frac{3}{4}$ del patio?

Datos: **Operación:**

R: _____

d) Se necesitan $\frac{4}{7}$ ℓ de pintura blanca para pintar una pared del salón. Si requerimos pintar $\frac{2}{5}$ de la pared, ¿cuánta pintura necesitamos?

Datos: **Operación:**

R: _____

División

Aprendizajes esperados. Resuelve problemas de división con números naturales. Usa el algoritmo convencional para dividir con dividendos hasta de tres cifras.

> **Dividir** es averiguar cuántas veces cabe un número en otro, cómo repartir en parte iguales y que el resultado sea igual para todos.
>
> Las partes de la división son:
>
> $$3 \longleftarrow \textbf{Cociente}$$
> Divisor $\longrightarrow 3\overline{)9\ 0} \longleftarrow$ **Dividendo**
> $$0 \longleftarrow \textbf{Residuo}$$
>
> El **dividendo** de una división indica los elementos que se desea repartir. El **divisor** es el número de partes en que se reparte. El cociente es la cantidad que toca a cada parte después de hacer la división. El **residuo** indica la cantidad que sobra después de haber repartido en partes iguales.

1. **Resuelve las divisiones. Encierra con rojo el dividendo, con azul el divisor, con verde el cociente y con naranja el residuo.**

a) $3\overline{)4\ 5\ 2\ 5}$

b) $2\overline{)5\ 1\ 6\ 2}$

c) $5\overline{)8\ 3\ 7\ 5}$

d) $3\overline{)2\ 3\ 0\ 8}$

e) $6\overline{)9\ 5\ 4\ 1}$

f) $9\overline{)4\ 7\ 2\ 8}$

g) $4\overline{)5\ 3\ 9\ 6}$

h) $5\overline{)3\ 7\ 8\ 0}$

i) $8\overline{)7\ 0\ 0\ 5}$

2. Resuelve las divisiones.

a) $54 \overline{\smash{)}6\,285}$

b) $35 \overline{\smash{)}7\,902}$

c) $82 \overline{\smash{)}5\,075}$

d) $46 \overline{\smash{)}8\,008}$

e) $28 \overline{\smash{)}3\,875}$

f) $46 \overline{\smash{)}4\,563}$

g) $53 \overline{\smash{)}6\,906}$

h) $46 \overline{\smash{)}5\,020}$

i) $37 \overline{\smash{)}9\,984}$

j) $154 \overline{\smash{)}28\,965}$

k) $628 \overline{\smash{)}87\,645}$

l) $763 \overline{\smash{)}27\,902}$

Para **calcular el cociente** de una división y saber cuántas cifras tiene, podemos multiplicar el divisor por cantidades fáciles como 10, 20, 30 o 10, 100, 1 000, etc., y de esta manera ubicar alrededor de qué cantidad está el cociente.

Por ejemplo, si queremos dividir $20\overline{)1\,160}$ multiplicamos 20 (divisor) por 10 y por 100:

20 x 10 = 200   20 x 100 = 2 000

Comparamos los resultados de las operaciones con el dividendo y esto nos indica que el resultado está entre 10 y 100 y que tiene dos cifras.

Otra forma de hacerlo es dividir entre múltiplos de 10, como 10, 100, 1 000, etc., y eliminar tantos ceros al dividendo como ceros tenga el divisor múltiplo de 10.

3. Resuelve mentalmente las divisiones, con el resultado completa el crucigrama.

a) 480 000 ÷ 200

b) 1 150 ÷ 50

c) 999 000 ÷ 3

d) 364 000 000 ÷ 7 000

e) 2 000 000 000 ÷ 4

f) 14 400 ÷ 120

g) 100 000 000 000 ÷ 80 000

h) 123 456 789 000 ÷ 123 456 789

i) 0 ÷ 490 800

j) 5 625 000 000 ÷ 15

División con números decimales

Aprendizaje esperado. Resuelve problemas de división con números naturales y cociente fraccionario o decimal.

> Cuando vas a **dividir un número decimal por un número entero**, resuelves una división común olvidando el punto decimal, y luego pones el número decimal en el mismo lugar del dividendo; por ejemplo:
>
> Si queremos dividir 9.6 entre 8, quitamos el punto decimal y dividimos $8\overline{)96}$ = 12. Y volvemos a colocar el punto decimal al resultado, convirtiendo el 12 en 1.2.
>
> Para dividir por un número decimal convertimos el número por el que estás dividiendo en un número entero. Esto lo hacemos desplazando el punto decimal de ambos números a la derecha; por ejemplo:
>
> Para dividir 7 625 entre 0.54 movemos el punto decimal dos espacios, o la cantidad de espacios necesarios para que .54 sea un número entero. Ahora dividimos por un número entero: $54\overline{)7625}$.

1. Resuelve las divisiones. Fíjate en el ejemplo.

$$
\begin{array}{r}
3.15 \\
5\overline{)15.75} \\
07 \\
\underline{} \\
25 \\
0
\end{array}
$$

a) $4\overline{)48.36}$

b) $3\overline{)91.56}$

c) $2\overline{)48.70}$

d) $5\overline{)58.25}$

e) $8\overline{)87.48}$

f) $3\overline{)66.99}$

g) $7\overline{)84.49}$

h) $6\overline{)78.12}$

i) $7\overline{)21.84}$

2. Resuelve las divisiones. Fíjate en el ejemplo.

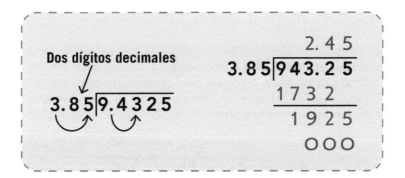

a) $0.90\overline{\smash{)}8.172}$

b) $3.3\overline{\smash{)}198.66}$

c) $2.6\overline{\smash{)}104.52}$

d) $0.54\overline{\smash{)}37.854}$

e) $4.4\overline{\smash{)}11.88}$

f) $6.3\overline{\smash{)}20.538}$

g) $70.31\overline{\smash{)}178.5874}$

h) $0.45\overline{\smash{)}15.7366}$

i) $54.3\overline{\smash{)}173.76}$

j) $21.6\overline{\smash{)}143.32}$

k) $1.42\overline{\smash{)}188.444}$

l) $4.18\overline{\smash{)}25.333}$

División de fracciones

Aprendizaje esperado. Resuelve problemas de división de fracciones.

Para **dividir dos o más fracciones**, se multiplican "en cruz". Esto es: el numerador de la primera fracción por el denominador de la segunda fracción, así conseguimos el numerador. Para obtener el denominador debemos multiplicar el denominador de la primera fracción por el numerador de la segunda.

$$\frac{4}{5} \div \frac{3}{9} = \frac{4 \times 9}{5 \times 3} = \frac{36}{15}$$

1. **Resuelve las divisiones de fracciones. Expresa en fracción mixta el resultado. Fíjate en el ejemplo.**

a) $\dfrac{7}{8} \div \dfrac{1}{2} = 1\dfrac{3}{4}$

f) $\dfrac{4}{5} \div \dfrac{1}{1} =$

b) $\dfrac{4}{6} \div \dfrac{1}{3} =$

g) $\dfrac{3}{4} \div \dfrac{1}{6} =$

c) $\dfrac{5}{7} \div \dfrac{2}{4} =$

h) $\dfrac{5}{6} \div \dfrac{3}{4} =$

d) $\dfrac{4}{6} \div \dfrac{1}{4} =$

i) $\dfrac{8}{7} \div \dfrac{2}{3} =$

e) $\dfrac{6}{7} \div \dfrac{1}{3} =$

j) $\dfrac{6}{7} \div \dfrac{1}{2} =$

2. Resuelve las divisiones de fracciones.

a) $\dfrac{7}{5} \div \dfrac{2}{5} =$

g) $\dfrac{6}{5} \div \dfrac{5}{8} =$

b) $\dfrac{5}{3} \div \dfrac{2}{6} =$

h) $\dfrac{9}{6} \div \dfrac{2}{3} =$

c) $\dfrac{3}{9} \div \dfrac{1}{8} =$

i) $\dfrac{5}{4} \div \dfrac{3}{8} =$

d) $\dfrac{7}{9} \div \dfrac{5}{8} =$

j) $\dfrac{8}{9} \div \dfrac{1}{2} =$

e) $\dfrac{2}{3} \div \dfrac{4}{8} =$

k) $\dfrac{5}{6} \div \dfrac{4}{7} =$

f) $\dfrac{6}{7} \div \dfrac{1}{3} =$

l) $\dfrac{8}{6} \div \dfrac{4}{5} =$

3. Resuelve los problemas. Escribe el resultado con decimales.

a) Claudia compró 75 estampas, si pagó $165 por todas, ¿cuánto le costó cada estampa?

Datos: Operación:

R: _____

b) Roberto y tres amigos más compraron dulces para sus compañeros. Si la cuenta fue de $275.00, ¿cuánto le tocó pagar a cada uno?

Datos: Operación:

R: _____

c) Si compraron 105 gramos de chicles, 450 gramos de chocolates, 295 gramos de frituras y 175 gramos de dulces de chile para repartirlos entre sus ocho mejores amigos, ¿cuántos gramos de cada dulce recibió cada uno?

Datos: Operación:

R: _____

d) Tenían 9 litros de refresco y se lo tomaron entre los 12 niños. ¿Cuánto refresco tomó cada niño?

Datos: Operación:

R: _____

e) Un coleccionista de timbres quiere comprar una serie que acaba de salir. Él tiene ahorrado $31 200 y cada uno cuesta $95, ¿cuántos puede comprar?

Datos: **Operación:**

R: _____

f) Para llenar 38 frascos de pintura se necesitaron 106.02 mL. ¿Cuánto cupo en cada frasco?

Datos: **Operación:**

R: _____

g) En una panadería venden el pan en paquetes. Observa el cuadro y completa la tabla para saber el costo de cada uno. Fíjate en el ejemplo.

| 12 por $96.60 | 25 por $50.25 | 32 por $75.20 | 15 por $67.50 | 42 por $138.60 |

Producto	Precio del paquete	÷	Número de artículos por paquete	=	Precio unitario
1)	$96.60		12	=	$8.05
2)				=	
3)				=	
4)				=	
5)				=	

Cálculo mental

Aprendizaje esperado. Calcula mentalmente, de manera aproximada, multiplicaciones de números naturales hasta dos cifras por tres, y divisiones hasta tres entre dos cifras; calcula mentalmente multiplicaciones de decimales por 10, 100, 1 000.

1. Resuelve las siguientes operaciones lo más rápido que puedas.

a) $50 \times 100 \div 2$ = _____

b) $(700 \times 7) - 100$ = _____

c) $(30 \times 30) + 100$ = _____

d) $(20 \times 9) + 20$ = _____

e) $(33 \div 3) + 4$ = _____

f) $.18 \times 100 + 2$ = _____

g) $(.5 \times 10) \times 2$ = _____

h) $(40 \times 5) + 200$ = _____

i) $2\,500 \div 100$ = _____

j) $1\,000 \times 16$ = _____

k) $(60 \times 10) - 80$ = _____

l) $.23 \times 1\,000$ = _____

m) $(500 + 500) \div 4$ = _____

n) $(8\,000 \div 80) - 50$ = _____

o) $(440 \div 10) - 4$ = _____

Repaso

1. Escribe el número que va antes y el que va después de cada una de las siguientes cifras, y escríbelas con letra.

a) _____ 13 456 _____

_____

_____

b) _____ 257 021 _____

_____

_____

c) _____ 783 405 600 _____

_____

_____

2. Resuelve las operaciones y únelas con su resultado.

a) $\begin{array}{r} 42.176 \\ +\quad 6.321 \\ \hline \end{array}$

$\boxed{115.842}$

$\boxed{\dfrac{5}{6}}$

f) $\dfrac{3}{6} + \dfrac{1}{3} =$

b) $\dfrac{2}{6} \times \dfrac{1}{2} =$

$\boxed{\dfrac{1}{2}}$

g) $\begin{array}{r} 98.6 \\ \times\quad 26 \\ \hline \end{array}$

c) $7\overline{)89.47}$

$\boxed{48.497}$

$\boxed{2}$

h) $\begin{array}{r} 133.325 \\ -\quad 17.483 \\ \hline \end{array}$

d) $\dfrac{4}{6} \div \dfrac{1}{3} =$

$\boxed{\dfrac{1}{6}}$

$\boxed{12.78}$

i) $\dfrac{5}{6} - \dfrac{1}{3} =$

e) $\begin{array}{r} 1\,000 \\ +\quad 1\,000 \\ \times\quad 3\,000 \\ \hline \end{array}$

$\boxed{6\,000\,000}$

$\boxed{2\,563.6}$

3. Resuelve el crucigrama con los nombres de las partes de las operaciones matemáticas. Observa los ejemplos resueltos.

Vertical

a) Es el dígito que se extrae en la oración para adquirir la raíz indicada.

b) Resultado de multiplicar dos o más números.

e) Número por el que se multiplica.

h) Es el número por el que se divide.

j) Resultado de restar un número de otro.

Horizontal

c) Resultado de multiplicar por las mismas veces que indica el índice.

d) Es el número que se desea dividir.

f) Es el resultado de sumar dos o más números.

g) Es el número que se multiplica.

i) Cualquiera de los números que se están sumando.

k) Es la cifra del tipo de raíz que se desea buscar.

l) Es el número que va a ser restado o quitado.

m) Resultado de dividir un número entre otro.

n) El número del que se va a restar una cantidad.

Rectas paralelas, perpendiculares y secantes

Aprendizaje esperado. Identifica diferencias entre los diferentes tipos de líneas.

1. Relaciona la descripción con el tipo de recta.

a) Estas rectas deben ser secantes y formar ángulos rectos, es decir, ángulos de 90°.

Rectas paralelas

b) Al prolongarse en ambas direcciones, estas rectas no se intersectan en ningún punto.

Rectas perpendiculares

c) Estas rectas se intersectan en un punto.

Rectas secantes

2. Traza el par de rectas que se indica.

Paralelas	Perpendiculares	Secantes

3. Observa la imagen, comenta con tus compañeros y responde.

a) ¿Qué tipo de rectas aparecen en la imagen?

_____

_____

_____

b) Por simple observación se puede determinar que las rectas verticales son paralelas, pero ¿las líneas horizontales son también rectas paralelas? Explica tu respuesta.

_____

_____

http://www.juegosyeducacion.com/ilusiones_opticas/geometria_2.html
(consultado el 5 de enero de 2020).

c) Describe una forma en la que puede determinarse si son o no paralelas.

_____

_____

Ángulos

Aprendizaje esperado. Identifica ángulos rectos, agudos y obtusos en el plano.

> Un **ángulo** es la porción de plano comprendida entre dos semirrectas que tienen el origen común.
>
> Un ángulo está formado por:
>
>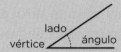
>
> La magnitud de un ángulo depende de la abertura de sus lados y se mide en grados.
>
> Se clasifican en:
> • Ángulo **recto**: cuyos lados son perpendiculares entre sí. Mide 90°.
> • Ángulo **agudo**: es el que tiene menor abertura que un ángulo recto.
> • Ángulo **obtuso**: es el que tiene mayor abertura que el ángulo recto.
> • Ángulo **colineal** o **llano**: es el que mide 180°.
> • Ángulo **adyacente**: es el que tiene un mismo vértice y un lado en común a otro ángulo.

1. **Traza con colores los ángulos que se te piden. Fíjate en el ejemplo.**

a) Ángulo obtuso.   b) Ángulo agudo.   c) Ángulo llano.

d) Ángulo recto.   e) Ángulo adyacente.   f) Ángulo obtuso.

2. **Observa el siguiente tangram. Resuelve lo que se te indica.**

a) Traza con verde tres ángulos agudos.

b) Traza con morado dos ángulos rectos.

c) Traza con anaranjado tres ángulos obtusos.

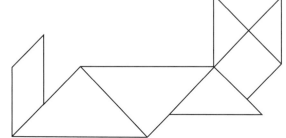

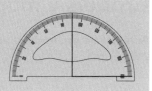

3. **Mide los siguientes ángulos y trázalos con colores. Fíjate en el ejemplo.**

a)

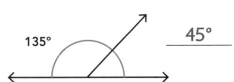

135°   45°

b)

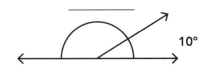

10°

c)

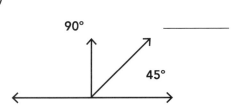

90°   45°

d)

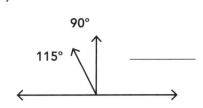

115°   90°

e)

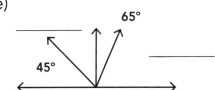

65°
45°

f)

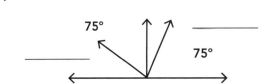

75°   75°

g)

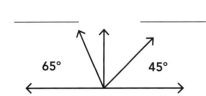

65°   45°

h)

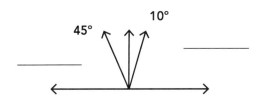

45°   10°

Croquis y mapas

Aprendizaje esperado. Diseña e interpreta croquis para comunicar oralmente o por escrito la ubicación de seres u objetos y trayectos.

> Los **croquis** son representaciones gráficas de un lugar. Sirven para orientarnos y saber dónde estamos o cómo llegar a alguna parte.

1. Observa el plano que hizo Daniel y contesta las preguntas.

a) Si Daniel está en su casa y quiere ir a casa de su abuelo, ¿por dónde pasa?

_____

_____

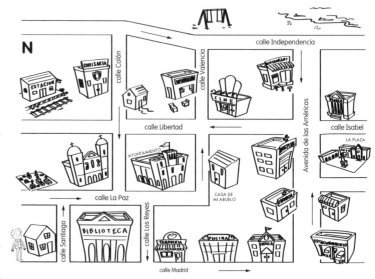

b) Si la estación de tren está en el Norte, ¿dónde se encuentra la escuela?

_____

_____

c) ¿En qué calle vive Daniel?

_____

d) ¿Qué hay enfrente de la iglesia sobre la calle Colón?

_____

e) ¿Qué debes hacer para ir del colegio al museo?

_____

2. Dibuja en el recuadro un croquis de tu colonia. Señala las calles y los lugares que hay en ella, así como el lugar donde se encuentra tu casa.

Un **mapa** es una representación gráfica y métrica de una porción de territorio.

3. Mónica invitó a su amiga Gaby, que vive en Monterrey, a quedarse unos días con ella en la Ciudad de México. Le dio un mapa de la zona en que vive para que pueda recorrer sola estos lugares mientras ella trabaja. Ayuda a Gaby a ubicarse en el mapa.

a) Mónica vive en la privada Camelia. Gaby la acompaña a su trabajo que está en la esquina de las calles Iztaccíhuatl y Moras. ¿Qué camino seguirías?

_____

b) Después Gaby quiere visitar una iglesia. ¿En qué calles de esta colonia puede encontrar alguna? _____

c) Gaby se encuentra en los Viveros de Coyoacán. ¿Qué dirección debe tomar si irá al Teatro de los Insurgentes a comprar boletos?

_____

d) En este mapa se distinguen dos alcaldías de la Ciudad de México, ¿cuáles son?

_____

e) ¿En qué alcaldía vive Mónica? _____

f) ¿Cuáles son las dos calles paralelas más cercanas a Iztaccíhuatl?

_____

g) Una calle perpendicular a Progreso es: _____

h) Las dos amigas van de regreso a la casa de Mónica. Están en la esquina de Providencia y Francia. Ellas deben caminar _____ cuadras al _____ y una al _____.

Medidas de longitud

Aprendizaje esperado. Resuelve problemas involucrando longitudes y distancias con unidades convencionales, incluyendo kilómetro.

> La **unidad** usada **para medir la longitud** es el metro (**m**).
>
> 1 decámetro (**dam**) es igual a 10 metros.
>
> 1 hectómetro (**hm**) es igual a 100 metros.
>
> 1 kilómetro (**km**) es igual a 1000 metros.
>
> Decímetro (**dm**) 1 m = 10 dm
>
> Centímetro (**cm**) 1 m = 100 cm
>
> Milímetro (**mm**) 1 m = 1000 mm
>
> Recuerda que en caso de tener un número cerrado, si deseas hacer conversiones como (km-dm) debes agregar los ceros correspondientes.

1. **Resuelve las siguientes conversiones. Guíate con el ejemplo.**

   a) 70 metros $\longrightarrow$ centímetros $70\ m \longrightarrow 7\,000\ cm$

   b) 900 decímetros $\longrightarrow$ hectómetros   _____

   c) 10 kilómetros $\longrightarrow$ decámetros   _____

   d) 1 200 milímetros $\longrightarrow$ decímetros _____

   e) 50 kilómetros $\longrightarrow$ metros   _____

2. **Relaciona las columnas. Guíate con el ejemplo.**

   a) 80 metros a decímetros   ⟶ (50 000)

   b) 17 kilómetros a decámetros   (2.5)

   c) 500 hectómetros a metros   (800)

   d) 900 milímetros a decímetros   (9)

   e) 250 decámetros a kilómetros   (1 700)

3. **Mide los siguientes objetos y anota los resultados de tus mediciones.**

a) Una mesa. _____

b) El ancho de una pared. _____

c) Tu libro de matemáticas. _____

c) Tu brazo, del codo a la punta de tu dedo más largo. _____

d) Una puerta. _____

e) Tu pie. _____

4. **Encierra en un círculo la cantidad equivalente a la del cuadro.**

a) | 16 m | 16 000 cm   1.6 km   1.6 dam

b) | 4 km | 4 000 m   40 mm   400 cm

c) | 170 cm | 1.7 km   1 700 mm   17 m

5. **Resuelve los problemas.**

a) Una persona se dedica a cuidar los árboles del invernadero y por eso cada año los mide. El año pasado el ficus medía 6.25 metros y ha crecido 15 cm.

- ¿Cuánto ha crecido el ficus en metros? _____

- ¿Cuánto mide ahora el ficus? _____

Datos: **Operación:**

b) En el río están construyendo un puente por tramos. Llevan construidos 12 tramos de 20 m cada uno y les faltan 3 hm de puente.

- ¿Qué longitud de puente llevan construido? _____

- ¿Cuánto medirá el puente cuando lo terminen? _____

Datos: **Operación:**

Medidas de superficie

Aprendizaje esperado. Resuelve problemas involucrando longitudes, distancias y superficies.

> El **metro cuadrado (m²)** es la unidad principal de las medidas de superficie. Las unidades de superficie aumentan de 100 en 100.

1. **Observa la siguiente cuadrícula y responde:**

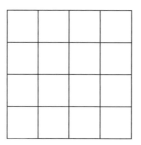

Su área es de: _____ centímetros cuadrados. Si 1 cm² es igual a 100 mm²,

entonces este cuadrado tiene _____ mm².

2. **Analiza las superficies de los países de América. Recuerda los múltiplos y submúltiplos del metro cuadrado.**

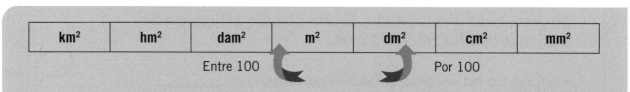

km²	hm²	dam²	m²	dm²	cm²	mm²

Entre 100   Por 100

Los símbolos de estas unidades de medida se escriben con minúscula, no tienen plural y no llevan punto (se escribe, por ejemplo, 50 m, no 50 M ni 50 ms ni 50 ms.).

a) Guatemala tiene una superficie de 108 890 km² = _____ hm²

b) Costa Rica mide 51 100 km² = _____ dam²

c) La isla de Cuba tiene 11 086 000 hm² = _____ km²

d) Belice tiene una extensión de 229 600 000 m² = _____ km²

e) ¿Cuál de estos países tiene mayor superficie? _____

3. **Subraya la respuesta correcta.**

a) 1 km²   =   1 000 m²   100 m²   1 000 000 m²   10 000 m²

b) 2 m²   =   20 000 cm²   200 cm²   20 cm²   2 000 cm²

c) 15 hm²   =   15 dam²   150 dam²   1 500 dam²   15 dam²

d) 8 000 000 m²   =   80 km²   800 km²   8 000 km²   8 km²

4. **Juan compró varios terrenos de una hectárea. Le informan que 1 hectárea = 1 hectómetro cuadrado.**

Por tanto, la superficie de cada terreno será de: _____ m².

En la agricultura, para medir extensiones de campo, se utilizan como medidas de superficie la **hectárea** y el **área** y son equivalentes a las siguientes medidas de superficie:

hm²	dam²
Hectárea (ha)	Área (a)
1 ha = 100 áreas = 10 000 m²	

5. **Con estas equivalencias en cuenta, resuelve los problemas.**

a) Juan iniciará la construcción de una granja de 8.8 ha, si va a repartir el terreno en secciones de 40 áreas, ¿cuántas secciones podrá tener?

Conversión: **Operación:**

R: _____

b) Juan usará otro terreno de 2 ha para agricultura. En 5 000 m² sembrará verduras, 85 áreas las usará para frutas y el resto lo utilizará para sembrar maíz. ¿Cuántos m² se usarán para maíz?

Conversión: **Operación:**

R: _____

c) Se vende un terreno de 4.5 hectáreas. El metro cuadrado cuesta $65. ¿Cuánto costará el terreno?

Conversión: **Operación:**

R: _____

Al resolver un problema, todos los **datos** deben tener las **mismas unidades**.

Medidas de peso

Aprendizaje esperado. Resuelve problemas involucrando pesos y capacidades con unidades convencionales, incluyendo tonelada.

> La unidad usada para medir el peso es el gramo (**g**).
>
> El decagramo (**dag**) es igual a 10 gramos.
>
> El hectogramo (**hg**) es igual a 100 gramos.
>
> El kilogramo (**kg**) es igual a 1000 gramos.
>
> El decigramo (**dg**) es igual a 0.1 g
>
> El centigramo (**cg**) es igual a 0.01 g
>
> El miligramo (**mg**) es igual a 0.001 g

1. Resuelve las siguientes conversiones. Guíate con el ejemplo.

a) 6 hectogramos $\longrightarrow$ centigramos   60 000

b) 7 000 miligramos $\longrightarrow$ gramos   _____

c) 300 decigramos $\longrightarrow$ decagramos   _____

d) 20 kilogramos $\longrightarrow$ hectogramos   _____

e) 60 gramos $\longrightarrow$ centigramos   _____

2. Relaciona las columnas. Guíate con el ejemplo.

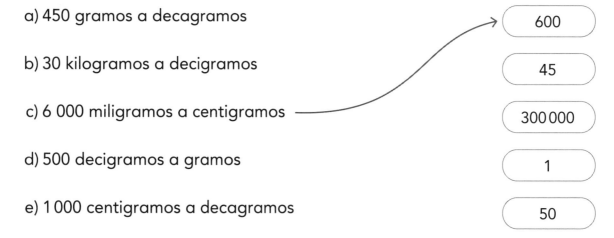

a) 450 gramos a decagramos   600

b) 30 kilogramos a decigramos   45

c) 6 000 miligramos a centigramos   300 000

d) 500 decigramos a gramos   1

e) 1 000 centigramos a decagramos   50

Para grandes pesos, como el de un autobús, la carga de un barco, etc., se utiliza la unidad la **tonelada** (t).

1 t = 1000 kilogramos

Se utiliza para facilitar la expresión de cantidades en la vida cotidiana, pues es más fácil hablar de 500 t que de 500 000 000 g.

3. Marca con una ✗ los objetos cuyo peso crees que se debe expresar en toneladas.

4. Gerardo asegura que en su camión caben miles y miles de kilos de cemento y grava.

CON UNA TONELADA DE EMPEÑO CONSTRUIREMOS TUS SUEÑOS

a) ¿Crees que tiene razón? ¿Por qué?

_____

_____

b) ¿Cuántos kilogramos de material crees que puede transportar en su camión?

_____

c) Si un bulto de cemento pesa 50 kilogramos, ¿cuántos bultos de cemento crees que puede transportar en su camión?

_____

d) Si le han pedido medio camión de grava, ¿cuántos kilogramos de grava crees que entregará?

_____

Medidas de capacidad

Aprendizaje esperado. Resuelve problemas involucrando pesos y capacidades con unidades convencionales.

La unidad usada para **medir** la **capacidad** es el litro (ℓ).

Un decalitro (**dal**) es igual a 10 litros.

Un hectolitro (**hl**) es igual a 100 litros.

Un kilolitro (**kl**) es igual a 1000 litros.

Un decilitro (**dl**) es igual a 0.1 litros.

Un centilitro (**cl**) es igual a 0.01 litros.

Un mililitro (**ml**) es igual a 0.001 litros.

1. **Resuelve las conversiones. Guíate con el ejemplo.**

   a) 38 kilolitros $\longrightarrow$ litros   _38 000 ℓ_

   b) 700 centilitros $\longrightarrow$ decilitros   _____

   c) 800 000 mililitros $\longrightarrow$ decalitros   _____

   d) 17 hectolitros $\longrightarrow$ litros   _____

   e) 45 litros $\longrightarrow$ decilitros   _____

2. **Relaciona las columnas. Guíate con el ejemplo.**

   a) 1 000 litros a decilitros

   b) 35 kilolitros a decalitros

   c) 170 decalitros a hectolitros

   d) 50 centilitros a mililitros

   e) 200 kilolitros a decalitros

   (17)

   (10 000)

   (3 500)

   (20 000)

   (500)

Resolución de problemas

Aprendizaje esperado. Resuelve problemas involucrando longitudes y distancias, pesos y capacidades con unidades convencionales, incluyendo kilómetro y tonelada.

1. Resuelve los problemas.

a) Héctor es dueño de 25 vacas, y le vende 420 litros de leche diario a SuperMilk. Si cada vaca produce 35 litros al día, ¿cuántas vacas se necesitan para producir los 420 litros? ¿Cuántos litros se producen en un día?

Datos: Operación:

R: _____

R: _____

b) Mariana toma 450 mL de café en el desayuno. A las 12:00 se toma 1 ℓ de agua natural. En la comida se toma 400 mL de agua de Jamaica. Finalmente, en la noche toma 500 mL de leche. ¿Cuántos mililitros de bebida toma Mariana al día?

Datos: Operación:

R: _____

2. Completa la tabla.

kilolitros	hectolitros	decalitros	litros	decilitros	centilitros	mililitros
17						
		250				
			35			
					48 000	

3. Resuelve los problemas.

a) Carlos se entrenó para una carrera de 21 kilómetros. En el primer día recorrió 5 300 metros, en el segundo, 6 900 metros; en el tercero, 8 600 metros; en el cuarto, 9 150 metros; en el quinto, 11 100 metros. ¿Cuántos kilómetros recorrió en total?

Datos: **Operación:**

R: _____

b) Julieta se inscribió a una carrera. Si el diámetro de la pista es de 12 metros y Julieta debe dar 15 vueltas, ¿cuántos metros recorrerá?

Datos: **Operación:**

R: _____

4. Completa la tabla.

Kilómetros	Hectómetros	Decámetros	Metros	Decímetros	Centímetros	Milímetros
	95					
			4 100			
						170 000
				9 500		

5. Resuelve los problemas.

Emiliano tiene un peso de 95 kg, por lo que se sometió a una dieta de 5 meses para bajar de peso. El primer mes bajó 4 600 g, el segundo, 6 350 g; el tercero, 7 800 g; el cuarto, 7 550 g, y el quinto, 7 850 g. ¿Cuántos kilogramos logró bajar? ¿Cuál es el peso actualmente?

Datos: **Operación:**

R: _____

R: _____

a) Patricia tiene 8 meses de embarazo. Antes del embarazo tenía un peso de 60 kg; sin embargo, durante el embarazo subió un cuarto de lo que pesaba. ¿Cuánto pesa Patricia a los ocho meses de embarazo?

Datos: **Operación:**

R: _____

6. Completa la tabla.

Kilogramos	Hectogramos	Decagramos	Gramos	Decigramos	Centigramos	Miligramos
			900			
						1 375 000
5						
		1 300				

Medición del tiempo

Aprendizaje esperado. Conoce las relaciones entre las unidades de tiempo.

Para **medir el tiempo** se utilizan distintas magnitudes.

1 min = 60 segundos	1 mes = 30 días	1 década = 10 años
1 hora = 60 minutos	1 año = 365 días	1 siglo = 100 años
1 día = 24 horas	1 año = 12 meses	1 milenio = 1000 años
1 semana = 7 días	1 lustro = 5 años	

1. Completa el crucigrama con las unidades de tiempo que utilizarías en cada caso.

a) Unidad que determina al ganador en una competencia.

b) Unidad para determinar la edad de un bebé que no camina.

c) Unidad para mencionar una época que dura 10 años.

d) Unidad para expresar el tiempo que ha vivido una persona.

e) Unidad para expresar el tiempo transcurrido en una hora.

f) Unidad para expresar el periodo de 100 años.

2. Completa las siguientes analogías.

a) 3 horas son a 180 minutos como 1 día es a _____ minutos.

b) 1 año es a _____ días como _____ años son a 15 lustros.

c) 10 décadas son a _____ años como 1 siglo es a _____ lustros.

El **tiempo** se mide por segundos, minutos y horas, también por días, semanas, meses, años, lustros, décadas, siglos e incluso milenios. Para **medirlo y representarlo** se utilizan relojes, calendarios y líneas del tiempo; hay hechos sobresalientes en la historia de la humanidad que sirven como referencia para ubicar el paso del tiempo, uno de ellos fue la era cristiana, por eso es común ver las siglas a. C. y d. C., las cuales respectivamente indican que se trata de un hecho sucedido antes de Cristo o después de Cristo.

3. Completa los siguientes enunciados con las palabras *mayor* y *menor*, para que sean correctas las afirmaciones. Después completa la explicación, fíjate en el ejemplo.

a) Un minuto es ____menor____ que una ____hora____ porque una hora

se compone de ___60 minutos___.

b) Una década es _____ que un lustro, porque el lustro abarca _____

años y la década _____.

c) Un siglo es menor que un milenio, porque el siglo representa sólo _____

años y el milenio representa _____.

4. Los siguientes cuadros representan una línea del tiempo; en este caso, cada cuadro representa un siglo, es decir, 100 años. Anota los años y los siglos que hacen falta para completarla.

| 400 | | 200 | 100 | 100 | | 400 | 600 | | | 1000 | | 1200 | 1300 |

S III   S II   S I   S I   S II   S III   S VI   S VII   S VIII   S IX   S XI

a. C.   d. C.

5. Resuelve las preguntas con la siguiente información.

> Gaby y su familia se fueron de vacaciones 3 semanas para festejar el cumpleaños de su hermana, quien es mayor que Gaby por 2 años. En el viaje, 3 días visitaron museos por 2 horas, y $\frac{1}{8}$ parte del día la utilizaban para realizar las comidas.

a) Si Gaby ha vivido 3 décadas + 2 lustros − 3 años + 365 días, ¿cuántos años

tiene su hermana? _____

b) ¿Cuántos minutos de su viaje dedicaron a visitar museos? _____

c) ¿Cuántas horas de su viaje utilizaron para realizar las comidas? _____

d) Si la mamá de Gaby dormía una siesta de 45 minutos cada día, ¿cuánto

tiempo dedicó a dormir la siesta en una semana? Expresa el resultado

en horas y minutos. _____

e) Si el número del año en el que se realizó el viaje está formado por 1 milenio,

9 siglos, 5 décadas, 10 lustros y 11 años, ¿en qué año se realizó el viaje? _____

Medición del tiempo

Aprendizaje esperado. Conoce las relaciones entre las unidades de tiempo.

Las **figuras geométricas** se pueden clasificar por sus ángulos, número de lados y paralelismo.

Los **polígonos** son figuras geométricas formadas por segmentos de rectas que se unen en sus extremos:

Los **cuadriláteros** son figuras planas limitadas por cuatro lados. Se clasifican en:

- Paralelogramo: lados opuestos paralelos.

- Trapecio: dos lados paralelos.

- Trapezoide: no tiene ninguno de sus lados paralelos ni opuestos.

1. **Colorea los polígonos de rojo y los cuadriláteros de azul. En el cuadro dibuja un polígono con rojo y un cuadrilátero con azul.**

2. **Elabora un dibujo que incluya al menos cinco figuras geométricas diferentes.**

3. Encuentra los nombres de ocho figuras geométricas. Luego escríbelas en las líneas y dibújalas en los rectángulos. Fíjate en el ejemplo.

```
c  f  v  m  i  w  g  u  t  i  o  r  p  f  h
d  d  c  o  t  r  a  p  e  z  o  i  d  e  g
f  a  h  p  r  d  h  i  w  t  r  s  q  d  f
c  d  j  u  i  f  f  o  q  r  e  t  w  s  h
z  c  m  y  á  b  d  l  t  e  c  h  r  s  e
c  l  k  g  n  v  c  j  r  d  t  j  t  a  x
u  p  o  f  g  c  v  g  a  s  á  g  y  z  á
a  i  q  d  u  g  d  f  p  a  n  f  u  x  g
d  u  a  d  l  b  s  d  e  x  g  e  i  c  o
r  o  m  b  o  n  a  s  c  c  u  r  o  v  n
a  y  x  e  l  g  z  a  i  g  l  y  p  b  o
d  t  p  e  n  t  á  g  o  n  o  u  l  n  d
o  t  b  r  o  h  a  t  a  h  p  i  j  m  s
z  q  n  y  p  j  z  f  z  j  y  o  h  m  s
s  w  j  u  r  o  m  b  o  i  d  e  g  n  c
```

a) __rectángulo__

b) _____

c) _____

d) _____

e) _____

f) _____

g) _____

h) _____

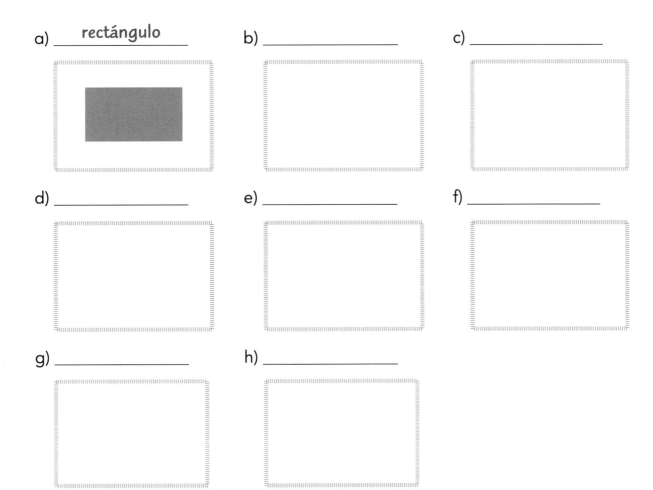

El círculo

Aprendizaje esperado. Construye círculos a partir de diferentes condiciones.

> El **círculo** es una figura geométrica que se elabora trazando una curva que está siempre a la misma distancia de un punto que llamamos centro. Para ello utilizamos el compás.
>
>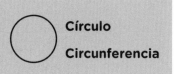
>
> Círculo
> Circunferencia

1. Escribe en la línea el nombre de la parte del círculo que se describe.

   > Centro   Circunferencia   Radio   Diámetro

   a) _____ Es el contorno de un círculo.

   b) _____ Es una línea que une dos puntos de la circunferencia y pasa por el centro del círculo.

   c) _____ Segmento que une la circunferencia con el centro del círculo.

   d) _____ Punto central del círculo.

2. Con tu compás traza diferentes círculos dentro del cuadro.

3. Ahora traza una circunferencia que pase por los vértices de las siguientes figuras, sigue el ejemplo.

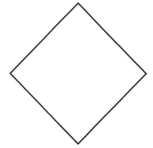

4. Traza círculos que se indican.

a) 3 cm de diámetro

b) 2 cm de radio

c) 5.5 cm de diámetro

5. En un centro deportivo se construirá una alberca de forma circular. Observa el plano y contesta.

TRAMPOLÍN

ESCALERAS

a) Marca con rojo la circunferencia y de azul el área.

b) ¿Qué línea del círculo es equivalente al trampolín? _____

c) ¿Qué línea delimita la mitad de la alberca? _____

d) ¿Cómo definirías la circunferencia?_____

_____

6. El arquitecto necesita el valor de la circunferencia para saber cuánto hule espuma colocará en la orilla de la alberca, y para ello le pide a un obrero que mida el perímetro.

a) ¿Qué instrumento le aconsejarías usar para medirlo?

_____

b) Como no existen reglas curvas, ¿qué puede medir el

obrero para obtener el perímetro? _____

c) ¿Cuál es la relación entre el diámetro y el perímetro?

_____

_____

Tipos de triángulos

Aprendizaje esperado. Conoce la clasificación de las figuras geométricas.

Los **triángulos** se clasifican por:

Sus lados:
- triángulos equiláteros cuando sus tres lados son iguales.
- triángulos isósceles cuando dos de sus lados son iguales.
- triángulos escalenos cuando sus tres lados son desiguales.

Sus ángulos:
- triángulos acutángulos cuando sus tres ángulos son agudos.
- triángulos rectángulos cuando tiene un ángulo recto.
- triángulos obtusángulos cuando tiene un ángulo obtuso.

1. Marca con una X la respuesta correcta y dibuja cada triángulo. Fíjate en el ejemplo.

a) El triángulo isósceles tiene:

( ) tres ángulos agudos.

(**X**) dos lados iguales.

( ) un ángulo obtuso.

d) El triángulo rectángulo tiene:

( ) un ángulo recto.

( ) tres ángulos agudos.

( ) tres lados iguales.

b) El triángulo obtusángulo tiene:

( ) un ángulo recto.

( ) dos lados iguales.

( ) un ángulo obtuso.

e) El triángulo acutángulo tiene:

( ) un ángulo obtuso.

( ) tres ángulos agudos.

( ) un ángulo recto.

c) El triángulo escaleno tiene:

( ) tres ángulos agudos.

( ) dos ángulos iguales.

( ) ningún lado igual.

f) El triángulo equilátero tiene:

( ) tres lados iguales.

( ) un ángulo recto.

( ) dos lados iguales.

Repaso

1. Dibuja un mapa de la trayectoria de tu casa a tu escuela. Descríbelo en las líneas.

_____

_____

_____

_____

2. Busca en las siguientes figuras geométricas un ángulo recto, uno agudo y uno obtuso y márcalos. Anota a su lado lo que mide cada ángulo.

3. Dentro de cada figura anota su nombre.

4. Ordena de menor a mayor los datos.

26 horas _____	368 días _____	1 año _____
2 000 días _____	$\frac{1}{2}$ año _____	1 día _____
1 lustro _____	64 minutos _____	3 horas _____
3 600 segundos _____	1 siglo _____	195 minutos _____

5. Lee con atención y subraya la respuesta correcta.

a) Un vaso de agua puede contener:

- 1 dl
- 1 mL
- 1 hl
- 1 kl

b) Una bolsa del supermercado llena puede pesar:

- 3 g
- 3 Dag
- 3 hg
- 3 kg

c) Un estadio puede medir:

- 1 km
- 1 hm
- 1 m
- 1 Dam

d) Una tela puede medir:

- 5 mm
- 5 m
- 5 hm
- 5 km

6. Resuelve los siguientes problemas.

a) Escribe los nombres de los objetos ordenándolos de menor a mayor de acuerdo con su longitud.

_____

b) Un lápiz adhesivo pesa 10 g. En la tienda tenían una caja con 58 lápices adhesivos. ¿Cuántos kilogramos pesaría la caja? _____

c) Un clip mide 3 cm y una caja de clips contiene 100 piezas. Si hago una cadena con todos los clips de la caja, ¿cuántos metros medirá la cadena? _____

d) Si necesito armar una cadena de 0.009 km, ¿cuántas cajas de clips necesito?

_____

e) Para hacer un uniforme de niña se necesitan 135 cm de tela. Si en un salón hay 29 alumnas, ¿cuántos metros de tela se necesitan? _____

f) Si 4 vasos de agua son 1 litro y cada alumno toma diariamente 1 vaso de agua en el recreo y en el salón hay 29 alumnos, ¿cuántos decalitros de agua habrán tomado los alumnos en el recreo en 20 días? _____

El perímetro

Aprendizaje esperado. Resuelve problemas que implican calcular el perímetro de polígonos y del círculo, con unidades convencionales (m^2 y cm^2).

El **perímetro** de un polígono es la suma de la longitud de todos sus lados.

2 cm

2 cm   2 cm

$2 + 2 + 2 + 2 = 8$

Perímetro = 8 cm

2 cm

En el caso de los polígonos regulares podemos multiplicar la medida de un lado por el número de lados.

1. **Selecciona la opción correcta.**

a) El perímetro de un ◇ que mide 5 cm por lado es:

( ) 12 cm   (✗) 20 cm   ( ) 15.5 cm

b) El perímetro de un ◿ cuyos lados miden 2, 3 y 4 cm por lado es:

( ) 11 cm   ( ) 8 cm   ( ) 9 cm

c) El perímetro de un ⬡ que mide 2.5 cm por lado es:

( ) 20 cm   ( ) 13 cm   ( ) 5 cm

d) El perímetro de un △ que mide 7 cm por lado es:

( ) 21.5 cm   ( ) 21 cm   ( ) 12 cm

e) El perímetro de un ⬠ cuyos lados mide 1, 2, 3, 4, 5 cm por lado es:

( ) 20 cm   ( ) 14.5 cm   ( ) 15 cm

f) El perímetro de un ⏢ cuyos lados mide 3, 3, 6, 6, cm por lado:

( ) 18.5 cm   ( ) 18 cm   ( ) 17.5 cm

g) El perímetro de un ▢ que mide 1.5 cm por lado es:

( ) 6 cm   ( ) 6.5 cm   ( ) 8 cm

h) El perímetro de un ⬡ que mide 3.5 cm por lado es:

( ) 21 cm   ( ) 14 cm   ( ) 18 cm

2. Observa el tangram y lleva a cabo lo que se te pide.

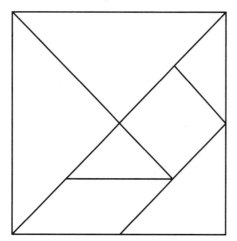

Colorea un rombo de verde, un cuadrado de azul y un triángulo de rojo. Anota las medidas de cada uno de sus lados.

a) ¿Cuál es el perímetro del rombo? _____

b) ¿Cuál es el perímetro del cuadrado? _____

c) ¿Cuál es el perímetro del triángulo? _____

El **perímetro** de un **círculo** se obtiene al multiplicar el radio por π y este resultado por dos.

Perímetro del círculo = 2 (π · r)   2× (3.14 × 2)

r = 2 cm   Perímetro = 12.56

3. Calcula el perímetro de los siguientes círculos.

a)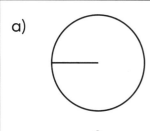

r = 8 cm

b)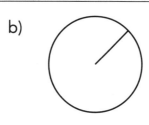

r = 5 cm

c)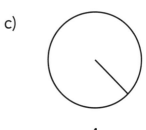

r = 4 cm

4. La próxima semana los animales de la granja visitarán el preescolar donde estudia Susi y la maestra quiere decorar cuatro banderas como la que se muestra en la ilustración.

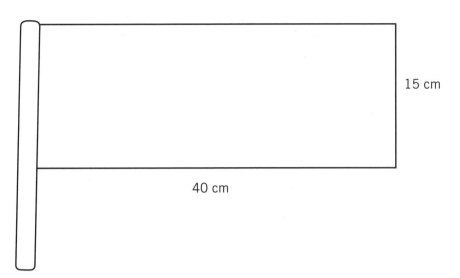

15 cm

40 cm

Para ello, debe comprar bies (trozo de tela) para ponerlo alrededor a las cuatro banderas. Encierra en un círculo la operación que debe llevarse a cabo para saber cuántos centímetros de bies son necesarios.

a) 40 cm + 15 cm

b) 40 cm x 15 cm

c) 80 cm + 30 cm

d) 15 cm + 15 cm + 40 cm

5. El evento se llevará a cabo en un área como la sombreada en esta imagen.

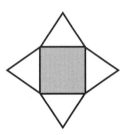

a) La figura anterior está formada por triángulos equiláteros iguales. Si cada triángulo tiene un perímetro de 9 m, ¿cuál será el perímetro de la zona sombreada? _____

b) ¿Cuántos metros más tiene el perímetro del cuadrado que el de uno de los triángulos? _____

c) ¿Cuánto mide el perímetro de la figura completa? _____

6. **Se debe comprar malla para cercar los corrales donde colocarán a los animales, los cuales tienen las siguientes formas y medidas:**

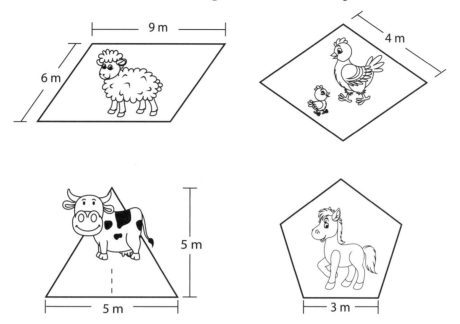

a) ¿Cuál corral ocupará la menor cantidad de malla? _____

b) ¿Cuál corral ocupará la mayor cantidad de malla? _____

c) ¿Cuáles corrales ocuparán la misma cantidad de malla? _____

d) ¿Cuánta malla se necesita en total? _____

e) ¿Qué fórmula se necesita para calcular el perímetro del corral del borrego?

_____

7. **Si deseo colocar una cerca en el corral de la vaca, ¿qué debo calcular,**

el perímetro o el área? _____

a) ¿Qué fórmula utilizarías? _____

b) ¿Puedes encontrarlo con otra fórmula? _____. ¿Con cuál? _____

c) ¿Qué relación existe entre las dos fórmulas? _____

_____

_____

d) Si el metro de malla cuesta $30, ¿cuánto dinero necesito para cercar el corral de la vaca? _____

e) Si la malla la van a pagar entre las 5 maestras del preescolar, ¿cuánto pagará cada una? _____

8. Resuelve los siguientes problemas.

a) Dos amigos hicieron un papalote con dos triángulos unidos por sus bases. El que va en la parte de arriba es un triángulo equilátero con un perímetro de 90 cm. El que va en la parte inferior es un triángulo isósceles y su perímetro mide 150 cm. ¿Cuál será el perímetro del papalote?

Datos: **Operación:**

R: _____

b) Completa en cada polígono la medida del lado que falta para que su perímetro sea de 18 cm.

1)   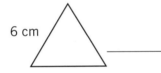 6 cm   _____

_____

3)   _____   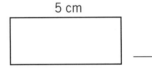 5 cm   _____

_____

2)   _____  4.5 cm _____

_____

4)   _____ 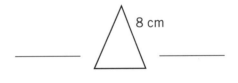 8 cm   _____

_____

9. Calcula el perímetro de las siguientes cuadrículas.

a)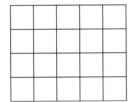

Perímetro = _____

b)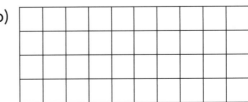

Perímetro = _____

Cuerpos geométricos

Aprendizaje esperado. Conoce y clasifica los cuerpos geométricos.

Un **cuerpo geométrico** es un elemento que ocupa un volumen en el espacio, por lo que tiene tres dimensiones (alto, largo y ancho). Se compone por figuras geométricas.

Las partes de los cuerpos geométricos son: caras, aristas y vértices.

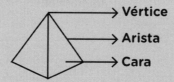

→ **Vértice**

→ **Arista**

→ **Cara**

Se clasifican en:

- Poliedros: son aquellos que tiene caras planas, como el cubo, el prisma o la pirámide.

- Cuerpos redondos: son los que tienen caras curvas, como el cilindro, la esfera o el cono.

1. Une con una línea las partes de los cuerpos geométricos con su descripción.

a) Son las figuras que forman el cuerpo geométrico.

b) Son las líneas donde se unen las caras.

c) Son los puntos donde se juntan las aristas.

vértices

caras

arista

2. Busca en la sopa de letras los nombres de seis cuerpos geométricos y dibuja cada uno.

V	P	I	R	A	M	I	D	E	T
E	R	C	A	K	C	J	G	L	C
C	I	B	M	W	I	K	M	S	E
O	S	P	H	K	L	Z	E	S	Z
N	M	X	R	Z	I	L	V	P	E
O	A	H	K	X	N	D	N	A	S
G	H	R	V	A	D	C	A	J	F
V	W	G	Z	U	R	S	D	L	E
C	U	B	O	G	O	S	A	Q	R
A	F	F	J	K	Y	K	V	V	A

3. **Marca con una ✘ la respuesta correcta.**

a) Un 🍦 tiene forma de:

   (   ) pirámide.   (   ) cono.   (   ) esfera.

b) Un ⚽ tiene forma de:

   (   ) poliedro regular.   (   ) pirámide.   (   ) esfera.

c) Una ⛺ tiene forma de:

   (   ) prisma cuadrangular.   (   ) prisma.   (   ) prisma triangular.

4. **Completa el cuadro con la información que hace falta.**

	Objeto	Cuerpo geométrico	Nombre
a)			
b)			
c)			Cilindro
d)			

Construcción de cuerpos geométricos

Aprendizaje esperado. Construye prismas rectos rectangulares a partir de su desarrollo plano.

1. **Observa los cuerpos geométricos y completa la información. Dibuja cómo quedaría el cuerpo armado.**

   a) Nombre del

   cuerpo geométrico:

   _____

   - Número de caras: _____
   - Número de aristas: _____
   - Número de vértices: _____

   b) Nombre del

   cuerpo geométrico:

   _____

   - Número de caras: _____
   - Número de aristas: _____
   - Número de vértices: _____

El área

Aprendizaje esperado. Resuelve problemas que implican calcular el área de rectángulos con unidades convencionales (m^2 y cm^2).

El **área** es la medida de la superficie de las figuras planas.

La fórmula del es ÁREA = L^2 La fórmula del es ÁREA = $\dfrac{base \times altura}{2}$

La fórmula del  es ÁREA = base × altura   La fórmula del  es ÁREA = $\dfrac{D \times d}{2}$

1. **De las siguientes figuras, marca con amarillo la altura y con verde la base. Escribe en cada una la fórmula para obtener el área.**

a)

_____

b)

_____

c)

_____

d)

_____

e)

_____

f)

_____

2. **Calcula el área de dos objetos de tu alrededor. Dibújalos y anota la fórmula que usaste.**

3. Obtén el área de las figuras.

Figura	Procedimiento	Área
a) 45.5 cm	45.5 × 45.5 =	Área = 2 070.25 cm²
b) 25 cm 10 cm		
c) 12 cm 23 cm		
d) 15 cm 16 cm		
e) 10 cm 20 cm		

4. El área de un romboide y un rombo equivalen a la de un rectángulo. Calca y recorta el rombo y el romboide por las líneas punteadas. Acomoda las partes que quedaron de cada figura de manera que formen rectángulos. Pega las partes encima de los rectángulos.

a) ¿Cuál es el área del rectángulo? _____

b) ¿Pudiste cubrir el primer rectángulo con el romboide? _____. Por tanto,

podemos usar la misma fórmula, que es: _____

c) Con el rombo también se formó el rectángulo. ¿Cuánto miden la diagonal

mayor y menor del rombo original? _____. ¿Recuerdas la fórmula

para encontrar el área del rombo? Escríbela: _____. En este caso

$(4 \times 3) \div 2 = 6$ cm^2. Es el mismo resultado que el área del rectángulo, entonces

por eso la fórmula es d × d ÷ 2. Explica por qué. _____

_____ Ahora ya puedes comprobar por qué usamos estas fórmulas.

5. Resuelve los problemas.

a) La diagonal mayor de un rombo mide 20 cm y su diagonal menor mide 12.5 cm. ¿Cuál es el área del rombo?

Fórmula = _____

Resultado = _____

b) Un romboide mide 40 cm de base y 15.5 cm de altura. ¿Cuál es su área?

_____

6. ¿Qué figura crees que se pueda formar con un trapecio si lo cortamos por una de sus diagonales y unimos las dos partes? _____

_____

Observa y mide con tu regla lo siguiente.

a) ¿Cuánto mide la base mayor del trapecio? _____ ¿Y la menor? _____

¿Cuánto mide la altura? _____

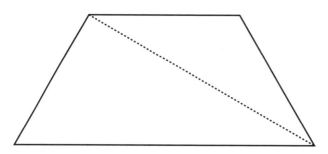

b) Calca esta figura, recorta por la línea punteada y transfórmala en un triángulo. Pégalo junto al trapecio original.

c) Al transformar el trapecio en triángulo, ¿cuánto mide la base? _____

¿Es lo mismo de la suma de la base mayor y menor? _____

> El **área del trapecio** es igual a la del triángulo, porque un trapecio tiene el área de un triángulo si sumamos sus bases en una sola, la altura es la misma y se divide entre 2.

7. Escribe la sustitución (procedimiento que utilizarías) para encontrar el perímetro y área de las figuras.

a)

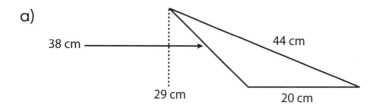

P = _____

A = _____

b)

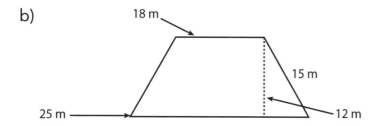

P = _____

A = _____

La numeración egipcia y la maya

Aprendizaje esperado. Explica las similitudes entre el sistema decimal de numeración y un sistema posicional o no posicional.

> El **sistema de numeración egipcio** no es posicional, el valor de sus símbolos se suma. Se pueden escribir en cualquier orden y repetirse hasta nueve veces. Los símbolos son:
>
> | | ∧ | 9 | ∫ | ↑ | ∞ | ⚲ |
> |---|---|---|---|---|---|---|
> | 1 | 10 | 100 | 1000 | 10000 | 100000 | 1000000 |

1. ¿Qué cifra se encuentra en el siguiente retablo? _____

> ⚲ ∞ ∞ ∫ 9 9 ∧ | | |

2. Escribe qué números están representados en la tabla.

99∧∧∧	∧9∧9∧	∧∧∧99

¿Están bien escritos? _____ ¿Por qué? _____

_____

_____

_____

_____

> Los símbolos que se utilizan en el **sistema de numeración maya** son: ⬬ ● ▬
> Sus reglas son: cada símbolo tiene un valor de acuerdo con su posición. En cada posición se puede repetir el ● (1) hasta cuatro veces y el ▬ (5) hasta tres veces. Se utiliza el ⬬ (0, cero). Tiene base 20.

3. Con base en las reglas que ya se mencionaron, llena las siguientes tablas con los valores que faltan en sistema decimal.

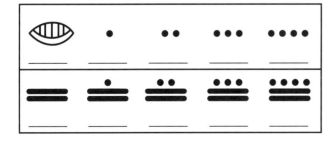

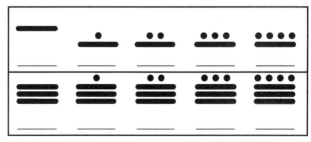

Números romanos

Aprendizaje esperado. Explica las similitudes entre el sistema decimal de numeración y un sistema posicional o no posicional como el romano.

Los signos que se emplean en la **numeración romana** son:

Signos fundamentales:

I	X	C	M
1	10	100	1000

Signos secundarios:

V	L	D
5	50	500

Los signos fundamentales I, X, C, M sólo pueden repetirse hasta tres veces: I, II, III, XX, XXX, CC, CCC, M, MM, MMM.

Los valores iguales o menores que estén a la derecha se suman.

Un signo fundamental se resta de otro:
- I sólo se puede anteponer a V y X ⟶ IV, IX
- X sólo se puede anteponer a L y C ⟶ XL, XC

Los signos secundarios no se repiten ni se anteponen.

1. Escribe con números romanos las cantidades.

a) Ochenta y uno _____

b) Veinticinco _____

c) Cuatrocientos _____

d) Ciento diecinueve _____

e) Doscientos sesenta y tres _____

f) Ciento treinta y ocho _____

g) Trescientos quince _____

h) Quinientos _____

2. Escribe con números arábigos las cantidades.

a) CXX _____

b) CCCLXXVIII _____

c) LV _____

d) CDXCVI _____

e) CCXLIV _____

f) LXIX _____

g) CCLVII _____

h) CLXXXIX _____

3. Escribe el antecesor y sucesor de los siguientes números romanos. Fíjate en el ejemplo.

	Antecesor		Sucesor
a)	XIV	XV	XVI
b)		CLXXXI	
c)		CCLXXVII	

La proporcionalidad

Aprendizaje esperado. Compara razones expresadas mediante dos números naturales (*n* por cada *m*); calcula valores faltantes en problemas de proporcionalidad directa con números naturales (incluyendo tablas de variación).

Una **proporción** es una igualdad entre dos razones. Las **razones** tienen una relación de proporcionalidad directa cuando al aumentar o disminuir una también aumenta o disminuye la otra.

Ejemplo:

Peso	1 kg	$12
Costo	2 kg	$24

Y tienen una relación de proporcionalidad inversa cuando al aumentar una, disminuye la otra o al disminuir una, disminuye la otra.

Tiempo	2 h	1
Velocidad	80 km/h	160 km/h

1. **Subraya con rojo los pares de magnitudes que son directamente proporcionales y con verde los que son inversamente proporcionales.**

   a) La cantidad de trabajadores en una obra y los días en terminar el edificio.

   b) Los boletos vendidos en el cine y la cantidad de dinero obtenido.

   c) La cantidad de litros que hay de pintura y el tamaño del recipiente a llenar.

   d) La temperatura del agua y el tiempo en que se cocina una verdura.

   e) La harina necesaria y el número de pasteles a elaborar.

   f) Tiempo en sacar un número de copias y el número de copiadoras.

2. **Completa la siguiente tabla para preparar *hot cakes*.**

Ingredientes		6 *hot cakes*	12 *hot cakes*	18 *hot cakes*
Harina			2 tazas	3 tazas
Leche		$\frac{3}{4}$ de taza		
Huevos		1 huevo		
Mantequilla			2 cucharadas	3 cucharadas

Antes de resolver un problema, lo primero que tienes que determinar es si las magnitudes son inversas o directamente proporcionales, y después aplicar la regla de tres correspondiente.

Directa   A ⟵ ÷B   Inversa   A × ⟶ B   A × B ÷ A
              ⟶   ⟵
         A × X   A ÷ X

3. Resuelve los problemas de proporcionalidad directa o inversa. Guíate por el ejemplo.

a) Un banco cobra 90 dólares al año por utilizar una tarjeta de crédito. ¿Cuánto cobrará en nueve años?

Datos:

90 dólares   1 año
             9 años

Operaciones:

90 × 9 = 810
810 ÷ 1 = 810

R: _810 dólares_

---

b) Si por el consumo de 40 m³ de agua se pagan $780, ¿cuánto se pagará por un consumo de 47 m³?

Datos:

Operaciones:

R: _____

---

c) Un grupo de 20 excursionistas lleva provisiones para 15 días. Si al momento de partir el grupo aumenta a 24, ¿cuántos días les durarán las provisiones?

Datos:

Operaciones:

R: _____

d) Para construir una obra en 45 días, se requieren 12 albañiles. Si la obra se requiere realizar en nueve días, ¿cuántos albañiles se necesitan?

Datos: **Operaciones:**

R: _____

e) Si 12 personas pintan un edificio en 5 días, ¿cuántos días tardarían 20 personas?

Datos: **Operaciones:**

R: _____

4. Resuelve los problemas.

a) En una tienda de globos, por cada 3 niñas entró un niño. Si entraron 24 niñas, ¿cuántos niños entraron?

Operación: **Resultado:**

R: _____

c) Si Rodrigo pagó $72.00 por 6 globos, ¿cuánto pagó Claudia por 3 globos?

Operación: **Resultado:**

R: _____

b) ¿Cuántos niños y niñas, en total, visitaron la tienda?

Operación: **Resultado:**

R: _____

d) Si Mariana pagó $60.00, ¿cuántos globos compró?

Operación: **Resultado:**

R: _____

Medidas de tendencia central

Aprendizaje esperado. Recolecta, registra y lee datos en tablas y gráficas de barras, e interpreta la moda.

> Al describir grupos de diferentes observaciones, con **frecuencia** es conveniente resumir la información con un solo número.
>
> **Moda**: es el dato que aparece con mayor frecuencia en una colección de datos.
> **Media**: es el dato que muestra el punto central de una distribución de datos, se suman los datos y se divide entre el número de datos que se tiene.
> **Mediana**: es el dato que geométricamente se encuentra a la mitad después de haber ordenado los datos.

1. Lee cada caso que se expone y determina la moda, la media y la mediana. Fíjate en el ejemplo.

a)

> En un salón de clases se le preguntó a 25 niños cuántas horas de ejercicio hacían a la semana. Las respuestas fueron:
> 0-0-1-2-2-2-3-3-4-4-4-4-4-4-5-5-5-5-5-6-6-6-7-8-8

Moda = _____	Media = __4.12__	Mediana = _____
Operaciones:		

Operaciones:

$1 \times 1 = 1$ $4 \times 6 = 24$ $7 \times 1 = 7$

$2 \times 3 = 6$ $5 \times 5 = 25$ $8 \times 2 = 16$

$3 \times 2 = 6$ $6 \times 3 = 18$

$1 + 6 + 6 + 24 + 25 + 18 + 7 + 16 = 103$

$$\begin{array}{r} 4.1\,2 \\ 25\overline{)1\,03} \\ 03\,0 \\ 5\,0 \\ 0 \end{array}$$

b) En 5 "C" se preguntó a los 25 alumnos cuántos televisores hay en su casa. Las respuestas fueron:

> 0-1-1-1-1-1-2-2-2-2-2-2-2-2-2-2-2-2-2-2-3-3-3-3-3-3

Moda = _____	Media = _____	Mediana = _____
Operaciones:		

c) En una empresa se preguntó a los empleados qué edad tenían en su primer empleo. Las respuestas fueron las siguientes:

15-16-16-17-17-17-17-17-17-17-17-17-17-17-17-18-18-18-18-18-18-18-18-19-19-19-20-20-20-21-21

Moda = _____	Media = _____	Mediana = _____
Operaciones:		

d) En un supermercado se preguntó a las señoras cuántos hijos tenían. Las respuestas fueron las siguientes:

0-0-0-1-1-1-1-1-1-2-2-2-2-2-2-2-2-2-2-2-2-2-3-3-3-3-3-3-4-4-4-4-4-4-5

Moda = _____	Media = _____	Mediana = _____
Operaciones:		

e) En una universidad se preguntó a 25 estudiantes qué carrera estaban estudiando. M (Medicina), A (Arquitectura), I (Ingeniería), Q (Química). Las respuestas fueron las siguientes:

MMMMAAAAAAAIIIIIIQQQQQQQQ

Moda = _____	Media = _____	Mediana = _____
Operaciones:		

Gráficas de barras

Aprendizaje esperado. Recolecta, registra y lee datos en tablas y gráficas de barras.

> Una **gráfica** es la representación de datos, casi siempre numéricos, mediante recursos escritos, como símbolos, líneas, barras, etc. Nos permiten tener una imagen visual de los datos y representarlos de forma ordenada.

1. Se hizo una encuesta a los seguidores de la selección mexicana, se les preguntó la aprobación del equipo, del entrenador y de la federación. En la gráfica se muestran los resultados. Responde *verdadero* o *falso*.

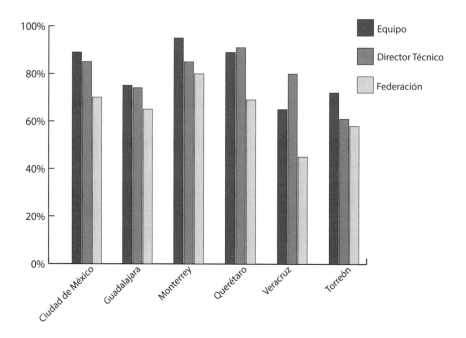

a) La ciudad donde el equipo es más aceptado es Guadalajara. _____

b) La ciudad donde la federación es más aceptada es Monterrey. _____

c) La ciudad donde el entrenador es menos aceptado es Torreón. _____

d) La ciudad donde la federación es menos aceptada es Veracruz. _____

e) En la Ciudad de México aceptan más al entrenador que al equipo. _____

> Al número de veces que se repite un dato se le llama **frecuencia**. Primero se organizan los datos en una tabla de frecuencias. En la columna izquierda se ponen los datos y en la derecha las frecuencias de cada uno.

En las Olimpiadas Escolares, la escuela México ganó 21 medallas repartidas de la siguiente manera: 6 de oro, 4 de plata y 11 de bronce, en comparación con el año pasado en que sus estudiantes ganaron 7 medallas: 1 de oro, 3 de plata y 3 de bronce.

2. **Llena la tabla de frecuencias con los datos que se dieron.**

Medalla	Año pasado	Año actual
Oro		
Plata		
Bronce		
Total		

En el **diagrama de barras** cada barra representa la frecuencia o veces que se repite cada dato o valor. En el eje horizontal se ponen los datos y en el vertical las frecuencias. Es muy importante especificar a cuál dato pertenece cada barra.

3. **Escribe a qué año pertenece cada conjunto de barras, de acuerdo con la información que se dio antes.**

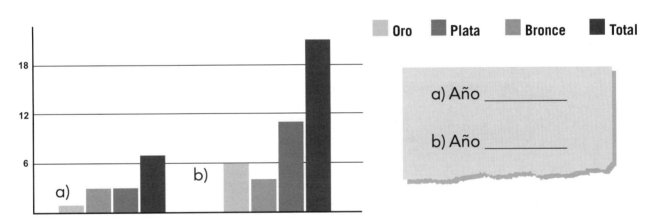

Oro Plata Bronce Total

a) Año _____

b) Año _____

4. **En una familia quieren saber el color de ojos más común. En la familia extendida son 50 personas y sus respuestas fueron: 14 tienen ojos negros; 24, cafés; 4, verdes, y 8, azules. Llena la tabla con esta información y representa la información en una gráfica de barras.**

Color de ojos	

Probabilidad

Aprendizaje esperado. Identifica situaciones en las que interviene o no el azar.

La **probabilidad** es el cálculo matemático que mide las posibilidades que existen de que una cosa suceda cuando interviene el azar. Los resultados que se pueden dar se llaman sucesos y pueden ser tres: seguros, probables o imposibles.

1. **En un corral hay estos animales y se abre la puerta. Analiza y completa las oraciones. Fíjate en el ejemplo.**

a) Es muy _____probable_____ que salga primero una vaca.

b) Es _____ que salga un animal.

c) Es _____ que salga un burro.

d) Es más probable que salga _____ que _____.

e) Si hay 9 animales y 8 son vacas, la probabilidad de que salga una vaca

es de _____ a 1, mientras que la de que salga un cerdo es de _____ a 8.

Para **calcular las probabilidades** se utiliza la siguiente fórmula:

$$Probabilidad = \frac{Número\ de\ casos\ favorables}{Número\ de\ casos\ posibles}$$

Ejemplo: lanzar una moneda y sacar águila. $\frac{1}{2}$

2. **Resuelve el problema de probabilidad.**

a) Al lanzar un dado, ¿qué probabilidad hay de que salga el número 4?

Datos:

Operación:

R: _____

Repaso

1. Resuelve el crucigrama completando las oraciones.

Vertical

a) El _____ está formado por un rectángulo, que es la parte lateral, y por dos círculos, que son las dos bases.

b) Un prisma es hexagonal al tener en su base un _____

c) El hexaedro más conocido, el _____, tiene seis caras iguales con forma de cuadrado.

d) Esfera es el cuerpo redondo que es _____ en todos sus planos.

f) Poliedros irregulares son aquellos con al menos una cara con una forma poligonal _____ a las demás.

h) Una pirámide pentagonal tiene un polígono de _____ lados como base.

Horizontal

e) Un prisma es cuadrangular al ser su base un _____

g) Si el hexaedro regular tiene seis caras iguales, ¿cuántas tendrá el octaedro? _____

i) El prisma triangular se llama así por la forma de su base, lo cual quiere decir que ésta es un _____

j) El tetraedro es un poliedro con _____ caras iguales con forma de triángulo equilátero.

2. Dibuja una figura distinta en cada recuadro, establece sus medidas y calcula sus áreas y perímetros.

3. Escribe el valor de cada número romano. Luego, búscalos en la sopa de letras.

a) **I** _____

b) **L** _____

c) **X** _____

d) **M** _____

e) **C** _____

f) **V** _____

g) **D** _____

N	R	F	J	I	P	X	O	Z	B
R	D	I	E	Z	F	O	E	I	I
M	I	L	G	U	P	B	L	I	Y
P	X	U	T	N	G	E	O	N	T
C	I	N	C	U	E	N	T	A	F
T	C	O	N	N	R	T	L	C	A
E	C	I	X	D	L	Q	R	D	P
Q	U	I	N	I	E	N	T	O	S
N	Z	Z	E	C	G	V	W	V	B
M	D	S	T	N	O	B	I	F	Ñ

Trastornos alimentarios

Aprendizaje esperado. Describe los trastornos alimentarios.

> Los **trastornos alimenticios** se presentan cuando una persona no recibe la ingesta calórica que su cuerpo requiere para funcionar de acuerdo con su edad, estatura, ritmo de vida, etc. Los principales trastornos alimenticios son: anorexia, bulimia, desnutrición y obesidad.

1. Une cada ilustración con la descripción del trastorno alimenticio.

a) Bulimia: se ingiere una gran cantidad de alimento seguido de un sentimiento de culpa. Se autoprovoca vómito o diarrea.

1)

2)

b) Obesidad: se caracteriza por el exceso de grasa en el organismo.

c) Desnutrición: deficiencia en la cantidad o calidad de los alimentos que se consumen; también la padecen personas con sobrepeso.

3)

d) Anorexia: se caracteriza por una reducción de la ingesta de alimentos; resistencia a comer por la preocupación excesiva por no subir de peso o por reducirlo.

4)

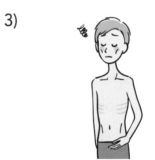

Adicciones

Aprendizaje esperado. Explica los daños en los sistemas respiratorio, nervioso y circulatorio generados por el uso de sustancias adictivas.

Por vivir un periodo de intensos cambios, tanto físicos como mentales, el adolescente muchas veces puede involucrarse en **situaciones de riesgo**, como el uso de bebidas alcohólicas, tabaquismo o drogas, entre otras.

1. Escribe sobre la línea el nombre de la adicción que se describe y completa el texto, tomando en cuenta las palabras de cada recuadro.

> cerebrales   sustancias   sistema nervioso central
> factor de riesgo   drogadicción

a) La _____ es la dependencia de _____ que afectan al sistema nervioso central y las funciones _____, produciendo alteraciones en el comportamiento, la percepción, el juicio y las emociones. El consumo de drogas es un _____, deja en el organismo daños severos, como convulsiones, cambios en el ritmo cardiaco, deterioro del _____, depresión y neurosis, entre otros.

> factor de riesgo   sustancia   nicotina
> tabaquismo   tabaco   consumo

b) El _____ es una enfermedad crónica caracterizada por el _____ habitual del tabaco, es una adicción a la _____ que es una _____ contenida en el _____. Es un _____ _____ asociado a múltiples enfermedades; por ejemplo: enfermedades pulmonares, enfisema pulmonar, infarto al corazón, problemas circulatorios, diferentes tipos de cáncer (pulmón, laringe, boca, esófago, estómago, etcétera).

> factor de riesgo   alcoholismo   manera excesiva

c) El _____ es una enfermedad que consiste en consumir, de _____ alcohol; es un _____ para la salud, tanto física como mental. Provoca enfermedades hepáticas, cardiacas, cáncer en esófago, boca, garganta, cuerdas vocales, glándulas mamarias, colon, recto, pancreatitis, etcétera.

El ciclo menstrual

Aprendizaje esperado. Describe los cambios que presentan mujeres y hombres durante la pubertad (menstruación y eyaculación) y su relación con la reproducción humana.

El cuerpo nos permite vivir y expresar nuestra intimidad. Nuestro cuerpo es parte de nuestra persona.

Aliméntate bien, haz ejercicio y practica buenos hábitos de higiene. Desarrolla tus destrezas y habilidades de manera que te sientas mejor con tu persona. Cuida tu cuerpo y respeta el de los demás.

1. **Ordena el proceso menstrual. Numéralos del 1 al 5.**

   a) El revestimiento del útero va engrosando, preparándose en caso de que un óvulo sea fecundado por un espermatozoide. ☐

   b) Las hormonas del cuerpo de la mujer comienzan a desarrollar algunos óvulos. ☐

   c) Si el óvulo no es fecundado se desintegra y el revestimiento engrosado del útero se desprende (líquido y sangre) y se elimina del útero por la vagina. ☐

   d) El óvulo baja a través de la trompa de falopio hasta llegar al útero (ovulación). ☐

   e) Uno de los óvulos se libera dentro de una de las trompas. ☐

2. **Escribe tres normas de higiene durante el periodo menstrual.**

   _____

   _____

   _____

   _____

   _____

Cambios en el hombre durante la pubertad

Aprendizaje esperado. Describe los cambios que presentan mujeres y hombres durante la pubertad (menstruación y eyaculación) y su relación con la reproducción humana.

> Durante la **pubertad** los hombres experimentan cambios. El cuerpo es parte de nuestra persona y nos permite vivir y expresar nuestra intimidad.
>
> Aliméntate bien, haz ejercicio y practica buenos hábitos de higiene. Desarrolla tus destrezas y habilidades de manera que te sientas mejor con tu persona. Cuida tu cuerpo y respeta el de los demás.

1. **Escribe una *V* si el enunciado es verdadero o una *F* si es falso.**

   a) En el hombre se producen óvulos. _____

   b) Los testículos producen los espermatozoides. _____

   c) Los espermatozoides se almacenan en la próstata. _____

   d) El semen está formado por espermatozoides. _____

   e) El semen sale del aparato reproductor masculino a través de la uretra por el extremo del pene. _____

   f) Los sueños húmedos son eyaculaciones que se producen mientras los hombres duermen. _____

2. **Completa el texto con las palabras que se te proponen.**

> ascender   próstata   pene   espermatozoides   producen   testículos   semen   continua   producir   seminal   fecundación   uretra   almacenan   salir

   a) En el hombre la producción de _____ se realiza de forma _____ y no cíclica, como en el caso de la producción de óvulos en la mujer. Los _____ empiezan a _____ espermatozoides de forma continua, y a medida que se producen los almacenan. Para _____ del aparato reproductor masculino y llevar a cabo la fecundación, los espermatozoides deben _____ por los diferentes conductos, hasta la _____.

   La _____ y las vesículas seminales _____ el líquido _____ que al mezclarse con los espermatozoides se vuelve _____, éste sale del aparato reproductor masculino a través de la uretra por el extremo del _____

Sistemas del cuerpo humano y salud

Biodiversidad

Aprendizaje esperado. Reconoce bacterias y hongos como seres vivos de gran importancia en los ecosistemas.

La **biodiversidad** o diversidad biológica tiene que ver con la extensa variedad de especies vegetales y animales de un lugar. La presencia de climas tropicales y la variedad de altitudes favorecen la biodiversidad de una zona.

1. La siguiente imagen representa la biodiversidad. Completa el mapa mental con la información que falta y haz un dibujo del ejemplo.

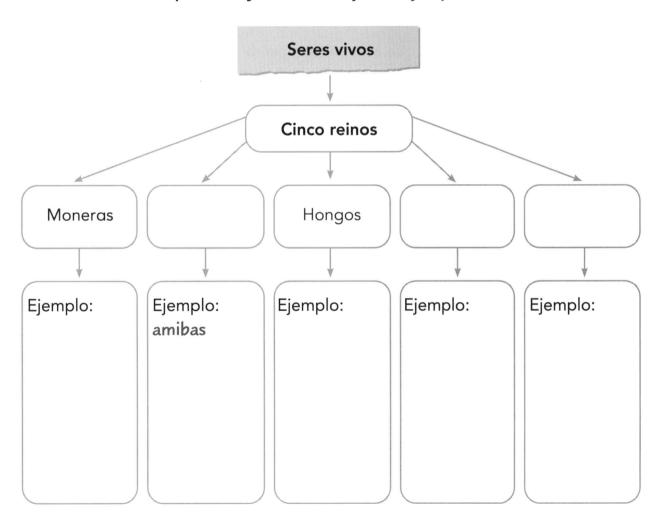

Seres vivos

Cinco reinos

Moneras		Hongos		
Ejemplo:	Ejemplo: amibas	Ejemplo:	Ejemplo:	Ejemplo:

Ecosistemas

Aprendizaje esperado. Describe las características de un ecosistema y las transformaciones provocadas por las actividades humanas en su dinámica.

1. Esta imagen es del _____. Colorea de verde la flora y de café la fauna.

2. Completa la información que se solicita acerca de los siguientes ecosistemas.

a) _____

Flora	Fauna
_____	Oso pardo y negro
Abetos	_____

b) Pastizal

Flora	Fauna
Terreno para pastoreo o _____	Tuzas, _____

c) _____

Flora	Fauna
Cactáceas, agaves, árboles espinosos	,tortugas, lagartijas ratones, liebres, zorros, coyotes.

3. Observa las imágenes y escribe el tipo de alteración al ambiente que se ilustra.

a) _____
_____
_____
_____
_____
_____
_____

b) _____
_____
_____
_____
_____
_____
_____

c) _____
_____
_____
_____
_____
_____
_____

Contaminación ambiental

Aprendizaje esperado. Describe las características de un ecosistema y las transformaciones provocadas por las actividades humanas en su dinámica.

1. Observa las imágenes y escribe el tipo de contaminación que se ilustra, de acuerdo con la información del recuadro.

> Contaminación del agua   Contaminación lumínica   Contaminación del suelo
> Contaminación térmica   Contaminación radiactiva
> Contaminación del aire   Contaminación acústica

a)

b)

c)

_____

d)

e)

f)

g)

_____

2. Relaciona con una línea el tipo de contaminación con algunas de sus consecuencias.

a) Contaminación del agua.

b) Contaminación del suelo.

c) Contaminación del aire.

d) Contaminación acústica.

e) Contaminación lumínica.

f) Contaminación térmica.

g) Contaminación radiactiva.

1) Accidentes por deslumbramiento y fatiga visual.

2) Aumento constante del estrés, falta de concentración e insomnio.

3) Mareos fuertes e intensos dolores de cabeza.

4) Enfermedades en la población humana como cólera y disentería.

5) Especies, por ejemplo: peces, no tolerantes a temperaturas altas dejen de existir o emigren a otras regiones.

6) Provoca algunos tipos de cáncer y mutaciones en los genes.

7) Reducción gradual en el rendimiento del cultivo.

Especies endémicas

Aprendizaje esperado. Describe las características de un ecosistema y las transformaciones provocadas por las actividades humanas en su dinámica.

> **Especie endémica** es aquella que habita en una sola región que tiene las características necesarias para su desarrollo. El término endémico se usa siempre con referencia a la región. Las especies endémicas son frágiles ante las perturbaciones, ya que su área entera de distribución puede ser alterada y corren el peligro de extinguirse.

1. **Lee la información sobre algunas especies endémicas de nuestro país y encuentra sus nombres en la sopa de letras.**

a) Tipo de salamandra que se encuentra en Xochimilco.

b) Mapache. Su nombre tiene la raíz indígena *mapactli*, que significa "tener manos".

c) Loro yucateco. Es un ave que puede vivir en cautiverio.

d) Cuitlacoche de Cozumel. Es un ave pequeña.

e) Coatí, también conocida como tejón mexicano.

f) Conejo de los volcanes. Es uno de los conejos más pequeños del mundo y habita cerca de cuatro volcanes de México: Tláloc, Pelado, Iztaccíhuatl y Popocatépetl.

C	U	I	T	L	A	C	O	C	H	E	M
L	O	M	Q	L	C	M	L	C	H	M	A
H	S	A	T	O	O	A	A	O	C	A	P
M	S	B	T	R	P	P	T	N	P	O	A
C	D	J	I	I	A	O	E	E	L	A	C
O	F	L	C	Y	C	C	M	J	O	C	H
N	I	Ñ	O	U	H	H	I	O	C	H	E
E	S	A	L	A	M	A	N	D	R	A	O
J	R	R	O	C	E	L	O	C	O	N	E
L	O	R	O	Y	U	C	A	T	E	C	O

El agua como disolvente

Aprendizaje esperado. Identifica al agua como disolvente.

El **agua** se utiliza para **disolver** diferentes sustancias, como el café. Cuando una sustancia **no** se puede **disolver** se llama **insoluble**.

1. Encierra en un círculo las sustancias que puedes disolver en agua.

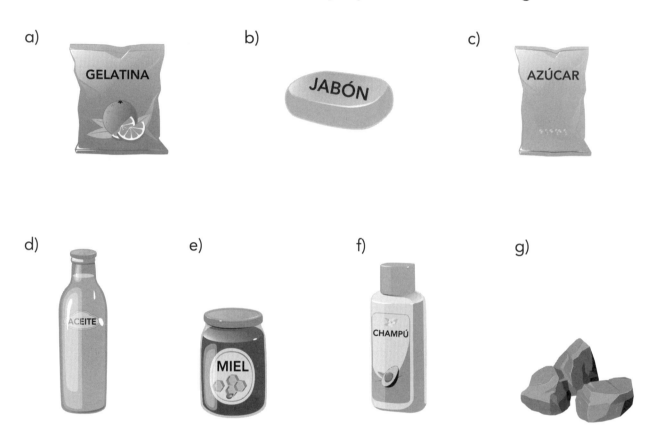

a) GELATINA

b) JABÓN

c) AZÚCAR

d) ACEITE

e) MIEL

f) CHAMPÚ

g)

2. Escribe la receta para hacer agua de limón.

_____

_____

_____

_____

Muchos alimentos se pueden preparar debido a que los ingredientes son solubles en agua.

Mezclas

Aprendizaje esperado. Identifica mezclas de su entorno y formas de separarlas: tamizado, decantación o filtración.

A nuestro alrededor existen muchas sustancias que son **mezclas**, es decir, están formadas por dos o más componentes. Como ejemplos tenemos las bebidas de cola, que están formadas por cola, cafeína y gas carbónico; el agua del mar, que está formada por agua y sal; o el vino, que contiene alcohol, agua, conservantes y colorantes. Si no se distinguen los materiales que componen una mezcla, se dice que es homogénea; cuando sí es posible distinguir sus componentes se dice que es heterogénea. Existen diversos procedimientos para separar los componentes de una mezcla.

1. **Elige la palabra que describe cada método de separación y escríbela en la línea. Une los ejemplos de cada método.**

evaporación   filtración   decantación   imantación

a) _____

Permite separar partículas sólidas relativamente pequeñas e insolubles mezcladas por un líquido.

1) Cafetera eléctrica, filtro de gasolina o aceite, filtro de agua.

2) Este procedimiento es utilizado en las empresas que se dedican al reciclaje de metales.

c) _____

Sirve para separar un sólido insoluble de las partículas gruesas de un líquido.

b) _____

Los metales ferromagnéticos pueden separarse de las mezclas al ser atraídos por un campo magnético.

3) Plantas para tratar agua, preparación de café de olla.

4) Leche evaporada y leche en polvo.

d) _____

Con esta técnica pueden recuperarse o concentrarse sólidos disueltos.

Gases tóxicos

Aprendizaje esperado. Identifica cuáles pueden ser los efectos de inhalar algunos gases tóxicos.

1. Lee la información del siguiente cuadro y utilízala para completar los enunciados.

> Existen diferentes tipos de gases que pueden hacer daño al organismo y se conocen como **gases tóxicos**. Al quemar carbón o petróleo se liberan **gases de azufre** que pueden irritar los ojos y producir enfermedades respiratorias. Cuando se quema algún combustible, como la gasolina, se produce **monóxido de carbono** que reemplaza el oxígeno en la sangre, y puede provocar desde dolores de cabeza hasta enfermedades graves. Hay sustancias como solventes o pinturas que al evaporarse pueden provocar cáncer. Cuando se quema combustible a alta temperatura, como el que utilizan los aviones y los autos, se produce **óxido de nitrógeno** que irrita los pulmones y baja las defensas. Por su parte, el ozono irrita el sistema respiratorio causando problemas como tos y alteraciones en la sangre.

a) Existen gases que pueden dañar al organismo y se conocen como: _____

b) Algunos ejemplos de estos gases son: _____

y _____.

c) Tres consecuencias de inhalar gases tóxicos son: _____,

_____ y _____

d) Escribe el tipo de gas tóxico que producen los coches y los aviones.

_____

e) Escribe alguna solución para evitar producir gases tóxicos y dibuja un cartel para promoverla. _____

_____

La fuerza de gravedad

Aprendizaje esperado. Reconoce a la gravedad como una fuerza que mantiene a los objetos en la superficie de la Tierra.

> La **fuerza de gravedad** ocasiona que los cuerpos sean atraídos hacia la Tierra. Debido a la gravedad no estamos flotando como lo hacen los astronautas cuando van al espacio.

1. Marca con una ✗ las imágenes que sean absurdas.

a)

b)

c)

d)

e)

f)

2. Explica por qué consideras absurdas las imágenes que marcaste.

_____

_____

_____

_____

Masa y volumen

Aprendizaje esperado. Identifica masa y volumen como propiedades medibles.

> **Masa** es la cantidad de materia de un cuerpo. Las masas se expresan en **kilogramos** (kg) y para medir cosas que utilizamos cotidianamente también se utiliza el **gramo** (g). La masa se mide con una balanza.

1. Escribe si ocuparías el gramo o el kilogramo para medir la masa de los siguientes objetos.

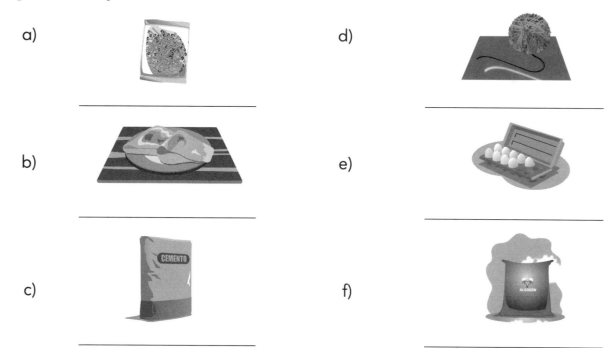

a) _____

b) _____

c) _____

d) _____

e) _____

f) _____

> **Volumen** es el espacio que ocupa un cuerpo. El volumen se expresa en metros cúbicos (m³) y para medir cosas que utilizamos cotidianamente también se utiliza el decímetro cúbico (dm³).

2. Numera del 1 al 5 para ordenar los paquetes del mayor al menor.

_____   _____   _____   _____   _____

3. **Escribe si los cuerpos que ilustran tienen poca o mucha masa, y poco o mucho volumen.**

a)

_____ masa y

_____ volumen.

d)

_____ masa y

_____ volumen.

b)

_____ masa y

_____ volumen.

e)

_____ masa y

_____ volumen.

c)

_____ masa y

_____ volumen.

f)

_____ masa y

_____ volumen.

A la relación entre masa y volumen se le llama **densidad**.

El sonido

> El **sonido** es la propagación de ondas originadas por la vibración de un cuerpo, su intensidad se mide en **decibeles** (dB). El oído es el órgano encargado de percibir los sonidos, aunque no puede captarlos todos y los que son muy fuertes pueden perjudicarlo.

1. **Numera los siguientes enunciados de acuerdo con la forma en que se da el proceso para escucharlos.**

   a) _____ Se transmite esa vibración a tres pequeños huesecillos (martillo, yunque y estribo), que se encuentran en el oído medio.

   b) _____ De ahí pasa al oído interno en donde la cóclea (que se encuentra llena de líquido) transforma la energía vibratoria en eléctrica.

   c) _____ Y llega al cerebro.

   d) _____ Las ondas sonoras entran por el pabellón auricular y por el conducto auditivo externo, chocan con el tímpano y lo hacen vibrar.

2. **Subraya las frases que indican medidas para cuidar los oídos.**

   a) No exponerse a sonidos fuertes.

   b) Usar audífonos.

   c) Secarse los oídos despúes de bañarse.

   d) Introducir objetos dentro de los oídos.

   e) Asistir al médico cuando tengas alguna enfermedad.

El circuito eléctrico

Aprendizaje esperado. Identifica el calor como energía y describe los cambios que produce en la materia.

1. Observa los dos circuitos y concluye cuál es la diferencia, por qué uno enciende y el otro no.

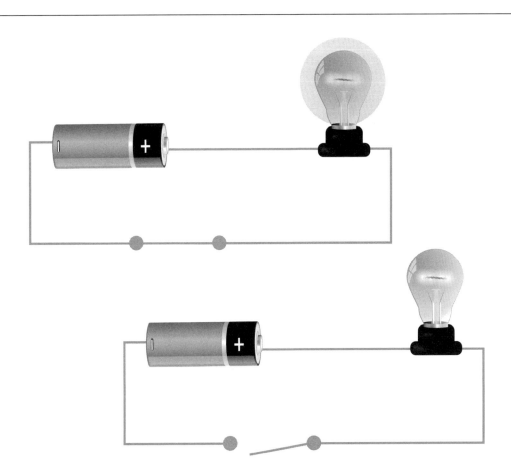

2. Clasifica los materiales del recuadro. Escríbelos donde corresponda.

vidrio   carnaza   cobre   latón   hule   aluminio   madera

Conductores	Aislantes

¿De dónde sale la energía eléctrica?

Aprendizaje esperado. Identifica las transformaciones de la electricidad en la vida cotidiana.

> La **electricidad** siempre fluye a través del camino que ofrezca la menor resistencia. Debido a su alto contenido de agua y electrolitos, el cuerpo humano presenta poca resistencia a las corrientes eléctricas.

1. Escribe en las líneas el nombre de cada elemento que constituye una central térmica. Los nombres se enlistan a continuación.

> caldera   turbinas   generador   transformador
> condensador   bombas   chimeneas   torre de refrigeración

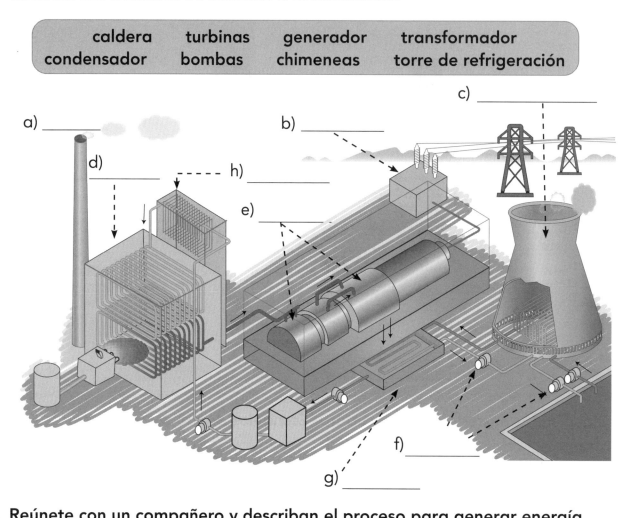

a) _____
b) _____
c) _____
d) _____
e) _____
f) _____
g) _____
h) _____

2. Reúnete con un compañero y describan el proceso para generar energía eléctrica en una central térmica.

_____

_____

_____

_____

Transferencia del calor

Aprendizaje esperado. Identifica el calor como energía y describe los cambios que produce en la materia.

> La **energía** se define como la capacidad que posee un sistema para producir un trabajo o calor. Existen distintos tipos de energía y ésta se presenta de múltiples formas.

1. En cada caso, escribe el tipo de energía que se suministra y el tipo de energía en que se transforma.

Energía suministrada...   ...que se transforma en energía

a)

_____

b)

_____

c)

_____

d)

_____

e)

_____

f)

_____

Sistema solar

Aprendizaje esperado. Describe algunas características de los componentes del sistema solar.

1. **Encuentra los nombres de los planetas de nuestro sistema solar en la sopa de letras.**

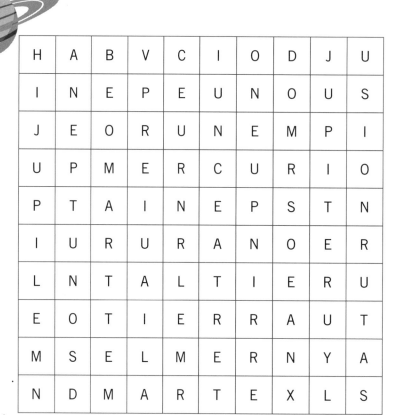

H	A	B	V	C	I	O	D	J	U
I	N	E	P	E	U	N	O	U	S
J	E	O	R	U	N	E	M	P	I
U	P	M	E	R	C	U	R	I	O
P	T	A	I	N	E	P	S	T	N
I	U	R	U	R	A	N	O	E	R
L	N	T	A	L	T	I	E	R	U
E	O	T	I	E	R	R	A	U	T
M	S	E	L	M	E	R	N	Y	A
N	D	M	A	R	T	E	X	L	S

2. **Anota los nombres de los planetas en las líneas, iniciando por el que se encuentra más cercano al Sol hasta el que está más lejos del astro.**

_____

_____

_____

_____

3. Resuelve el siguiente crucigrama.

Vertical

a) Penúltimo planeta.

c) Único cuerpo celeste del sistema solar que emite luz propia.

e) Planeta que tiene anillos.

g) Trayectoria que en el espacio recorre un cuerpo alrededor de otro.

i) Están formados por hielo y gas.

Horizontal

b) Fuerza física que la Tierra ejerce sobre los cuerpos hacia ella.

d) Está entre Marte y Júpiter, formado por roca y metal.

f) Satélite Natural de la Tierra.

h) Planeta más cercano al Sol.

j) Único planeta en el que hay vida.

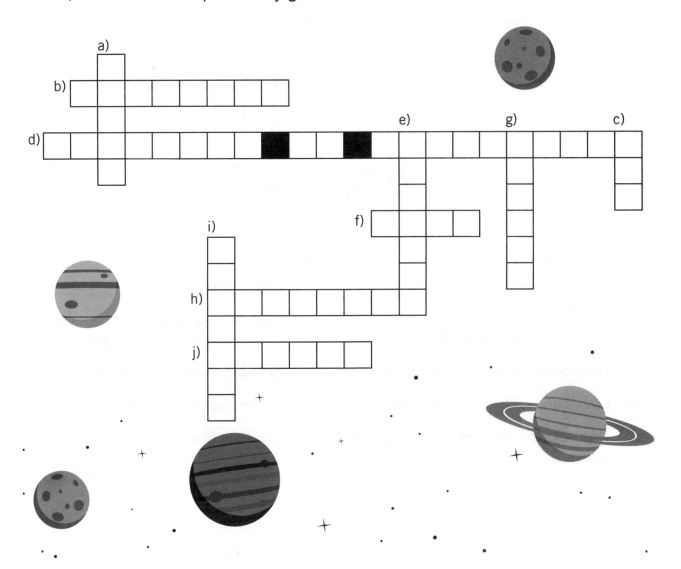

Repaso

1. Escribe tres cambios que se presentan en los hombres y en las mujeres durante la pubertad.

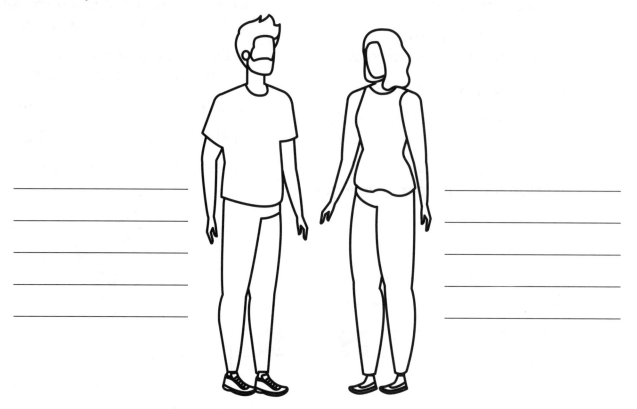

2. Une las dos columnas, según corresponda.

1) Los seres vivos se agrupan en cinco reinos:

2) Las amibas pertenecen al reino…

3) Las bacterias pertenecen al reino…

4) La biodiversidad tiene que ver con…

5) Una especie endémica es aquella que…

6) Los puedes encontrar en el desierto:

7) La contaminación del aire se produce por…

8) Es soluble en agua:

a) moneras.

b) la extensa variedad de especies que existen en un lugar.

c) habita en una sola región.

d) Cactáceas y ratones.

e) gases tóxicos.

f) moneras, protistas, hongos, vegetales y animales.

g) Jabón.

h) protistas.

3. Escribe abajo de cada imagen el método de separación que se ilustra.

decantación   imantación   filtración   evaporación

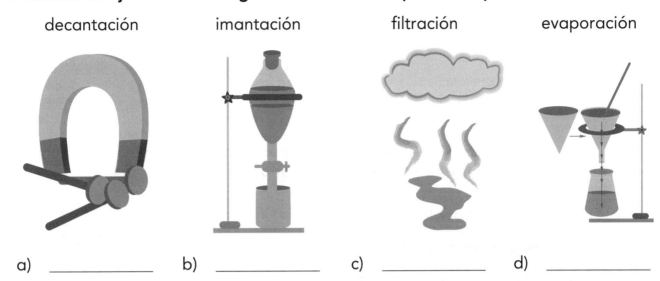

a) _____   b) _____   c) _____   d) _____

4. Escribe el nombre de cada planeta del sistema solar.

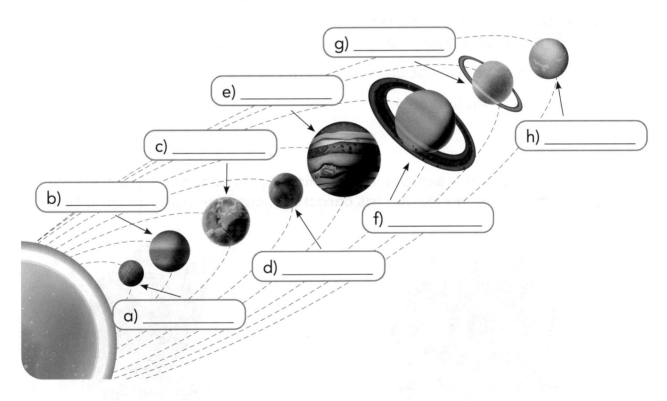

g) _____

e) _____

c) _____

b) _____

h) _____

f) _____

d) _____

a) _____

5. ¿Qué características de nuestro planeta favorecen la vida en él?

_____

_____

_____

_____

México, recién nacido

Aprendizaje esperado. Identifica los principales problemas del país en las primeras cinco décadas de la vida independiente.

> Después de 11 años de lucha, la **vida independiente de México** se encontró con un saldo desfavorable que se vio reflejado en los ámbitos social, económico, político y cultural. Nadie estaba contento y todos opinaban, aunque en direcciones opuestas.

1. **Une con líneas de distintos colores los problemas del México independiente con los ámbitos a los que pertenece cada uno.**

   a) Disminución de la población.

   b) Clases sociales polarizadas.

   c) Destrucción de poblados enteros.

   d) Hacienda pública en bancarrota.

   e) Conflictos acerca de cómo tenía que organizarse el gobierno.

   f) Malas vías de comunicación y transporte.

   g) Guerras armadas internas.

   h) Vandalismo.

   Social

   Económico

   Político

   Cultural

2. **El primer escudo representa a la república y el segundo a la monarquía. Escribe abajo de cada escudo las características generales de cada forma de gobierno.**

_____

_____

_____

_____

_____

_____

_____

_____

La experiencia imperialista en el México independiente demostró que no era la mejor opción para la reconstrucción del país y la paz tan anhelada. Por ello, el establecimiento de la República fue tan bien visto; sin embargo, aún faltaba por resolver nuevas posturas contrarias: el **federalismo** y el **centralismo**.

La diferencia fundamental entre la postura federalista y la centralista, es que la primera se pronunciaba por la autonomía política y administrativa de los estados y territorios, mientras la centralista pretendía mantener un control de todo el país, desde el gobierno central, instalado en la capital de la República.

3. Coloca una ✔ en la línea que corresponda si la postura es federalista o centralista.

	Federalista	Centralista
a) Autonomía política y administrativa de los estados y territorios.	_____	_____
b) El gobierno central controla todo el país.	_____	_____
c) Propone cuatro poderes: legislativo, ejecutivo, judicial y supremo poder conservador.	_____	_____
d) Propone tres poderes: legislativo, ejecutivo y judicial.	_____	_____
e) Los gobernantes son elegidos por el presidente.	_____	_____
f) Considera a todos los varones adultos mayores como electores.	_____	_____

4. Además de los problemas políticos, nuestro naciente país se enfrentó a problemas económicos; menciona los más importantes.

_____

_____

_____

_____

El interés de otros países por México

Los primeros países que reconocieron la **independencia de México** fueron Chile, Colombia, Perú, Estados Unidos de América e Inglaterra. El gobierno español en cambio no se resignaba a perder México e intentó ofensivas que fueron controladas.

Un país naciente en bancarrota y desunido, como lo fue el México independiente, resultó blanco fácil de intereses de algunas potencias que pretendían aprovechar el momento.

1. Explica cuáles eran los intereses que otras naciones tenían en México después de la Independencia.

   a) España: _____

   _____

   b) Francia: _____

   _____

   c) Inglaterra: _____

   _____

   d) Estados Unidos: _____

   _____

2. Revisa en los periódicos las caricaturas políticas, identifica cómo exponen la información, cuál es la función de la imagen, etcétera.

3. En pequeños equipos, dibujen una caricatura política que represente los intereses de España, Francia, Inglaterra y Estados Unidos en México.

4. Organicen una exhibición de su trabajo.

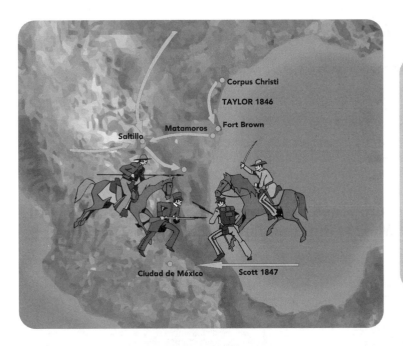

Estados Unidos con un interés expansionista apoyó la independencia de Texas, estado que después anexaron a su territorio; con este hecho pidieron a México una indemnización por los daños causados durante la independencia de Texas. A esto se sumó la intención clara de Estados Unidos de adquirir Alta California y Nuevo México, debido a la riqueza de estos territorios. La consecuencia inmediata fue la invasión estadounidense a territorio mexicano.

5. **Explica brevemente las causas y consecuencias de los dos acontecimientos que se mencionan en la tabla.**

	a) Separación de Texas	b) Guerra con Estados Unidos
Causas		
Consecuencias		

6. **Intercambien los trabajos individuales en pequeños equipos y obtengan un solo cuadro comparativo como el anterior.**

El campo y la ciudad del México independiente

Aprendizaje esperado. Identifica algunas características de la vida cotidiana de México del siglo XIX.

La vida en el campo y la ciudad cambió en los años posteriores a la Independencia de México. En el **campo** había poca población, comparada con la extensión de tierra que había; sin embargo, las condiciones eran difíciles. Las **ciudades**, aún con los estragos de las luchas armadas, tenían actividades comerciales y de servicios.

1. Observa detenidamente las dos imágenes del campo, la primera pertenece al México colonial y la segunda al México independiente. Escribe los cambios que se dieron.

Vida cotidiana del campo durante la Colonia.

Vida cotidiana del campo después de la Independencia.

_____

_____

2. Observa detenidamente las dos imágenes de la ciudad, la primera pertenece al México colonial y la segunda al México independiente. Escribe los cambios que se dieron.

_____

_____

En las primeras décadas del siglo XIX en México se vivía una crisis económica aguda acompañada de una crisis de autoridad debido a las disputas internas. Esta situación tuvo consecuencias en varios ámbitos sociales y los caminos no fueron la excepción, ya que estaban en malas condiciones y tanto comerciantes como ciudadanos comunes sufrían de constantes asaltos.

3. En los espacios siguientes, elabora una historieta que explique cómo eran los caminos y transportes de los años 30 del siglo XIX; incluye datos acerca de la inseguridad que se vivía en ellos. Recuerda que puedes combinar imágenes con texto.

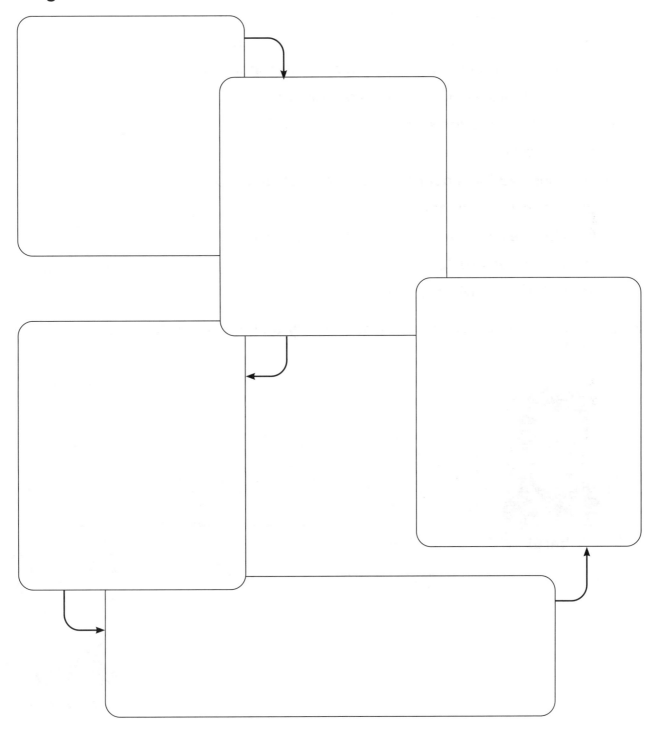

Liberales contra conservadores

Aprendizaje esperado. Explica el pensamiento de liberales y conservadores y sus consecuencias para el país.

> A mediados del siglo XIX había dos fuerzas políticas que querían gobernar al país: **conservadores** y **liberales**.

1. Escribe una *V* si la información es verdadera, o una *F* si es falsa.

   a) Los conservadores sólo aceptaban la religión católica. _____

   b) Los liberales querían mantener los privilegios de la Iglesia. _____

   c) Los conservadores querían que fuéramos gobernados
      por un integrante de la realeza extranjera. _____

   d) Los liberales querían establecer la igualdad
      de la población ante la ley. _____

   e) Los conservadores querían que la Republica fuera
      gobernada por un mexicano. _____

   f) Los liberales querían establecer el registro civil. _____

   g) Lucas Alamán era conservador. _____

   h) José María Luis Mora era liberal. _____

2. Escribe un diálogo entre un conservador y un liberal donde cada uno defienda su postura.

Liberal

Conservador

Juan Álvarez, insurgente de la Independencia
que se pronunció a favor del grupo liberal
y en contra del gobierno de Santa Anna.

Ante la inconformidad hacia el gobierno de Santa Anna, en 1854 un grupo de liberales encabezados por Juan Álvarez dieron a conocer el Plan de Ayutla, mismo que años después trajo como resultado la **Constitución del 5 de febrero de 1857**, que dejó inconformes a los conservadores quienes lanzaron en ese mismo año el Plan de Tacubaya, con el que comenzó la Guerra de Reforma.

3. Organicen equipos para completar la información que falta en el cuadro.

	¿Qué y cuándo sucedió?	¿Por qué?	¿Quiénes intervinieron?
a) Revolución de Ayutla	En 1854 comenzó un conflicto armado para derrocar al gobierno de Santa Anna, que inició con el Plan de Ayutla.		
b) Revolución de Ayutla		Los adversarios de la Constitución de 1857 eran grupos de conservadores que no querían perder sus privilegios.	
c) La Guerra de Reforma			El general conservador Félix Zuloaga se puso al frente del Plan de Tacubaya. Benito Juárez, del grupo liberal, asumió la presidencia de la República, por ser el presidente de la Suprema Corte de Justicia.

Reforma y República Restaurada

Aprendizaje esperado. Comprende en qué consistieron las Leyes de Reforma y la Constitución de 1857.

Este periodo de la historia de nuestro país se caracteriza por las constantes luchas, tanto armadas como políticas, entre los grupos de liberales y conservadores. La **Guerra de Reforma** o **Guerra de los Tres Años**, como también se le conoce, comenzó con el Plan de Tacubaya y finalizó con la caída del Segundo Imperio.

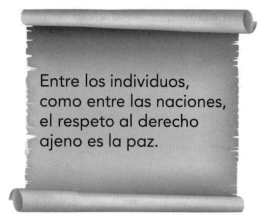

Entre los individuos,
como entre las naciones,
el respeto al derecho
ajeno es la paz.

1. Numera en orden cronológico los siguientes acontecimientos.

a) México tuvo dos gobiernos: uno monárquico y otro constitucionalista.

b) En 1862 Francia invade México.

c) Durante la República Restaurada se impulsó la cultura y la educación.

d) En 1867 los liberales retoman el poder y Maximiliano es fusilado.

e) En 1857 se da a conocer el Plan de Tacubaya (conservador), y por esa razón inicia la Guerra de Reforma o de los Tres Años.

f) En 1861 vencen los liberales y Benito Juárez entra a la Ciudad de México.

g) En 1857 se promulga la Constitución Mexicana de corte liberal.

h) Los conservadores le ofrecen el trono de México a Maximiliano de Habsburgo.

i) De 1867 a 1876 se restaura la República Mexicana.

j) En 1858, Benito Juárez asume la presidencia de México.

La entrada triunfal de Juárez a la Ciudad de México en 1867, tras la caída del Segundo Imperio, marca el inicio del periodo histórico conocido como **República Restaurada**. El fin de esta etapa se caracteriza por una nueva lucha armada que le pone fin al último gobierno de la restauración, en 1876.

2. **Escribe una *V* si la información es verdadera, o una *F* si es falsa.**

a) Benito Juárez convocó a elecciones y resultó electo presidente. _____

b) Juárez formó su gabinete con héroes militares. _____

c) El presidente Juárez impulsó una educación laica y gratuita. _____

d) Se construyeron las vías del ferrocarril de Veracruz a la Ciudad de México. _____

e) Negoció la mejora de comercios e inversión extranjera. _____

3. **Escribe tres disposiciones de la Constitución Federal de 1857.**

Constitución

_____

_____

_____

_____

_____

_____

_____

_____

_____

_____

_____

_____

_____

4. Relaciona con una línea cada personaje de la vida cultural de la República Restaurada, con lo que los identifica.

1)

Ignacio Altamirano

2)

Guillermo Prieto

3)

Manuel Payno

a) Compuso la música del himno nacional.

b) Escritor, periodista y político.

c) Pintor y paisajista.

d) Poeta y político.

e) Fundó la revista *Renacimiento*.

f) Escribió la letra del himno nacional.

4)

José María Velasco

5)

Jaime Nunó

6)

Francisco González Bocanegra

Avances científicos, tecnológicos y culturales

Aprendizaje esperado. Identifica los principales rasgos del desarrollo económico de México hacia 1900.

Durante el **Porfiriato** se apoyó el desarrollo de la ciencia, la tecnología y la cultura. Las actividades científicas se vieron favorecidas por la fundación de institutos, bibliotecas y sociedades científicas dedicadas a la investigación y divulgación; hubo también un nuevo impulso para estudiar la historia nacional. El desarrollo tecnológico impactó en el campo de las comunicaciones y transportes. En la cultura floreció la literatura, pintura, música y escultura.

En 1878 se comenzaron a construir ferrocarriles en México.

1. Une con líneas los avances con los eventos ocurridos durante el Porfiriato. Utiliza diferentes colores.

Ciencia

Tecnología

Cultura

a) Manuel Altamirano formó grupos de estudio de la Historia de México.

b) Se crean sociedades científicas.

c) Se crea la Universidad Nacional de México.

d) Se construyen más de mil kilómetros de red ferroviaria en México.

e) Se instala por primera vez la luz eléctrica.

f) Se introduce el tranvía como transporte público.

g) En 1891 se creó el Instituto Geológico de México.

h) Se instaló por primera vez la línea telefónica.

i) Se instala un cable submarino para comunicarse con Europa.

j) Se difunden investigaciones sobre flora y fauna.

k) Se apoya a pintores y escritores.

Mucho para pocos y poco para muchos

Aprendizaje esperado. Reflexiona sobre la ausencia de derechos civiles y políticos de la Revolución.

El **progreso económico** durante el Porfiriato fue muy significativo, comparado con las condiciones anteriores a la gestión de Díaz; sin embargo, fue a causa de la explotación extrema del pueblo trabajador, así como de los recursos naturales. Mientras unos pocos mexicanos se enriquecieron, los campesinos, los indígenas y los obreros vivían en condiciones de **pobreza extrema**.

1. **Observa detenidamente las tres imágenes que corresponden a diferentes grupos humanos durante el Porfiriato. Comenta con dos de tus compañeros cuáles creen que eran las condiciones en que vivían unos y otros.**

2. **En pequeños equipos busquen información acerca de las condiciones de los trabajadores durante el Porfiriato. Escribe un breve resumen de sus hallazgos.**

_____

_____

_____

_____

_____

_____

3. **Explica qué hicieron los trabajadores para remediar las difíciles condiciones en que vivían.**

_____

_____

4. **¿Cuáles fueron las huelgas más importantes y qué respuesta dio el gobierno?**

_____

_____

El progreso económico y la injusticia
social en un régimen autoritario

La Revolución Mexicana y sus caudillos

Aprendizaje esperado. Explica el estallido revolucionario y las diferentes causas que animaron a la Revolución Mexicana.

La Revolución Mexicana fue desarrollada por diversos protagonistas con distintos ideales. Madero levantó la bandera de democracia y no reelección; Zapata buscaba tierra para todos los que la trabajaran; Villa quería justicia social; Carranza creía que un Estado de Derecho era lo que se necesitaba; Obregón se consideró idóneo para reorganizar el país. Si te fijas, todos ellos fueron líderes en sus causas, por eso se les conoce como **caudillos de la Revolución**.

1. Escribe las letras que faltan para completar los nombres de los personajes principales de la Revolución Mexicana.

a) P__r__ __r__o   __ í __ __

b) __ e n __ __ t i __ __ o   C __ r __ __ n z __

c) F__ __ n c __ __ c __   I. __ a d __ __ __

d) __ __ a n __ i __ __ o   V__ __ I __

e) E m __ I __ __ n __   __ a p __ __ __

f) A __ __ i I __ s   S __ __ d __ n

g) __ i c __ __ r __ __ n __   H __ e __ __ a

h) P __ __ t a r __ __   __ I í __ s   C __ I I __ __

2. Encuentra en la sopa de letras las diez palabras relacionadas con la Revolución.

Caudillo   Noviembre   Desigualdad

Porfirio   Adelita   Veinte

Villa   Dictadura

Constitución   Lucha

L	N	N	S	H	A	D	E	L	I	T	A	G
C	C	V	T	O	N	R	V	C	R	U	R	D
M	O	C	N	O	V	I	E	M	B	R	E	E
O	N	D	V	E	I	N	T	E	O	N	P	S
E	S	N	I	O	V	R	Q	D	A	R	O	I
C	T	N	E	C	O	U	O	T	L	R	G	
A	I	G	I	S	T	S	N	L	L	V	F	U
L	T	V	I	L	L	A	T	I	A	O	I	A
A	U	L	N	A	O	I	D	H	C	A	R	L
N	C	S	U	R	F	U	T	U	A	R	I	D
E	I	E	T	C	A	L	L	I	R	S	O	A
O	O	O	M	C	H	D	R	Z	E	A	L	D
A	N	A	O	A	L	A	Y	A	O	Ñ	L	C

La Constitución de 1917

Aprendizajes esperados. Reconoce la importancia de la Constitución mexicana y algunos de sus principales artículos.

Una constitución o carta magna es un documento donde se establecen las relaciones entre los poderes de un Estado y de éstos y con el pueblo. La elaboración de la **Constitución de 1917** fue encargada por uno de los caudillos de la Revolución Mexicana: **Venustiano Carranza**. Es una de las primeras constituciones en el mundo que reconoce y garantiza los derechos individuales y sociales de un pueblo.

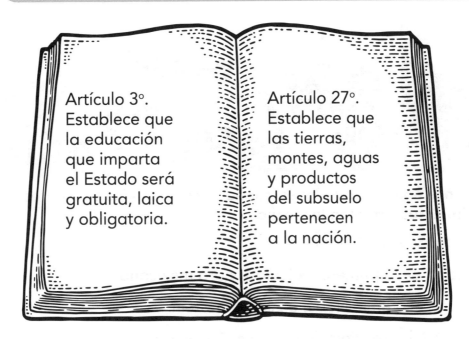

Artículo 3°.
Establece que la educación que imparta el Estado será gratuita, laica y obligatoria.

Artículo 27°.
Establece que las tierras, montes, aguas y productos del subsuelo pertenecen a la nación.

1. **Elige un artículo de la Constitución de 1917 e ilústralo en el siguiente espacio.**

Principales acontecimientos del México posrevolucionario

Aprendizaje esperado. Analiza el proceso que llevó a la estabilidad política y social tras la lucha armada.

El **proceso de cambio** que surgió en México, a partir de la Revolución Mexicana, tuvo como una de sus características principales pasar del gobierno integrado por los líderes representativos de ampliós grupos sociales, llamados caudillos, a la creación de instituciones que tenían como misión reorganizar el país en todos sus rubros. Durante esta transición sucedieron acontecimientos, dentro y fuera del territorio nacional, que marcaron significativamente la vida del país en el siglo xx.

1. **En pequeños equipos, averigüen cuándo ocurrieron los siguientes acontecimientos y anoten las fechas.**

   a) Segunda Guerra Mundial. _____

   b) Exhibición de la primera película sonora mexicana. _____

   c) Se otorga el premio Nobel a Albert Einstein. _____

   d) Fundación del PNR (Partido Nacional Revolucionario). _____

   e) Movimiento estudiantil y Juegos Olímpicos en México. _____

   f) Muerte de Álvaro Obregón. _____

   g) México acuerda con Estados Unidos enviar trabajadores
   braceros a ese país. _____

   h) Se otorga el derecho al voto femenino. _____

   i) Creación de la Secretaría de Educación Pública. _____

   j) Guerra civil española. _____

   k) Se juega en México la IX Copa Mundial de Futbol. _____

   l) Primer viaje a la Luna. _____

   m) Muere Pancho Villa. _____

2. **Elabora en tu cuaderno una línea del tiempo con los acontecimientos que investigaste.**

El presidencialismo y la guerra cristera

Aprendizaje esperado. Analiza el proceso que llevó a la estabilidad política y social tras la lucha armada.

Durante la transición del poder de los caudillos revolucionarios a las recientes institucio-nes, se fueron definiendo los ideales de la Constitución de 1917, fomentando un periodo de paz. Sin embargo, durante los ajustes de la transición, algunos grupos sociales sintie-ron afectados sus intereses y comenzó otro combate armado entre mexicanos.

1. Observa las imágenes y escribe abajo de cada una a quién representa. Después, anota las principales características de ese gobierno. Guíate con los ejemplos.

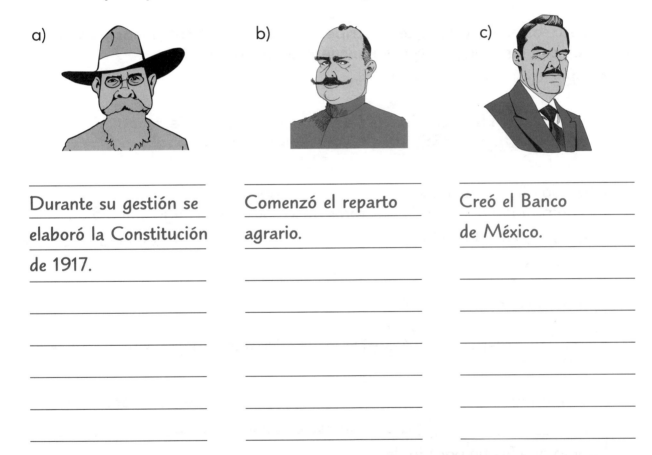

a)

Durante su gestión se elaboró la Constitución de 1917.

b)

Comenzó el reparto agrario.

c)

Creó el Banco de México.

2. Investiga cuáles fueron las causas y consecuencias de la guerra cristera y escribe una síntesis.

Causas	Consecuencias

La creación del PNR y el surgimiento de nuevos partidos políticos

Aprendizajes esperados. Analiza el proceso que llevó a la estabilidad política y social tras la lucha armada.

La aparición de **partidos políticos** en México es consecuencia de la creciente institucionalización de la sociedad; su primer deber tendría que ser la representación de los intereses del pueblo y la mediación entre éste y el Estado. En 1928, por iniciativa de Plutarco Elías Calles, varias fuerzas del país se unieron para conformar un partido oficial que gobernó durante varias décadas; en el transcurso surgieron otros partidos a los que se ha llamado de oposición.

1. Completa los enunciados que describen las características de los partidos políticos con las palabras que se encuentran en los cuadros.

   a) Partido Nacional de la Revolución

   > **Plutarco Elías Calles**   **Revolución Mexicana**
   > **1829**   **Revolucionario Institucional**

   Partido oficial, creado en _____ por _____ y conformado por grandes sectores de la sociedad. Luego cambió de nombre a Partido de la _____ (PRM). Actualmente es el Partido _____ (PRI).

   b) Partido de Acción Nacional

   > **Lázaro Cárdenas**   **Oposición**   **Manuel Gómez Morín**   **1939**

   Fue fundado por _____ y se registró oficialmente en _____ para oponerse a las políticas de _____, por lo que fue un partido de _____

   c) Partido Comunista Mexicano

   > **1919**   **PCM**   **izquierda**

   Surgió en _____, como un partido de _____. Sus siglas son _____

2. Escribe por qué es importante que existan diferentes partidos políticos.

La expropiación petrolera y el reparto agrario en el gobierno de Cárdenas

Aprendizajes esperados. Analiza el proceso que llevó a la estabilidad política y social tras la lucha armada.

El general **Lázaro Cárdenas** fue el segundo presidente que provenía del Partido Nacional de la Revolución (PNR). Durante su gestión la economía mexicana tuvo un importante impulso; uno de los hechos más relevantes para el país fue la **expropiación petrolera.**

LAS NOTICIAS

El periódico del pueblo · 18 de marzo de 1938

Expropiación Petrolera
se implementa la Ley Expropiación de 1936 y del Artículo 27 de la Constitución Mexicana

1. **Elige la opción correcta para completar las frases.**

   a) La industria petrolera que operaba en México era propiedad de

   _____

   mexicanos. / ingleses y estadounidenses.

   b) El gobierno mexicano tuvo conflicto con las compañías

   _____

   petroleras. / automovilísticas.

   c) El presidente _____ decidió expropiar la industria petrolera.

   Miguel Alemán / Lázaro Cárdenas

   d) La expropiación petrolera fue el _____

   18 de marzo de 1938. / 18 de marzo de 1948.

   e) Fue entonces que se fundó _____

   Pemex. / SEP.

   f) Otra de las reformas impulsadas por Cárdenas fue _____

   el reparto de casas. / el reparto de las tierras.

México en la Segunda Guerra Mundial

Aprendizaje esperado. Describe la participación de México en la Segunda Guerra Mundial, el proceso de industrialización y sus consecuencias sociales.

En 1942, durante la Segunda Guerra Mundial, nuestro país intensificó la venta de petróleo, principalmente a Estados Unidos, lo que ocasionó que Alemania y sus aliados se disgustaran y bombardearan los buques petroleros mexicanos; esto propició la entrada de México a la guerra. Por otra parte, desde 1940 hasta 1954 la economía mexicana tuvo un crecimiento espectacular al que se conoció como **El milagro mexicano**.

1. **Colorea de azul todos los hechos que favorecieron a México durante la Segunda Guerra Mundial, y de rojo los que no lo beneficiaron.**

a) Se descuidó el campo.

b) Fueron atacados buques mexicanos y México le declaró la guerra a los países del Eje.

c) El reparto de tierras disminuyó.

d) Los países que estaban en guerra empezaron a comprar productos méxicanos.

e) México llegó a un acuerdo con Estados Unidos para reducir hasta 90% su deuda externa.

f) Hubo un gran desarrollo industrial.

2. **Escribe en las líneas el sector de la población que intervino en cada caso.**

| Estudiantes | Obreros | Campesinos |

a) _____

Los trabajadores formaron sindicatos para exigir mejores salarios.

b) _____

En 1968 un movimiento de jóvenes fue reprimido.

c) _____

Grupos de gente que trabajaba en el campo ocuparon tierras por la fuerza.

Crecimiento de la población y voto femenino

Aprendizajes esperados. Explica la importancia de la seguridad social y las causas del crecimiento demográfico. Reconoce la importancia de otorgar el derecho de la mujer al voto.

A partir de 1940 y hasta la década de 1970, en México disminuyó la tasa de mortalidad y la natalidad siguió en aumento, lo que provocó un crecimiento de la población sin precedentes, al que se llamó **explosión demográfica**. Aun cuando este crecimiento fue producto de mejores condiciones de vida, trajo otras consecuencias menos alentadoras.

1. **Completa el siguiente cuadro para explicar las causas y consecuencias de la explosión demográfica de 1940 a 1970.**

Causas	Consecuencias

2. **Une el nombre de cada institución con la fecha en que se fundó y las siglas que le corresponden.**

a) Instituto Mexicano del Seguro Social.

1959   Conapo

b) Instituto de Seguridad y Servicios Sociales para los Trabajadores del Estado.

1943   ISSSTE

c) Consejo Nacional de Población.

1974   IMSS

A pesar de los avances del país en varios rubros, antes de 1953, seguía pendiente uno de los asuntos más relevantes: el voto femenino. Si bien en 1943 se había conseguido para las elecciones municipales, todavía faltaba dar el siguiente paso: las elecciones federales.

3. Escribe por qué fue importante que las mujeres tuvieran derecho a votar.

_____

_____

_____

_____

4. Escribe tres diferencias de la situación de las mujeres antes de 1940 y en la actualidad.

Mujeres antes de 1940	Mujeres en la actualidad

La cultura y los medios de comunicación

Aprendizaje esperado. Identifica la producción artística vinculada con el nacionalismo mexicano.

1. **Coloca el nombre de los siguientes mexicanos en el área que destacaron, según corresponda.**

   a) Diego Rivera

   b) Manuel M. Ponce

   c) Ana Gabriela Guevara

   d) David Alfaro Siqueiros

   e) Silvestre Revueltas

   f) Octavio Paz

   g) Pedro Infante

   h) Frida Kahlo

   i) Guillermo del Toro

   j) Rafael Márquez

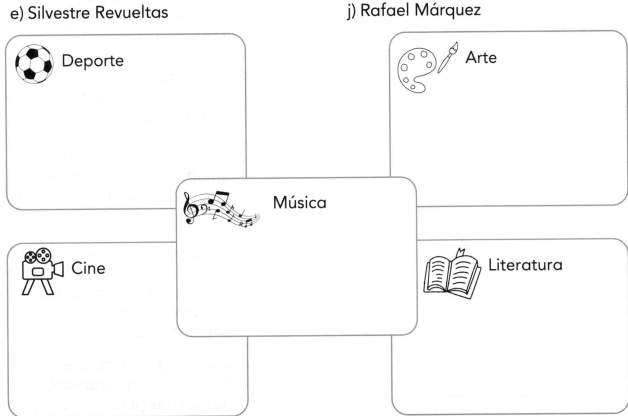

2. **Investiga la vida de alguno de ellos y escribe lo más importante.**

   Personaje: _____

   Lugar y fecha de nacimiento: _____

   Área en que destacó: _____

   Principales logros: _____

   _____

Avances tecnológicos

Aprendizaje esperado. Reconoce la transformación acelerada de la ciencia y los medios de comunicación en la vida cotidiana.

1. La ciencia y la tecnología han tenido grandes avances, como se muestran en el recuadro. Escribe en la línea el avance tecnológico al que se refiere cada inciso.

> Televisión satelital   Internet   Teléfonos celulares
> Transportes como el metro   Satélites artificiales

_____

a) Son recursos tecnológicos que se encentran en el espacio y facilitan la comunicación.

_____

b) Te ayudan a comunicarte con personas sin importar el lugar donde estén.

_____

c) Permite ver de manera simultánea noticias o eventos que ocurren en todas partes del mundo.

_____

d) Se utiliza para tener acceso a gran cantidad de información y para tener contacto con otras personas a través de las redes sociales.

_____

e) Sistema de transporte que facilita el desplazamiento de muchas personas en las grandes ciudades.

¿De qué manera nuestra historia explica lo que somos y lo que podemos ser?

Repaso

1. **Lee las afirmaciones de la situación de México después de que se independizó de España. Escribe una *V* si son verdaderas, o una *F* si son falsas.**

   a) El gobierno tenía mucho dinero. _____

   b) El primer presidente de México fue Guadalupe Victoria. _____

   c) Los grupos políticos estaban de acuerdo con la forma de gobierno que debía establecerse. _____

   d) La postura centralista pretendía mantener el control de todo el país desde la capital. _____

   e) Los federalistas se pronunciaban por la autonomía política de los estados. _____

   f) El campo aumentó su producción y disminuyó la pobreza. _____

   g) El país tuvo que pedir prestado a bancos extranjeros. _____

2. **Colorea los hechos relacionados con Benito Juárez.**

   a) Fue presidente de México.

   d) Era de ideas conservadoras.

   b) Nació en Oaxaca.

   e) Defendió la soberania del país.

   c) Fue militar.

   f) Dijo la frase: "entre los individuos, como en las naciones, el respeto al derecho ajeno es la paz".

3. **Elige las palabras del recuadro y completa las frases indican acontecimientos ocurridos durante la Revolución Mexicana.**

Francisco I. Madero	Plan de San Luis	20 de noviembre de 1910
Porfirio Díaz	Emiliano Zapata	Francisco Villa

a) _____ fue presidente de México por 35 años.

b) _____ se postuló para presidente de México y era opositor de Díaz.

c) _____ luchó durante la Revolución en el norte del país.

d) _____ peleó en el sur durante la Revolución.

e) _____ su lema era "Sufragio efectivo, no reelección".

f) _____ fecha en que inició la Revolución Mexicana.

4. **Durante el gobierno de Lázaro Cárdenas ocurrieron varios eventos importantes que derivaron en la expropiación petrolera y en la Reforma Agraria. Une las dos columnas, según corresponda.**

a) La industria petrolera era propiedad de extranjeros.

b) Los campesinos no tenían empleo.

Expropiación petrolera

c) Se fundó Pemex.

d) Ocurrió el 18 de marzo de 1938.

e) Les habían quitado las tierras a los campesinos.

Reparto agrario

f) Se buscó reactivar el campo.

5. **Escribe algún avance tecnológico y su beneficio.**

_____

_____

_____

_____

_____

_____

_____

Círculos imaginarios de la Tierra

Aprendizaje esperado. Utiliza representaciones cartográficas y recursos tecnológicos para localizar lugares de interés en el mundo.

1. **Resuelve el crucigrama contestando las pistas acerca de los círculos imaginarios de la Tierra y los referentes que nos permiten localizar puntos en ella.**

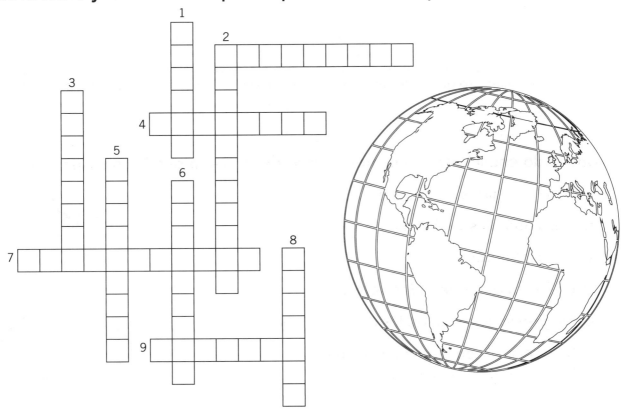

Horizontal

2. Meridiano a partir del cual se miden las longitudes.

4. Distancia entre el meridiano de Greenwich y el meridiano que pasa por un punto cualquiera de la Tierra.

7. Cada una de las líneas o magnitudes que determinan la posición de un punto.

9. Distancia entre el ecuador y un punto cualquiera que pasa por la Tierra.

Vertical

1. Forma en que se expresan la latitud y la altitud.

2. Condiciones físicas y naturales de un lugar.

3. Líneas circulares imaginarias paralelas al ecuador y que determinan la latitud.

5. Círculos imaginarios de la Tierra que pasan por los polos.

6. Los mapas de coordenadas y división política sirven para _____ países.

8. Círculo imaginario de la Tierra que la divide en dos hemisferios.

Movimientos de la Tierra

Aprendizaje esperado. Identifica las consecuencias de los movimientos de la Tierra.

> La Tierra tiene dos movimientos principales:
>
> **Rotación:** la Tierra gira sobre su propio eje de oeste a este. Dura 24 horas y hace posible la sucesión del día y la noche, así como el cambio de horario en diferentes lugares.
>
> **Traslación:** es el que lleva a cabo la Tierra alrededor del Sol. Tarda 365 días 6 horas. Estas 6 horas se suman cada cuatro años y forman un día completo que se le suma al mes de febrero; dicho año se llama bisiesto y se conforma por 366 días. Gracias al movimiento de traslación y a la inclinación de la Tierra hay cuatro estaciones durante el año: primavera, verano, otoño e invierno.

1. **Une cada enunciado con el movimiento de la Tierra que le corresponde.**

   a) La Tierra gira sobre su eje.

   b) Dura 365 días y 6 horas.

   c) Dura 24 horas.

   d) La Tierra gira alrededor del Sol.

   e) Origina la sucesión de los días y las noches.

   f) Su principal consecuencia es que hay 4 estaciones en el año.

Movimiento de rotación

Movimiento de traslación

2. **Completa los enunciados con las palabras del cuadro.**

   > 21 de marzo   tres meses   equinoccios   solsticios   21 de junio

   a) Las estaciones del año duran _____.

   b) Se le llama _____ a los dos momentos del año en que el Sol se encuentra frente al ecuador e ilumina por igual a los dos hemisferios.

   c) En el hemisferio norte el equinoccio de primavera inicia el _____.

   d) Son los dos momentos del año en los que existe una mayor duración entre el día y la noche: _____.

   e) Es el solsticio de verano en el trópico de Cáncer: _____.

Representaciones de la superficie terrestre

Aprendizaje esperado. Utiliza representaciones cartográficas y recursos tecnológicos para localizar lugares de interés en el mundo.

> Los **mapas** se utilizan para representar los diversos aspectos de la superficie de la Tierra en su conjunto o bien una zona o región determinada; por ejemplo, su relieve, sus ríos, los climas, la división política de los continentes, países y ciudades; los recursos naturales, las principales actividades económicas, o la distribución de la población, entre otros aspectos. Para ello en los mapas se incluyen diversos componentes, como la simbología, la escala, la orientación y las coordenadas.

1. **Observa los siguientes mapas y anota debajo de cada uno qué aspecto de la Tierra representan.**

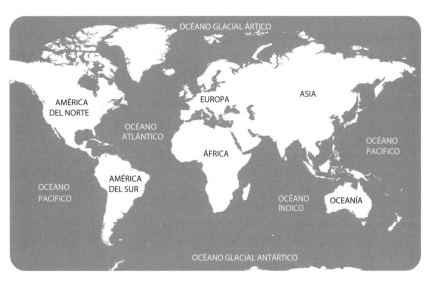

a) _____

b) _____

2. **Traza una línea para unir el nombre de cada componente del siguiente mapa.**

Aspecto o tema que representa

Coordenadas

Simbología

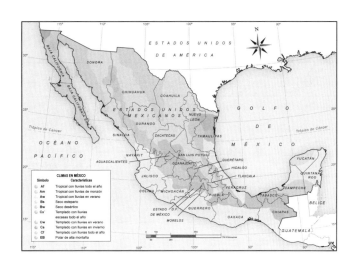

Rosa de los vientos

Nombre del territorio

Escala

3. Encuentra en la sopa de letras el significado de los símbolos que se utilizan en los planos para señalar lugares, y anótalos debajo de cada imagen.

a) _____ b) _____ c) _____ d) _____ e) _____

G	A	S	O	L	I	N	E	R	A	H	R	U	E	U	O	R
E	E	I	Z	E	B	Y	W	X	Q	I	Z	O	C	N	O	E
I	R	E	E	P	U	H	L	X	Y	M	E	I	Y	M	P	S
A	R	V	Q	C	H	Z	N	X	N	U	G	H	J	A	K	T
H	O	T	E	L	Y	C	O	A	I	Z	Y	P	O	X	A	U
U	I	U	H	O	P	L	A	Y	A	E	K	S	K	H	D	R
Q	D	I	K	M	F	A	U	H	X	F	U	U	I	B	A	A
F	E	W	G	M	N	R	G	O	Y	Q	Y	I	U	I	Y	N
P	M	M	H	L	S	T	G	S	E	Y	C	R	S	R	Z	T
A	A	N	M	Y	E	E	L	P	M	K	O	N	B	A	R	E
C	F	R	P	G	G	S	C	I	U	R	M	X	V	E	A	O
A	D	N	A	Z	G	A	I	T	U	J	S	R	E	F	J	Y
M	O	O	U	D	C	N	Z	A	Q	O	P	R	O	D	A	U
P	U	E	T	O	A	I	E	L	M	I	O	L	A	R	Y	Y
A	C	H	E	X	W	A	G	T	E	O	A	I	U	O	G	R
R	E	F	N	T	T	S	Q	E	U	P	X	N	R	E	W	K

f) _____   g) _____   h) _____   i) _____

¿Dónde se encuentra? Latitud y longitud

Aprendizaje esperado. Utiliza representaciones cartográficas y recursos tecnológicos para localizar lugares de interés en el mundo.

Para localizar con exactitud un lugar del mundo, es importante conocer las coordenadas geográficas de latitud y longitud en las que se encuentra. La **latitud** corresponde a la ubicación norte o sur con respecto al Ecuador, considerando de 0° a 90° norte y de 0° a 90° sur. Para determinar la **longitud** se toma como referencia el meridiano de Greenwich o meridiano 0°, a partir del cual se determina la longitud de 0° a 180° este y de 0° a 180° oeste. La **altitud** hace referencia a la altura de un lugar con respecto al nivel del mar, se identifica con las siglas: msnm (metros sobre el nivel del mar).

1. **En el siguiente mapa remarca el meridiano y el paralelo 0° y anota su nombre de referencia.**

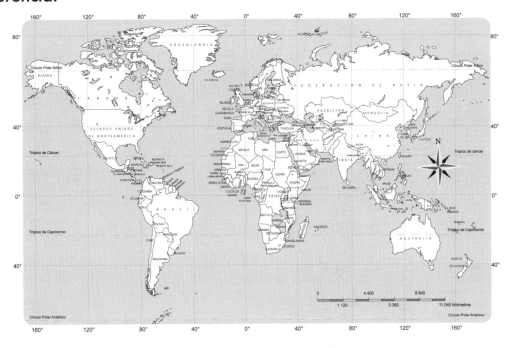

a) Paralelo 0°: _____   b) Meridiano 0°: _____

2. **Anota el nombre de los países que se localizan en el ecuador o paralelo 0°.**

_____

3. **Ubica los países que se localizan en el meridiano 0° o meridiano de Greenwich y anótalos.**

_____

4. **Identifica los países que se localizan en el meridiano 100° oeste y anótalos.**

_____

Transformaciones del relieve terrestre

Aprendizaje esperado. Analiza la distribución del relieve y de las regiones sísmicas y volcánicas en el continente americano.

La **corteza terrestre** no es uniforme, está fragmentada en enormes bloques rígidos, identificados como placas tectónicas, que flotan y recubren un manto de roca fundida o magma que brota eventualmente a la superficie en forma de lava cuando hacen erupción los volcanes. El **relieve** cambia paulatinamente, y en ocasiones de manera drástica, debido a factores internos, como la erupción de volcanes y los sismos que se originan por el choque, separación o deslizamiento de las placas tectónicas; o bien, por agentes externos, como la erosión provocada por el agua y el viento.

1. Observa el mapa de placas tectónicas y de áreas sísmicas y volcánicas. Revisa la información que te proporciona.

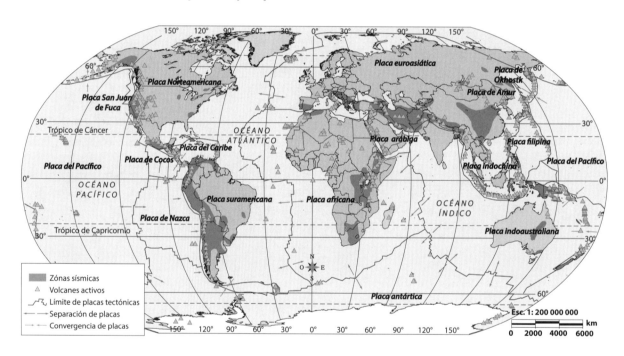

2. Contesta las siguientes preguntas.

a) ¿Cuántas placas tectónicas se pueden apreciar en el mapa anterior?

_____

b) Anota el nombre de tres de las placas tectónicas más grandes.

_____

c) México está sobre la placa de Norteamérica y la Placa del Pacífico. Ubícalas en el mapa y subraya su nombre.

d) ¿Cuáles son los principales volcanes de México?

_____

El agua dulce de ríos, lagos y lagunas da vida

Aprendizaje esperado. Identifica los principales ríos y lagos de los continentes, así como su importancia.

> La **hidrosfera** es una de las capas terrestres. Está compuesta por el agua, que cubre dos terceras partes de nuestro planeta conformando océanos, ríos, lagos, lagunas y aguas subterráneas de los depósitos o mantos acuíferos. A pesar de su abundancia, sólo aproximadamente 3% del agua es dulce y por tanto apropiada para beberse y llevar a cabo las actividades que garantizan la sobrevivencia de los seres vivos, además de favorecer el desarrollo de diversas actividades económicas.

1. Remarca con azul los principales ríos y lagos del mundo en el mapa. Identifica el nombre de los países por donde corren.

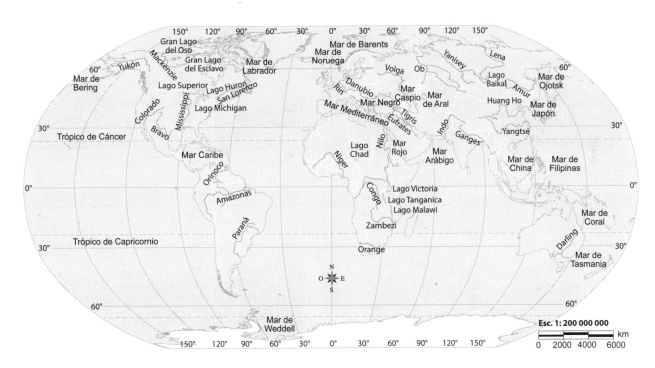

2. Anota las actividades laborales y productivas que pueden llevar a cabo los habitantes de los países que cuentan con ríos y lagos.

_____

_____

3. Enlista las actividades que se llevan a cabo en tu casa para las cuales es indispensable emplear agua dulce.

_____

_____

Diferentes climas en el mundo

Aprendizaje esperado. Distingue diferencias en la diversidad de climas, vegetación y fauna silvestre en los continentes.

> El **clima** tiene que ver con la cercanía o lejanía con el ecuador, los trópicos o los círculos polares (latitud); la lejanía o cercanía del mar; la altitud o elevación de un lugar con respecto al nivel del mar e incluso con las actividades humanas que modifican el equilibrio de los ecosistemas.

1. Observa las siguientes imágenes, anota debajo de cada una el clima que adviertes y los factores que influyen para que predomine ese clima: latitud, altitud y cercanía con el mar.

a) _____

b) _____

c) _____

d) _____

e) _____

> El clima no se debe confundir con el **estado del tiempo**, que puede cambiar de un día a otro o de un momento a otro.

2. Describe cuál es el tipo de clima del lugar donde vives.

_____

_____

Regiones naturales de la Tierra

Aprendizaje esperado. Distingue diferencias en la diversidad de climas, vegetación y fauna silvestre en los continentes.

> Las zonas que se caracterizan por un clima, tipo de vegetación y fauna semejante reciben el nombre de **regiones naturales**. En el mundo se distribuyen cinco grandes regiones naturales relacionadas con las zonas térmicas y por lo tanto con los climas, de ahí que tengan nombres similares: regiones tropicales, regiones secas, regiones templadas, regiones frías y regiones polares.

1. **Completa el cuadro sinóptico, puedes consultar la información en un Atlas o en internet.**

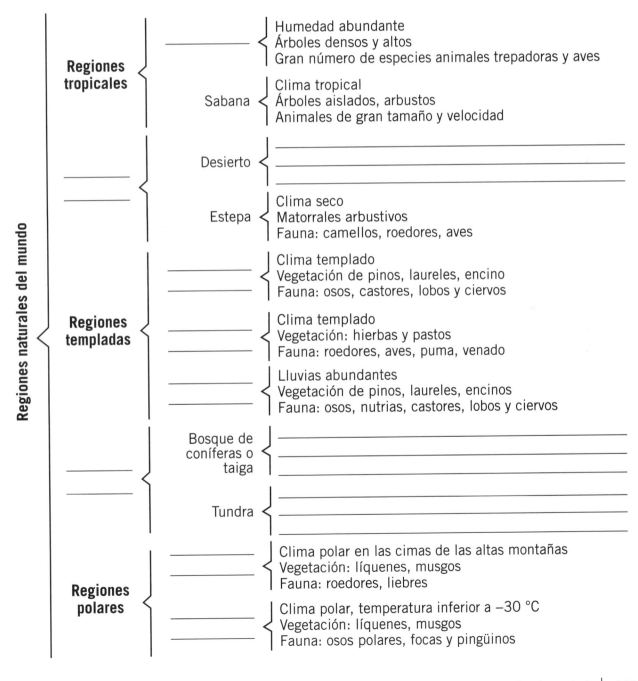

Regiones naturales del mundo

Regiones tropicales
- _____
  - Humedad abundante
  - Árboles densos y altos
  - Gran número de especies animales trepadoras y aves
- Sabana
  - Clima tropical
  - Árboles aislados, arbustos
  - Animales de gran tamaño y velocidad

_____
- Desierto
  - _____
  - _____
  - _____
- Estepa
  - Clima seco
  - Matorrales arbustivos
  - Fauna: camellos, roedores, aves

Regiones templadas
- _____
  - Clima templado
  - Vegetación de pinos, laureles, encino
  - Fauna: osos, castores, lobos y ciervos
- _____
  - Clima templado
  - Vegetación: hierbas y pastos
  - Fauna: roedores, aves, puma, venado
- _____
  - Lluvias abundantes
  - Vegetación de pinos, laureles, encinos
  - Fauna: osos, nutrias, castores, lobos y ciervos

_____
- Bosque de coníferas o taiga
  - _____
  - _____
  - _____
- Tundra
  - _____
  - _____
  - _____

Regiones polares
- _____
  - Clima polar en las cimas de las altas montañas
  - Vegetación: líquenes, musgos
  - Fauna: roedores, liebres
- _____
  - Clima polar, temperatura inferior a −30 °C
  - Vegetación: líquenes, musgos
  - Fauna: osos polares, focas y pingüinos

Distribución de la población

Aprendizaje esperado. Compara la composición y distribución de la población en los continentes.

El clima, la disponibilidad de agua, la distribución de los recursos naturales y el relieve son algunos **factores físicos** que influyen en la decisión de los seres humanos para habitar en los distintos territorios del planeta. Las posibilidades de empleo y los servicios, como el agua potable, las instalaciones sanitarias, la energía eléctrica, consultorios, hospitales, escuelas, medios de comunicación, transporte, centros recreativos que, entre otros, hacen más confortable la vida, forman parte de los factores sociales que influyen para que haya regiones, países, ciudades, municipios o localidades con mayor o menor población.

1. **Une las dos columnas con las ventajas o desventajas que encuentran las personas para vivir en las siguientes regiones:**

   a) Región tropical.

   b) Región seca.

   c) Región templada.

   d) Región fría.

   e) Región polar.

   • Clima templado. Planicies para la agricultura y la ganadería. Favorece la vida humana.

   • Agua abundante. Vegetación para construcción y clima frío.

   • Vegetación y fauna abundantes para el consumo. Lluvias frecuentes que provocan inundaciones.

   • Clima polar. Poca variedad de animales para el consumo humano. Escasa vegetación.

   • Clima extremoso. Escasa vegetación. Poca disponibilidad de agua y vida difícil.

2. **Elige una de las regiones anteriores e ilustra las actividades que llevan a cabo las personas que viven allí.**

3. Encuentra en la sopa de letras los nueve factores que influyen en la distribución de la población y que están a continuación.

Agua potable

Electricidad

Educación

Oportunidades

Clima

Trabajo

Recursos

Relieve

Drenaje

O	E	L	E	C	T	R	I	C	I	D	A	D
E	P	E	I	M	A	A	U	C	R	E	O	D
D	A	O	E	R	E	D	O	E	L	O	E	E
U	M	U	R	E	E	J	D	B	A	I	E	V
C	I	A	E	T	A	C	A	U	O	A	I	E
A	L	O	O	B	U	T	U	N	D	E	R	I
C	C	S	A	D	O	N	U	R	S	L	I	L
I	E	R	C	P	P	O	I	E	S	D	O	E
O	T	A	A	L	N	T	S	D	A	O	N	R
N	T	U	Z	D	I	L	E	L	A	A	S	A
R	G	U	T	M	A	A	O	M	F	D	T	D
A	I	D	R	E	N	A	J	E	E	E	E	O
E	A	T	C	S	C	D	R	C	O	A	I	S

Densidad de la población

Aprendizaje esperado. Compara la composición y distribución de la población en los continentes.

El total de habitantes registrados en los censos de un país, indica la población absoluta de su territorio. Para analizar qué tan concentrada o dispersa está la población en un lugar, se divide el total de la población entre la extensión del territorio, con lo cual se obtiene la **población relativa** o **densidad de población**. En las zonas con mayor densidad de población los servicios pueden llegar a ser insuficientes, mientras que en lugares con poca densidad o con población dispersa se dificulta proporcionar los servicios básicos de salud, educación y comunicación.

1. En el mapa están destacados 11 de los países más poblados del mundo y cinco con poca población. Revisa los datos que se incluyen como referencia: extensión territorial, población absoluta y población relativa.

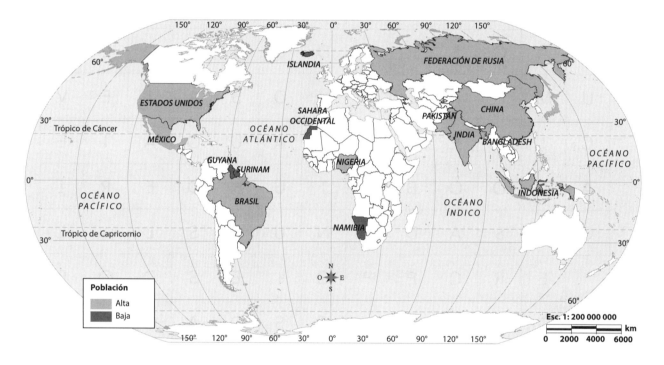

	País	Continente	Superficie o área (km²)	Población absoluta	Densidad de población (Hab./km²)
1.	China	Asia	9 574 000	1 354 146 000	141
2.	India	Asia	3 166 414	1 214 464 000	384
3.	Estados Unidos	América	9 363 364	317 641 000	34
4.	Indonesia	Asia	1 922 570	232 517 000	121
5.	Brasil	América	8 514 047	195 423 000	23

6.	Pakistán	Asia	796 095	184 753 000	232
7.	Bangladesh	Asia	147 570	164 425 000	1 114
8.	Nigeria	África	923 768	158 259 000	171
9.	Federación de Rusia	Asia	17 075 400	140 367 000	8
10.	Japón	Asia	377 873	126 995 000	336
11.	México	América	1 959 248	112 322 757	57
12.	Namibia	África	825 118	2 212 000	3
13.	Guyana	América	215 083	761 000	4
14.	Sahara Occidental	África	252 120	530 000	2
15.	Surinam	América	163 820	524 000	3
16.	Islandia	Europa	102 819	329 000	3

http://es.wikipedia.org/wiki/Anexo:Países_por_densidad_de_población (enero 20, 2010), 1 México.
Resultados preliminares, censo 2010 en: http://www.inegi.org.mx/ (enero 20, 2010)

2. **Responde las siguientes preguntas.**

a) ¿Cuál de los países destacados en el mapa tiene mayor población absoluta?

_____

b) ¿Qué país tiene una mayor población relativa?

_____

c) Compara la extensión territorial de los dos países que registraste. Explica cuál de los dos países crees que enfrenta mayores problemas para atender las necesidades de su población, como abasto de agua potable, escuelas y vivienda.

_____

_____

_____

d) ¿Por qué crees que Bangladesh, con menor territorio, tiene mayor población absoluta y relativa que Namibia?

_____

_____

Lo urbano y lo rural

Aprendizaje esperado. Compara la calidad de vida entre las personas que viven en un entorno rural y uno urbano.

En cada país, la población se distribuye de manera desigual; hay zonas o regiones muy pobladas y otras con escasa población. Las **ciudades** o urbes son zonas que cuentan con servicios de agua potable, energía eléctrica, instalaciones sanitarias, drenaje, pavimento y en las que se concentra una cantidad importante de personas para llevar a cabo actividades laborales relacionadas con la cultura, la educación, el comercio y la industria, entre otras. Las **zonas rurales** son habitadas por menos personas, pues requieren de espacios más amplios para cultivar, cuidar el ganado y aprovechar directamente los recursos naturales del entorno.

1. Observa las siguientes imágenes, después escribe un par de párrafos en los que expliques cuáles son las ventajas de vivir en las ciudades o zonas urbanas.

2. Observa las imágenes y argumenta cuáles son las ventajas que tienen las personas que viven en las comunidades rurales.

3. Anota en la columna correspondiente dos productos que consume regularmente tu familia, y que provienen del campo o la ciudad.

Productos que se producen en el campo	Productos que se elaboran en las ciudades

4. Revisa de las siguientes imágenes y redacta un par de párrafos para describir las problemáticas que enfrentan los habitantes de las ciudades, y las que afectan a quienes viven en comunidades rurales.

_____
_____
_____
_____
_____
_____
_____
_____

5. Elige alguna de las problemáticas urbanas y alguna rural, y elabora un texto que contenga propuestas que contribuyan a solucionarlas.

Problemática urbana	Problemática rural

Habitantes del mundo. Unos se van, otros llegan

Aprendizaje esperado. Reconoce las características de la migración en México y en otros países de América.

El cambio de domicilio de un lugar a otro recibe el nombre de migración. La migración es interna cuando las personas se trasladan de un estado a otro, de una ciudad a otra o de una zona rural a una zona urbana dentro de su mismo país. En cambio, cuando abandonan su país para radicar en otro, entonces se trata de migración externa. A quienes salen de su lugar de nacimiento o de residencia habitual se les llama emigrantes y a quienes llegan se les considera inmigrantes.

1. **Lee los siguientes casos y mediante una línea relaciónalos con el tipo de migración de la que se trata.**

   a) Guatemaltecos, hondureños y salvadoreños cruzan diariamente la frontera del sur de México con la meta de llegar a Estados Unidos.

   Emigración

   b) Monterrey, Guadalajara y la Ciudad de México son ciudades que enfrentan dificultades para atender la demanda de servicios de empleo y transporte por el incremento de su población joven y adulta.

   Inmigración

   c) En los estados del norte de México hay varios pueblos donde la población masculina ha disminuido notablemente.

   Migración interna

   d) Durante la época de pisca de algodón, familias completas del sur del país se trasladan temporalmente a Torreón, Coahuila.

   Migración externa

2. **Localiza en periódicos, noticieros de televisión o internet, los riesgos que enfrentan los migrantes cuando ingresan sin los documentos requeridos a otro país. Registra el encabezado de la noticia en las siguientes líneas y anota brevemente el contenido de la misma.**

   _____

   _____

   _____

   _____

   _____

Los países con un alto desarrollo económico y con mejores condiciones de vida son destinos atractivos para los migrantes internacionales y, por tanto, se les denomina países receptores de migrantes. Las escasas oportunidades laborales, el bajo desarrollo económico, los conflictos violentos por asuntos políticos, religiosos o los desastres por fenómenos naturales son factores que influyen en la decisión de los habitantes de un país para emigrar a otros en busca de mejores oportunidades; estos países se conocen como países expulsores de migrantes.

3. **Organismos internacionales, como la Organización para la Cooperación y el Desarrollo Económicos (OCDE) y la Organización Internacional para las Migraciones (OIM) cuentan con datos y criterios para clasificar a los países en receptores y expulsores de migrantes. Consulta la tabla, localiza y destaca en el mapa los países que ahí se indican. Diseña la simbología correspondiente.**

Países receptores	Países expulsores
Estados Unidos, Federación de Rusia, Alemania, Arabia Saudita, Canadá, Francia, Reino Unido, Italia, España, India, Ucrania y Australia	México, Turquía, Polonia, Hungría, República Checa, China, India y Filipinas

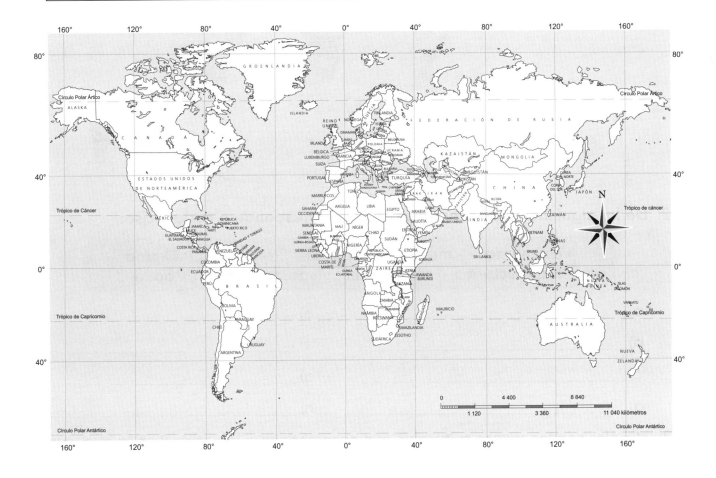

Las culturas de cada país o grupo humano enriquecen el mundo

Aprendizaje esperado. Valora la diversidad cultural de los continentes.

> Las expresiones artísticas y literarias, los modos de vida, las maneras de vivir juntos, los sistemas de valores, las tradiciones y las creencias forman parte de la cultura que identifica y distingue a las comunidades humanas.

1. Relaciona cada imagen con el país al que representa culturalmente.

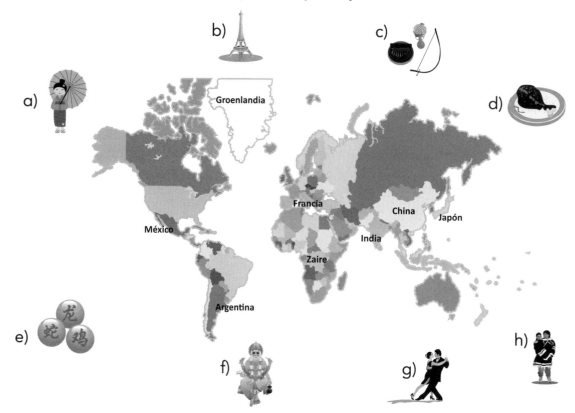

2. De las siguientes opciones, elige la que corresponde a cada inciso:

vestimenta	música tradicional	religión	idioma
arquitectura	costumbres	gastronomía	baile

a) _____   e) _____

b) _____   f) _____

c) _____   g) _____

d) _____   h) _____

3. ¿Cuáles son los rasgos culturales que caracterizan a la entidad en la que vives?

_____

Actividades económicas. Sector primario

Aprendizaje esperado. Distingue espacios agrícolas, ganaderos, forestales y pesqueros en los continentes en relación con los recursos naturales.

En el **sector primario** se agrupan diversas actividades laborales, como la agricultura, la silvicultura, la ganadería, la pesca, la acuacultura y la minería, así como todas las actividades donde se aprovechan los recursos naturales sin modificarlos, es decir, tal como se extraen de la naturaleza. Factores como el suelo, la altitud, el tipo de relieve, la hidrografía y, sobre todo, el clima influyen para que en cada región se desarrollen con mayor éxito actividades primarias específicas.

1. Observa las siguientes imágenes y anota las actividades laborales que se llevan a cabo en cada una.

a) _____

b) _____

c) _____

d) _____

e) _____

f) _____

2. ¿Qué factores físicos están presentes para que se lleven a cabo las actividades que se ilustran en las imágenes? Guíate con el ejemplo.

a) <u>Relieve de pequeñas colinas. Planicies. Mesetas con suelo fértil. Clima templado o cálido. Lluvias frecuentes.</u>

b) _____

c) _____

d) _____

e) _____

f) _____

Actividades económicas. Sector secundario

Aprendizaje esperado. Reconoce la distribución de los recursos minerales y energéticos, así como los principales espacios industriales en los continentes.

> Las actividades económicas que se llevan a cabo para transformar la diversidad de materias primarias en artículos manufacturados, elaborados o terminados para que la población los consuma en su alimentación, vestuario, salud, cultura o en la construcción, entre otras, reciben el nombre de actividades económicas del **sector secundario** y generalmente se realizan en empresas o industrias que van desde pequeños talleres, tortillerías y molinos hasta grandes complejos industriales, como armadoras de automóviles, laboratorios farmacéuticos, embotelladoras de bebidas refrescantes o productos lácteos.

1. **Investiga cuáles son algunas de las actividades económicas secundarias que se relacionan con cada una de las siguientes divisiones en las que se clasifica la producción industrial. Fíjate en el ejemplo y completa la tabla.**

Industrias del sector secundario	Actividades laborales (ejemplos)
a) Industria de productos alimenticios y bebidas	Matanza de ganado, empacado, pasteurización y envasado.
b)	Despepite, empaque, hilado, tejido, forrado de botones, confección de ropa interior y exterior, curtido de cuero y piel, elaboración de calzado.
c)	Preparación de cortes de madera, aglutinado, elaboración de muebles, accesorios, envases.
d)	Elaboración de papeles, pastas, cartones, impresión y edición de libros, periódicos y revistas; litografía y encuadernación.
e)	Refinación, regeneración de petróleos, aceites lubricantes y aditivos; elaboración de productos químicos y farmacéuticos; fabricación de jabones, detergentes y cosméticos; fabricación de llantas, cámaras y artículos de plástico.
f)	Fabricación de vidrio y productos de vidrio; fabricación de cemento hidráulico; elaboración de productos de alfarería, loza, cerámica y porcelana; elaboración de ladrillos, tabiques, tejas y mosaicos.
g)	Fundición y laminación de hierro y acero; metalurgia de acero.
h)	Fabricación y armado de herrería y estructuras para la construcción; maquinaria pesada, aparatos eléctricos, electrónicos y electrodomésticos; fabricación y armado de carrocerías, motores, partes y accesorios de vehículos automotores y transporte.
i)	Fabricación y armado de básculas, relojes y equipo instrumental médico; aparatos fotográficos; joyería y orfebrería; artículos deportivos y musicales.

Actividad Industrial

Aprendizaje esperado. Reconoce la distribución de los recursos minerales y energéticos, así como los principales espacios industriales en los continentes.

> La **industria** consiste en la transformación de las materias primas en productos elaborados, también conocidos como manufacturas. De acuerdo con el carácter de producción, la industria puede ser ligera o pesada. La primera genera bienes de consumo directo o de primera necesidad para la población, como alimentación, vestuario, calzado, cuestiones académicas o culturales. La industria pesada transforma las materias primas en productos siderúrgicos, metalúrgicos, químicos, petroquímicos y cementeros, considerados productos de industrias pesadas básicas que se requieren para que la industria pesada elabore maquinarias, herramientas o productos más sofisticados.

1. **Indaga qué tipo de industrias hay en el lugar donde vives, ten presente que pueden ser desde una tortillería, panadería, taller de torno, ladrillera hasta una fundidora o armadora de autopartes. Anótalas en la columna que corresponda.**

Industria ligera	Industria pesada	
	Básica	**De transformación**

2. **Investiga qué países destacan en el tipo de industrias que existen en tu localidad. Consulta tu *Atlas de Geografía Universal*. Señálalos en el siguiente mapa. Incluye la simbología correspondiente.**

Actividades económicas. Sector terciario

Aprendizaje esperado. Relaciona redes carreteras, férreas, marítimas y aéreas con el comercio y el turismo de los continentes.

El transporte, las comunicaciones y el comercio no son productos materiales tangibles; son servicios cuya función es contribuir a dar mantenimiento, distribuir y comercializar lo que produce el sector primario y lo que se fabrica en el sector secundario. **Actividades terciarias**, como la dirección de empresas; la investigación de mercado, la capacitación y selección de personal; el estudio de mercado; la publicidad, la seguridad y la vigilancia, contribuyen a mejorar los procesos productivos del sector primario y secundario. El comercio minorista y el informal también forman parte de las actividades terciarias y, aunque no contribuyen al proceso productivo, acercan los productos al consumidor final.

1. **Identifica las actividades económicas que se llevan a cabo en tu comunidad. Clasifícalas y regístralas en el siguiente cuadro. Fíjate en los ejemplos.**

Servicio	Actividades laborales
a) Dirección y administración	Gerencia,
b) Distribución de productos	Agente de ventas,
c) Transporte de personas	Conductor,
d) Circulación de información	Ingeniero,
e) Mantenimiento y seguridad en las empresas	Almacenista,
f) Mantenimiento y seguridad en el hogar	Mantenimiento y reparación de instalaciones eléctricas,
g) Cuidado personal	Salas de belleza,

2. **Localiza las etiquetas o datos de fabricación de tres objetos que estén en tu casa. Identifica la marca comercial y el lugar de origen o fabricación. Contesta las preguntas del cuadro y complétalo. Fíjate en el ejemplo.**

Producto	Lugar de origen	Medio de transporte del lugar de origen a México o tu entidad	¿Cómo se enteró tu familia de la existencia del producto y de la marca?
Diccionario	Colombia	Aéreo	Por los maestros y la propaganda.

Calidad de vida

Aprendizaje esperado. Compara la calidad de vida de la población en diferentes países.

1. Colorea las frases que indiquen una buena calidad de vida.

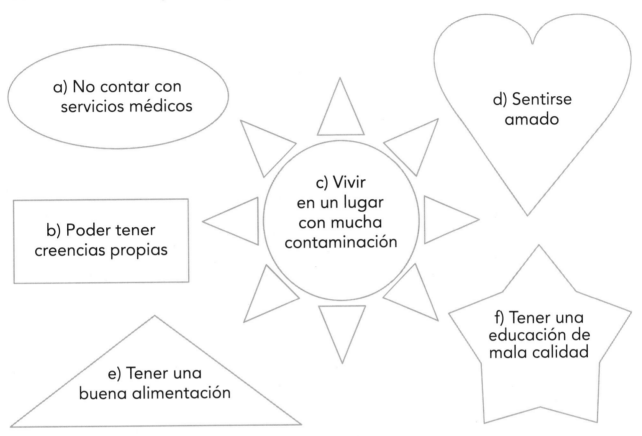

a) No contar con servicios médicos

b) Poder tener creencias propias

c) Vivir en un lugar con mucha contaminación

d) Sentirse amado

e) Tener una buena alimentación

f) Tener una educación de mala calidad

2. Imagina un lugar que tenga una gran calidad de vida y dibújalo.

Prevenir para preservar la vida

Aprendizaje esperado. Reconoce la importancia de las acciones de prevención de desastres.

> Tanto los **fenómenos naturales** como las **actividades humanas** pueden provocar **desastres** que alteran o interrumpen violentamente el funcionamiento regular de la vida en sociedad, provocando graves daños no sólo a las viviendas y bienes materiales, sino también al entorno natural, a la salud, la integridad física y la vida misma.

1. ¿Cuál pudo haber sido la causa de los siguientes desastres? ¿Se pudieron haber evitado? Anota tu respuesta debajo de cada imagen.

a) _____

_____

_____

b) _____

_____

_____

_____

_____

c) _____

_____

_____

_____

_____

Repaso

1. **Resuelve el crucigrama sobre los mapas y planos.**

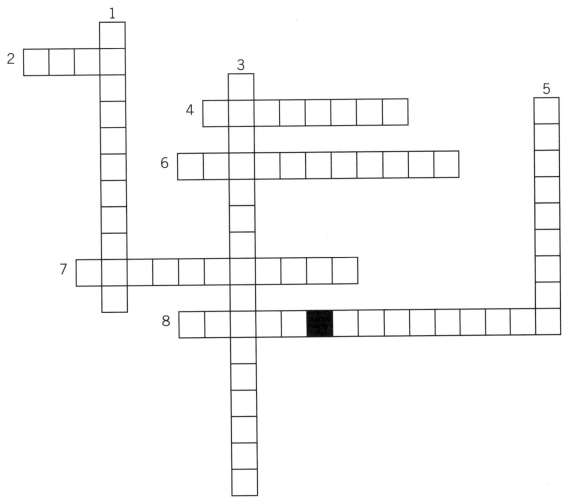

Horizontal

2. Son representaciones planas de la superficie terrestre.

4. Indica dónde se encuentran en el plano los hospitales, hoteles, etcétera.

6. Acción de ubicarse o reconocer el espacio circundante mediante un punto cardinal.

7. Punto donde se unen dos líneas que nos marcan la localización exacta del lugar.

8. Modelo tridimensional representado sobre una esfera a escala de la Tierra.

Vertical

1. Son los responsables de hacer los mapas.

3. Mapa que muestra las diferentes entidades políticas en las que se divide un territorio.

5. Mapa que describe mapas antiguos y actuales y contiene información sobre lugares con importancia histórica.

2. **Subraya la respuesta correcta.**

a) Se localizan en altitudes altas, después de los círculos polares. La temperatura promedio en el mes más cálido es de 10 °C.

- Climas tropicales.
- Climas fríos.
- Climas polares.

b) Se extienden en la zona cálida o tropical. Presentan temperaturas elevadas y abundante precipitación.

- Climas tropicales.
- Climas templados.
- Climas polares.

c) Se distribuyen entre 25 y 50° de latitud. Casi nunca llueve.

- Clima templado.
- Climas secos desérticos.
- Climas templados Mediterráneo.

d) Se distribuyen entre 30 y 45° de latitud norte y sur. Son favorables para la gente por sus temperaturas medias, superiores a los 10°.

- Climas templados.
- Climas fríos.
- Climas polares.

3. **Encuentra los nombres de los países, enciérralos en un círculo y anótalos en el lugar que correspondan.**

CHOMACHINAMECONSMEXICOLIMPSDEAUSTRALIABRASILASLOPOLNERTESTADOSUNIDOSVIÑISLANDIA

Países con gran población absoluta	Países con poca población absoluta

4. **Escribe si las actividades económicas corresponden al sector primario, secundario o terciario.**

a) Pescar _____

b) Fabricar vidrio _____

c) Sembrar _____

d) Ser chofer _____

e) Ser gerente de ventas

f) Elaborar papel _____

_____

_____

_____

5. **Escribe un desastre que pueda alterar el funcionamiento regular de la vida de la sociedad, y alguna acción que puedas llevar a cabo para reducir sus consecuencias.**

_____

_____

Voy creciendo, voy cambiando

Aprendizaje esperado. Valora los cambios en su desarrollo y respeta las diferencias físicas y emocionales.

1. Une cada frase con el recuadro que corresponda.

a) Incrementar de talla de ropa y calzado, de peso y altura se le llama crecimiento.

b) En la adolescencia el único cambio que se da es el aumento de la estatura.

c) Para tener armonía basta con que todos me respeten, no importa si yo respeto a las demás personas.

> Esta frase es verdadera

d) Debo estar en contra de la discriminación.

e) Una forma de discriminación es no respetar los derechos de cada quien.

f) La etapa de la adolescencia es de muchos cambios, conocerlos me hace sentir mejor.

> Esta frase es falsa

g) Los cambios no son idénticos para todos, por eso debo estar bien conmigo sin importarme lo que sientan mis compañeros.

h) En casa deben entender que, como voy a vivir cambios, no me pueden contradecir; yo puedo hacer siempre lo que quiero.

> Al conocer los cambios que experimento al crecer, resulta más fácil comprender lo que me ocurre.

Estoy atento y me cuido

Aprendizaje esperado. Propone medios para evitar trastornos alimentarios y adicciones.

1. **Enmarca las imágenes con los colores que se indican.**

   Rojo. Consecuencias por el consumo de alcohol.

   Verde. Consecuencias por fumar tabaco.

   Azul. Consecuencias por el consumo de drogas.

   Amarillo. Consecuencias de un trastorno alimentario.

a)

c)

b)

d)

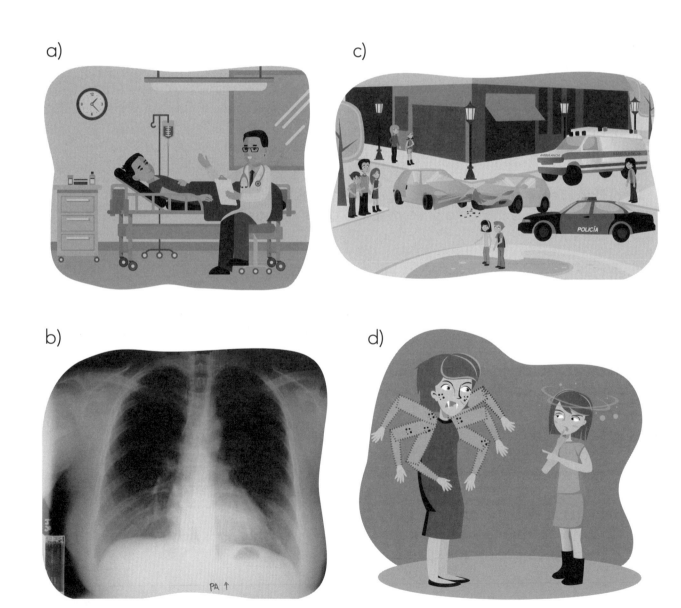

2. Escribe abajo de cada dibujo lo que se puede llevar a cabo para evitar las adicciones.

a)

_____

c)

_____

b)

_____

d)

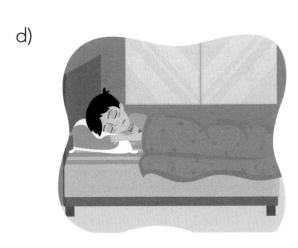

_____

3. Escribe una _V_ si la afirmación es verdadera, o una _F_ si es falsa.

a) La bulimia es un trastorno alimentario. _____

b) Las adicciones son buenas para la salud. _____

c) Hay que ser flaco para ser atractivo. _____

d) Hay que tener una alimentación balanceada. _____

e) En la anorexia se come muy poco. _____

f) La compulsión al comer provoca sobrepeso. _____

Libertad y responsabilidad

Aprendizaje esperado. Reconoce que la libertad es un derecho humano y un valor que hace posible el desarrollo pleno y digno de cada persona.

1. Lee con atención el siguiente relato antiguo.

Dédalo era el inventor más hábil de toda Grecia. Su fama hizo que el rey de Creta, una isla cercana, lo llamara para que construyera un laberinto del que fuera imposible escapar. El rey quería encerrar ahí a un monstruo llamado Minotauro, que era mitad hombre y mitad toro.

Una vez que el laberinto estuvo listo y el Minotauro encerrado en él, Dédalo pensó que podía irse de la isla. Sin embargo, temeroso de que Dédalo le revelara a alguien cómo había construido esa trampa y eso sirviera para que el Minotauro escapara, el rey lo encerró en el mismo laberinto con su hijo Ícaro.

Ambos pasaron mucho tiempo vagando por los confusos caminos del laberinto, viendo a las aves surcar el cielo. Una tarde, Dédalo tuvo una idea: si lograba fabricar unas alas podrían escapar.

Padre e hijo recogieron todas las plumas que las aves solían tirar cuando sobrevolaban por ahí. Juntaron la cantidad suficiente para que Dédalo, pegándolas con cera de una vela, formara un par de alas para cada uno.

Primero pegó las alas a la espalda de Ícaro y luego le pidió a él que se las pegara. Antes de emprender el vuelo le dijo:

—No debes volar muy bajo porque te arriesgas a que la espuma del mar moje tus alas y las vuelva pesadas. Si al contrario, vuelas muy alto, te acercarás demasiado al Sol y la cera se derretirá. Quédate cerca de mí.

Al principio fue difícil avanzar porque las corrientes de aire los desconcertaban, pero poco a poco aprendieron a aprovecharlas. Volaban cada vez con más confianza, especialmente Ícaro, que empezó a alejarse de su padre. Estaba emocionado con la posibilidad de elevarse, observando lejanas tierras, nubes con formas divertidas... y siguió subiendo.

Olvidó los consejos de su padre y se acercó más y más al Sol, sin poder escuchar los gritos de advertencia de Dédalo y sin percatarse de que la cera comenzaba a gotear.

Finalmente, Ícaro cayó al mar y se hundió. Su padre, desconsolado, pasó mucho tiempo buscando infructuosamente su cuerpo.

Leyenda griega (Adaptación).

2. Responde.

a) ¿Por qué crees que Ícaro no siguió los consejos de su padre?

_____

b) ¿Qué hubieras hecho tú?

_____

c) ¿Crees que Ícaro aprovechó correctamente su libertad?

_____

3. **Escribe 1 en las decisiones que tomabas a los 5 años y 2 en las que tomas actualmente.**

☐ Cómo decorar tu cuarto.

☐ La música que escuchas.

☐ A qué hora bañarte.

☐ A qué jugar.

☐ Qué ropa ponerte.

☐ A qué hora hacer la tarea.

Para usar de mejor forma tu libertad, infórmate antes de tomar una decisión y piensa en las consecuencias de tus actos.

- Escribe tres ejemplos de otras decisiones que tomas hoy y que no tomabas a los cinco años de edad.

  a) _____

  b) _____

  c) _____

- ¿Ha aumentado la cantidad de decisiones que puedes tomar ahora?

  _____

- ¿A qué crees que se deba ese cambio?

  _____

No puede haber **libertad** sin **responsabilidad**. Todas tus decisiones tienen consecuencias y tendrás que afrontarlas. Mientras más responsable seas, más cosas podrás decidir y hacer con libertad.

4. **Narra brevemente cómo lograste tener más libertad para hacer o decidir acerca de lo que es importante para ti.**

_____

_____

5. **Escribe algo en lo que te gustaría tener más libertad el próximo año y qué crees que necesitas para lograrlo.**

_____

_____

Respetar a los demás me da libertad

Aprendizaje esperado. Describe las necesidades, intereses y motivaciones de otras personas o grupos al tomar acuerdos y asumir compromisos.

1. **Escribe en cada caso lo que se tendría que hacer para el bien común, no sólo para el bien personal.**

Caso 1: Una abuelita le pregunta a su nieto qué ingredientes quieren en la pizza sus primos, hermanos y él. El nieto le contesta que ella decida, pero que le ponga chile porque a él le encanta, sabiendo que sus primos y hermanos pequeños no lo comen.

_____

_____

_____

Caso 2: Tienen que pavimentar una banqueta, porque está muy chueca y varios vecinos se han caído, pero tres personas se oponen porque dicen que los trabajadores levantarán mucho polvo y harán mucho ruido.

_____

_____

_____

Caso 3: Un grupo de la escuela tiene que ensayar un baile para presentarlo en un festival y sólo les dieron oportunidad de practicar en una ocasión. Ensayan con la música muy fuerte, pero todos los demás grupos están en clase y no se pueden concentrar por el ruido. ¿Qué harías?

_____

_____

_____

Debo pensar en el **bien común**, no sólo en lo que a mí me conviene.

Tomar la mejor decisión

Aprendizaje esperado. Valora las implicaciones de sus decisiones y el impacto en los demás.

1. Mira el ejemplo para aprender a tomar una decisión.

Cuando debo tomar una decisión, la pongo en la balanza. Esto es, de un lado pongo lo que resultaría si lo hago y del otro lado lo que resultaría si no lo hago. Veamos un ejemplo.

Tengo que decidir si voy al cine con mis amigos y amigas.

Si lo hago... (Ir al cine)	Si no lo hago... (No ir al cine)
✔ Me voy a divertir, porque voy con mis amigos. ✔ Hace tiempo que quiero salir con mis amigos. ✔ Necesito un día más para hacer la tarea.	✔ No gasto mis ahorros. ✔ Puedo adelantar la tarea y tener el domingo libre. ✔ No voy con mi familia a tomar un helado. ✔ No voy a ver mi programa favorito.

La decisión que tomo es: Ir al cine.

2. De acuerdo con el ejemplo anterior, haz lo mismo con la siguiente situación.

Ir a jugar un partido de basquetbol con mi equipo de la escuela

o no hacerlo.

Si lo hago... (Ir al partido de basquetbol)	Si no lo hago... (No ir al partido de basquetbol)

La decisión que tomo es: _____

Cada que tomamos una **decisión**, es importante asumir las **consecuencias**, nos gusten o no.

Aprendo que los conflictos se resuelven pacíficamente

Aprendizaje esperado. Reconoce las causas del conflicto y diseña alternativas para solucionarlo.

1. Descubre las nueve diferencias que hay en los dibujos.

2. En la escena que acabas de observar hay varias situaciones de violencia. Identifica algunas y descríbelas.

_____
_____
_____
_____
_____
_____

3. ¿Cómo resolverías los conflictos que describiste? Elabora un dibujo con tu propuesta; puedes incluir diálogos entre los personajes.

_____
_____
_____
_____
_____
_____

Muchas veces los **conflictos** no se resuelven por **falta de comunicación** y llegan a la violencia. Los daños que una actitud violenta ocasiona no siempre se pueden reparar.

Los tres poderes de la nación

Aprendizaje esperado. Reconoce las características de la democracia como forma de gobierno y como forma de vida, para el ejercicio de los derechos en los espacios de convivencia cotidiana.

1. Acomoda las letras y descubre cuál es la división de poderes que tenemos en México.

a) _____
(le redop sigelotilav) Se divide en dos cámaras, la de senadores y la de diputados. Este poder se encarga de revisar las leyes que nos rigen, ya sea creando nuevas o modificándolas para adecuarlas a los tiempos que vamos viviendo.

b) Es muy importante que existan las leyes, pero se necesita echarlas a andar; es decir, que alguien esté al pendiente de que se lleven a cabo y se cumplan, por eso necesitamos _____
(le odepr tivejeocu).

c) _____
(le rodep ujidacil) Estudia las leyes y juzga a los que fallan en el cumplimiento de las normas establecidas.

> "Para que una sociedad sea justa, libre y democrática tienen que existir leyes que protejan a todos". **Senado de la República**.

2. De los siguientes pares de dibujos, encierra en un círculo aquel que corresponde a nuestro país.

a)

b)

c) CONSTITUCIÓN POLÍTICA DE LOS ESTADOS UNIDOS MEXICANOS

d) CONSTITUCIÓN POLÍTICA DE ESTADOS UNIDOS

e) Participo más si no voto, porque no estoy completamente segura.

Casilla

f) Votar es la mejor manera para participar y fomentar la democracia.

Casilla

g) El gobierno de México es una república, representativa y democrática.

h) El gobierno de México es una monarquía.

Si vivieras en una isla te regirías solo, pero también trabajarías mucho para satisfacer tus necesidades. **Vivir en comunidad** no es fácil, pero nos ayudamos unos a otros y llegamos a acuerdos para el bien común.

La autoridad cuida nuestros derechos

Aprendizaje esperado. Distingue si las autoridades en su entorno social ejercen su poder con sentido democrático.

Todos los niños y niñas en México tienen **derechos**, como vivir en familia, ser queridos y cuidados, tener una casa, poder jugar y divertirse, decir con respeto lo que piensan, tener nombre, tener educación escolar, entre otros. Estos derechos no están condicionados a nada, pero no son solo tuyos, sino también de los demás, por eso se requiere que aprendas a respetar a todas las personas, tener buena conducta, respetar su cuerpo, cuidar el medio ambiente, escuchar opiniones y costumbres de los demás, hablar siempre con la verdad y cumplir **compromisos**.

1. Une con líneas de diferentes colores cada derecho con la imagen que lo representa.

1.

2.

a) Protección contra el abuso (físico o mental)

3.

b) Alimentación nutritiva e higiénica

4.

c) Descanso y esparcimiento

5.

d) Educación de calidad

6.

2. Subraya la opción correcta.

a) Una institución que defiende los derechos de las mujeres…

- da orientación y atención psicológica a quienes han sido golpeadas.

- manda golpear a los maridos para que no sean abusivos.

b) Una institución que defiende los derechos de personas con discapacidad…

- se dedica a ponchar las llantas de los coches que se estacionan en lugares reservados o tapan las rampas.

- da talleres y cursos a las personas con discapacidad, preparándolas para ser, en la medida de lo posible, autosuficientes.

c) Una institución que atiende a niños de la calle…

- los educa, les da un lugar donde dormir, los alimenta.

- les asigna nuevas esquinas para que pidan dinero.

d) Las instituciones que se encargan de defender los derechos de los indígenas y campesinos…

- los asesoran, los apoyan y ayudan a promover sus productos, como sus artesanías.

- les compran al menor costo las artesanías que hacen, para ellos darlos a un mejor precio y, aunque los explotan, por lo menos fomentan su trabajo.

e) Las instituciones que se encargan de atender a los adultos mayores…

- les dan un mapa de la ciudad y les piden que regresen en 45 minutos, para ayudarlos a que pierdan el miedo de andar solos.

- les dan clases de baile o de manualidades. Atienden su salud.

Los **derechos humanos** defienden la integridad de las personas. Aprende a defender tu dignidad y la de los demás.

Mi participación es importante

Aprendizaje esperado. Comprende la importancia de la participación como principio de la vida democrática.

1. **Encuentra y subraya las palabras que no corresponden con la frase.**

   a) Elijo libremente a mis representantes de acuerdo con sus cualidades, conocimientos, simpatía, computadora, preparación y disponibilidad.

   b) El jefe de manzana de mi colonia ayudó a niños de la calle con cobijas, juguetes, dulces, litografías, comida y zapatos.

   c) Un representante de un partido político presentó sus ideas para las próximas elecciones, en las cuales proponía reformas educativas, seguridad, luminarias en las calles, tapar el drenaje y suficientes botes para separar la basura.

   d) En una casilla electoral no pueden faltar los siguientes funcionarios: presidente de la mesa, secretario, animador, representantes de partidos, escrutadores y vocales.

   e) Para votar es indispensable presentar credencial de elector y cartilla de vacunación actualizada.

   f) Para votar se debe tomar en cuenta que el candidato tenga la edad requerida, experiencia, conocimientos, que sea mexicano, bien parecido y trabajador.

   g) Siendo niño puedo participar en actividades familiares, escolares, con mis amigos, la fábrica y la alcaldía.

   h) Para escoger al capitán del equipo, debemos valorar características como las siguientes: liderazgo, capacidad de chiflar, conocimiento de las reglas del juego, capacidad de mediación, habilidad de juego y honestidad.

Desde ahora es importante mi **participación** para vivir en democracia.

2. Con ayuda del cuadro de coordenadas que está más abajo, descifra las frases siguientes.

a) C11 H3D1 D24 A16I25G13 E19 F8A4E6 B21 C11 D24I10A25B9

La forma de gobierno en México es la democracia

_____

_____

b) E14H20F2: C5F23 D24 C17 G17A13 H15A19H7I1 D24 E11D15A7

Sufragio: voto de quien tiene capacidad de elegir

_____

_____

c) G10D21G5: A1H3D9I1 D24 E17 B23G22 E19 G10B15C3 I17C13E25A10

Disenso: conformidad de las partes en disolver un acuerdo

_____

_____

	A	B	C	D	E	F	G	H	I
1	CON			MA					DAD
2						GIO			
3			VER					FOR	
4	XI								
5			VO				SO		
6					CO				
7	GIR							CI	
8						ME			
9		CIA		MI					
10	DO						DI		MO
11			LA		E				
12									
13	NE		A				NO		
14					SU				
15		SOL		LE				CA	
16	GO								
17			QUIEN		LAS		TIE		UN
18									
19	PA				EN				
20								FRA	
21		ES		SEN					
22							TES		
23		PAR				TO			
24				DE					
25	CRA				CUER				BIER

Aprender a **tomar decisiones** nos prepara para saber elegir lo que es mejor para todos.

Derechos y responsabilidades

Aprendizaje esperado. Describe las necesidades, intereses y motivaciones de otras personas o grupos al tomar acuerdos y asumir compromisos para la mejora de la convivencia en la escuela.

1. Encuentra en la sopa de letras diez palabras para el bienestar colectivo. Escríbelas en las líneas que están abajo.

P	L	A	K	A	S	T	I	Ñ	Y	P	U	G	V	K	U	Y	B	G	B	U	P	O
R	A	Ñ	U	P	H	O	X	U	I	D	A	F	A	X	S	Q	P	B	A	B	F	F
E	F	X	V	E	F	L	Q	K	H	C	Q	U	S	A	O	F	H	Q	F	Y	P	U
S	E	N	S	A	T	E	Z	P	Y	O	V	Q	E	Y	L	A	P	U	P	A	R	F
P	G	P	V	U	V	R	Y	A	Q	M	P	A	R	H	I	Q	F	K	H	B	U	A
E	L	Q	A	K	U	A	E	G	U	P	A	Y	T	A	D	U	P	U	X	A	D	F
T	Q	U	X	V	G	N	R	A	U	R	Q	G	I	X	A	U	A	G	Y	U	E	U
O	X	A	C	A	R	C	T	K	A	E	Ñ	A	V	P	R	Ñ	P	O	U	C	N	O
Ñ	I	Ñ	U	F	D	I	S	P	O	N	I	B	I	L	I	D	A	D	U	K	C	A
U	X	E	A	P	I	A	Ñ	X	U	S	K	G	D	P	D	P	C	P	Q	U	I	U
L	I	D	A	Z	K	X	A	C	A	I	G	Q	A	M	A	B	I	L	I	D	A	D
H	A	K	U	P	H	A	I	D	A	Ó	K	X	D	U	D	Y	E	F	P	U	F	A
X	B	A	C	A	C	H	I	O	N	N	Q	V	U	G	Ñ	A	N	Q	F	K	A	R
U	A	U	Q	Y	H	Q	A	U	K	A	I	D	A	A	P	X	C	G	A	P	Q	A
Y	Q	A	U	Ñ	F	P	Q	Y	Q	P	H	Y	U	P	R	G	I	X	H	Ñ	A	U
P	A	R	P	A	U	A	G	A	U	G	A	V	Ñ	C	U	T	A	K	Q	Z	A	L

a) _____   f) _____

b) _____   g) _____

c) _____   h) _____

d) _____   i) _____

e) _____   j) _____

2. Elige dos de las palabras y explica su significado. Si no sabes cuál es, búscalo o pide que te lo expliquen.

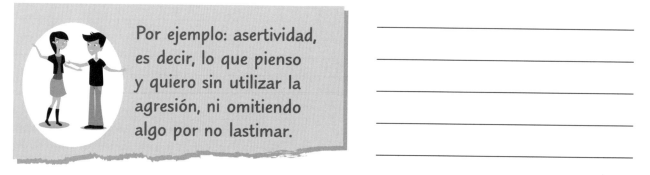

Por ejemplo: asertividad, es decir, lo que pienso y quiero sin utilizar la agresión, ni omitiendo algo por no lastimar.

_____

_____

_____

_____

_____

Criterios para el ejercicio responsable de la libertad: la dignidad, los derechos y el bien común

Respuestas de sección: **Español**

Pág.	Ejer.	Respuestas
9	1	**a)** **c)** **e)** **f)**
9	2	**a)** 3 **b)** 4 **c)** 1 **d)** 2
10	1	**a)** 2 **b)** 3 **c)** 1 **d)** 4
11	2	**a)** 2 **b)** 1 **c)** 3 **d)** 4
12	1	**a)** Rojo: el gobierno conservador fue totalmente desplazado a finales de 1860 Azul: Se prohibió entonar o mencionar el Himno Nacional; todos los conservadores fueron perseguidos. **b)** Rojo: Los restos de Francisco González Bocanegra fueron trasladados por iniciativa oficial al Panteón de Dolores. Azul: Pasados los conflictos partidistas. **c)** Rojo: El poeta Francisco de Paula González Bocanegra no deseaba concursar. Azul: argumentaba que no era su estilo.
12	2	**a)** González Bocanegra escribió su composición por la convocatoria del gobierno, fue elegida entre los veintiséis que se presentaron y obtuvo unanimidad de votos por parte del jurado. **b)** Al estreno del Himno Nacional asistieron Francisco y Pili ya como esposos, pues habían contraído matrimonio el 8 de junio de junio de 1854. El himno fue interpretado entonces por una soprano y un tenor.
13	1	**a)** firma un acuerdo en el que acepta la independencia de Texas. **b)** patentó 1093 inventos. **c)** se estrenó el Himno Nacional e inició la revolución de Ayutla contra Santa Anna.
13	2	**a)** después **b)** antes que **c)** mientras
14	1	**a)** mientras, finalmente, después, para entonces, a finales de, a principios de **b)** porque, como, debido a, ya que

Pág.	Ejer.	Respuestas
15	2	**a)** 3 **b)** 1 **c)** 2
15	3	**a)** Verde: Liberales y conservadores… Rojo: había inestabilidad… **b)** Verde: Se temía… Rojo: su tío lo escondió… **c)** Verde: Debido a que estaba… Rojo: los periódicos no hablaban… **d)** Verde: González Bocanegra… Rojo: su novia… **e)** Verde: Había un… Rojo: decidió…
16	1	Respuesta libre
16	2	Jaime Nunó, inspector de las bandas militares y español de nacimiento, participó en el concurso para musicalizar la letra del Himno nacional. El jurado dio su fallo en agosto de 1854 otorgando el primer lugar a la obra de Nunó. En ese mismo año, en el teatro de Santa Ana se realizó el estreno oficial del himno el 16 de septiembre, en el festejo de las fiestas patrias.
16	3	Azul: …Nunó. Anaranjado: …Nacional. Verde: …patrias.
17	1	**a)** 4 **b)** 7 **c)** 8 **d)** 1 **e)** 6 **f)** 3 **g)** 5 **h)** 2
17	2	**a)** 6 **b)** 4 **c)** 5 **d)** 7 **e)** 3 **f)** 2 **g)** 1
18	1	**a)** enfermedad, viruela **b)** animales, ovíparos **c)** hibernan, osos **d)** trastornos, déficit atención **e)** penicilina, descubrió
18	2	**a)** 2 **b)** 4 **c)** 1 **d)** 3
19	3	**a)** lectura rápida, palabras clave, tema **b)** lectura global, menos tiempo, más facilidad
19	4	**c)** hemisferio norte, aurora boreal, Sol, campo magnético, colores, aurora polar, auroras **d)-e)** Respuestas libres

Pág.	Ejer.	Respuestas
20	1	Respuesta libre
	2	**a)** Cuidado del medio ambiente **b)** Porque es más especializado **c)** Cuidado del medio ambiente **d)** Ciencias Naturales **e)** Cuidado del medio ambiente
21	2	Respuesta libre
	3	**a)** evaporado, Evaristo **b)** Everardo, Evelia, eventos **c)** evidente, evidencias, evitará **d)** evolutivo, evolución
22	4	Respuestas libres
	5	Trabalenguas
	6	Respuestas libres
23	2	**a)** Las ideas principales de un texto mayor y las relaciones entre ellas **b)** Cuadros sinópticos
	3	**a)** Independencia de México. **b)** Dos: causas internas y causas externas. **c)** Tres.
24	1	**a)** 2 **b)** 3 **c)** 2
	2	Rojo: Las plantas Azul: plantas con flores, plantas sin flores Verde: se dividen en, tienen
	3	Resumir la información y visualizarla.
25	1	**a)** semejanzas **b)** organizar, visual **c)** resumir **d)** vertical **e)** variables
	2	**a)** Tipos de insectos **b)** Dos: voladores y no voladores **c)** Volador
26	1	**a)** Animales: camello, jirafa, vaca, cocodrilo, serpiente, koala Vegetales: nochebuena, pasto, tulipán, clavel, árbol **b)** Cuerda: arpa, guitarra, violín Viento: trompeta, flauta, saxofón Percusión: timbal, pandero, castañuelas
	2	Título: Medios de transporte Enlace: aéreos: avión, helicóptero, avioneta, globo / terrestres: tren, bicicleta, camión, auto, motocicleta / acuáticos: barco, lancha, submarino

Pág.	Ejer.	Respuestas
27	1	**a)** Relación de afecto, simpatía y confianza que se establece entre personas que no son familia. **b)** Respuesta libre
	2	Porque es una cita textual.
	3	Respuesta libre
28	1	**a)** Título **b)** Párrafo introductorio **c)** Información para clasificar **d)** Resumen **e)** Conclusiones
29	2	artículo
	4	Respuestas libres
30	1	frutas, respuesta libre / Cereales y tubérculos, respuesta libre / Leguminosas, respuesta libre
	2	**a)** Desiertos, bosques y selvas **b)** África, América, Asia, Europa **c)** Ensaladas, postres, sopas
	3	**a)** Respuesta como: Literarios y expositivos **b)** Respuesta como: tema, país, marca, edad
	4	Respuesta libre
31	5	**a)** Innatos: instinto, se nace con él, heredado, no depende del ambiente, característicos de la especie. Aprendidos: no se heredan, son adquiridos, influye el ambiente y experiencia, cambian con el desarrollo, individuales **b)** Respuesta libre
32	2	**a)** Respuesta libre **b)** Para no hacer plagio, es decir, no robar las ideas de otro **c)** Para localizarlo con facilidad
	4	Nombre y apellidos del autor, ciudad o país, páginas que se utilizan, editorial, título del libro, año
33	5	Ruíz, Pedro, *La magia del cine*, Editorial Mundo, Alemania, 2010, pp.14-15.
	6	**a)** Brewer, Sara **b)** Dubovoy, Silvia
	7	Respuesta libre

Pág.	Ejer.	Respuestas
34	1	es decir, por lo tanto, por ejemplo, cuando, porque, entonces, además, aunque, pero
	2	Cuando, por lo tanto, y
	3	**a)** por ello es el órgano… **b)** por ejemplo, el síndrome… **c)** entonces, el corazón…
	4	**a)** Cuando, porque **b)** mientras **c)** es decir
35	1	**b)**
	2	Respuesta libre
36	1	**a)** Paráfrasis **b)** Cita textual
	3	Respuestas libres
37	1	Razonamiento para probar o demostrar algo o para convencer a alguien de lo que decimos.
	3	**a)** Respuesta sugerida: Sí es importante, porque la rabia es peligrosa y se transmite a las personas. **b)** Respuesta sugerida: Si en verdad quieres a tu gato debes cuidar su salud y ponerle la vacuna, que es gratis y de calidad.
38	1	**a)** 3 **b)** 1 **c)** 3 **d)** 1
	2	Respuestas libres
	3	**a)** palabras clave **b)** índice **c)** título, información **d)** resumir
	4	**a)** cuar, luación **b)** nto **c)** tar, dente **d)** lucionar
39	5	**a)** Mapa conceptual **b)** Cuadro sinóptico **c)** Tabla **d)** Mapa conceptual
	6	**a)** La cantidad de basura… **b)** El programa contempla… **c)** Es en los hogares donde…
	7	Wang, Xioming, "Rinoceronte Lanudo", en *Paleontología de ayer y hoy*, MHNLA, Los Ángeles, número 26 (junio de 2012), pág. 37.
	8	Respuesta libre

Pág.	Ejer.	Respuestas
40	1	**a)** Caras vemos corazones no sabemos **b)** Al mejor cazador se le va la liebre **c)** Al nopal sólo lo van a ver cuando tiene tunas **d)** Con paciencia y calma, sube el burro a una palma
	2	**b)**
41	3	Respuestas libres
	4	**a)** Una persona en desgracia **b)** El cómplice de una mala acción **c)** Cuando hay rumores
43	2	**a)** El que siembra viento cosecha tempestades **b)** El que a buen árbol se arrima, buena sombra le cobija
	3	Respuesta sugerida: buena enseñanza le cobija.
	4	**a)** FR **b)** F **c)** R **d)** FR
	5	Respuesta libre
44	1	virtudes
	2	virtuoso, virtuosismo, virtud, desvirtuar
	3	Se escriben con *v*
	4	**a)** humano **b)** inhumano **c)** humanidad
	5	Respuesta libre, ejemplo: Dos llevan *h* inicial, y una la lleva después del prefijo *in-*.
45	1	**a)** Verde: asno; Naranja: gallo, león **b)** Respuesta libre **c)** Porque se asustó al oír el canto del gallo
	2	**a)** Caperucita Roja, la abuela y el lobo feroz **b)** El cazador y la mamá de caperucita
46	2	**a)** enfermizo **b)** asustadizo **c)** pegadizo **d)** movedizo **e)** primerizo
47	3	**a)** rojizo, Respuesta libre **b)** quebradizo, Respuesta libre **c)** cobrizo, Respuesta libre **d)** resbaladizo, Respuesta libre
	4	**a)** izo **b)** izos **c)**–**e)** izo
49	3	Respuestas libres

Pág.	Ejer.	Respuestas
50	4	**a)** R **b)** F **c)** F **d)** R
	5	**a)** Respuesta sugerida: El señor del monte llamó a las aves, les dio su plumaje. **b)** Respuesta sugerida: El pavo real tiene un plumaje con muchos colores, los pájaros trinan muy bonito.
51	2	**b)** **c)** **d)**
	3	**a)** párrafo 3 **b)** párrafo 1 **c)** párrafo 2
52	1	técnica, objetiva, subjetiva, literaria
	2	**a)**
	3	Descripción técnica
	4	**b)**
	5	Descripción objetiva
53	6	**a)** 4 **b)** 3 **c)** 1 **d)** 5 **e)** 2
	7	Respuestas libres
54	1	escuché, busqué, techo, vieron, cerca
	2	**b)**
	3	**a)** afanosamente **b)** antes **c)** alrededor **d)** aproximadamente
	4	**b)**
55	6	Respuestas sugeridas: **b)** negro y rizado **c)** gruesas y abundantes **d)** azul y bordada
	7	Respuesta libre
	8	**a)** Al final de la **b)** debajo de **c)** está al lado **d)** a través
56	1	Respuesta libre
	2	**a)** Presenta el título… **b)** Es aquella hoja o página que antecede… **c)** Se plantean temas… **d)** Lista en la que se indica…
57	3	Respuestas libres

Pág.	Ejer.	Respuestas
58	1	3, 1, 2
	2	**a)** buzo, buñuelo, búfalo, buque **b)** burlado, burro, burla, burbuja, burdo **c)** buscar, buscapleitos, búsqueda, buscapiés, busto
	3	bu, bur, bus, b
	4	búho, burbuja, buque, búfalo
	5	Respuesta libre
59	1	**a)** vestiduras, creaturas, mataduras **b)** 14, 15, 18, 16, 14 **c)** cuánto, cuántas **d)** 3 **e)** 15
60	1	**a)** 1 **b)** 2 **c)** 3 **d)** 4 **e)** 5
61	1	**a)** 3 **b)** 2 **c)** Porque cuando no es luna llena parece un cuerno
	2	**a)–d)** Respuestas libres **e)** Un niño muy bonito, muy bueno al que su mamá quiere mucho.
62	1	**a)** Alegría **b)** Soledad **c)** Lástima o conmiseración
63	2 a 5	Respuestas libres
64	1	**a)** luna **b)** mariposa **c)** nombre **d)** piña
	2	**a)** queso 3 **b)** tambor 2 **c)** hueso 1
65	4	**a)** pera **b)** dedos **c)** plátano
	5	Respuesta libre
	6	**a)** un ojo solo tengo / la aguja **b)** más en la boca tú gozas / la granada **c)** nadie me puede cerrar / el huevo **d)** y una vieja parlanchina / la boca **e)** cuando deja de llover / el arcoíris **f)** ni es león / el camaleón
66	2	**a)** Acotaciones **b)** Argumento **c)** Autor **d)** Director **e)** Escenario **f)** Escenas **g)** Escenografía **h)** Guion **i)** Parlamentos **j)** Personajes **k)** Vestuario **l)** Utilería

Pág.	Ejer.	Respuestas
67	1	**a)** 3 **b)** 4 **c)** 2 **d)** 5 **e)** 1
	2	2) ¡Son para comerte mejor¡ 3) ¡Largo de aquí, malvado lobo! **a)** Respuesta sugerida: El cazador, porque entró a la casita a defender a caperucita. **b)** Respuesta sugerida: Porque el lobo engañó a Caperucita para comérsela.
68	2	Respuesta libre
	3	**a)** guion, parlamento **b)** respira **c)** ensayar, espejo, público
69	1	**a)** ¡! / signos de exclamación o admiración / signos de interrogación / ¿?
	2	Azul: ¿Qué tela…? Verde: ¡Abre la puerta…!
	3	**a)** ¡! **b)** ¡! / ¿?
	4	Respuesta libre
70	1	**a)** yec **b)** yec **c)** yer **d)** ayu **e)** yec **f)** yer **g)** yec **h)** yer **i)** yer **j)** ayu **k)** yec **l)** ayu
	2	**a)** yerno **b)** inyectores **c)** inyectar **d)** recluyeron **e)** ayudar
71	3	**a)** yerno **b)** proyector **c)** ayunar **d)** ayudante **e)** ayuntamiento
	4	**a)** trallectoria, alluden, proiectos, inclullen, alludar, injectado, prollectar **b)** trayectoria, ayuden, proyectos, incluyen, ayudar, inyectado, proyectar
72	1	**a)** refrán **b)** moraleja **c)** refrán **d)** moraleja
	2	Dibujos libres
	3	**a)** versificación **b)** metro, sílabas **c)** musicalidad **d)** rima
	4	Respuestas libres

Pág.	Ejer.	Respuestas
73	5	**a)** Respuesta libre
	6	**a)** Partes en las que se divide una obra de teatro **b)** Indicaciones para los actores que sólo se leen **c)** Diálogo que dice cada personaje **d)** Seres interpretados por los actores
	7	**a)** portadilla **b)** índice **c)** portada **d)** introducción
	8	**b) c) e) g) i)**
	9	**a)** hechizo **b)** acogedizo **c)** movedizo **d)** huidizo **e)** rojizo
74	1	**a)** Carta formal **b)** Carta informal
75	1	**a)** Lugar y fecha **b)** Logo **c)** Encabezado **d)** Saludo **e)** Cuerpo **f)** Despedida **g)** Firma
76	3	Con mayúsculas
	4	Postdata
77	5	**a)** :, E, : p, A **b)** E, J, :, L
78	1	Respuesta sugerida: Es una discusión en la que se presentan los puntos de vista de diferentes personas sobre un determinado tema o problema.
	2	**a)** moderador **b)** secretario **c)** participantes
	3	**b)**
79	4	**a)** Respuesta sugerida: Si es o no conveniente retocar a las modelos que salen en las revistas. **b)** Respuesta sugerida: La mujer de pelo largo. **c)** Respuesta sugerida: Los que están a favor del retoque y los que piensan que no se debe hacer porque es mala influencia para la juventud.
	5	**a)** Antes **b)** Durante **c)** Antes **d)** Al final **e)** Durante **f)** Durante **g)** Antes
	6	**a)** ☹ **b)** ☺ **c)** ☺ **d)** ☹ **e)** ☺
80	3	Respuestas libres

Pág.	Ejer.	Respuestas
81	2	**a)** las niñas y los niños. **b)** disfrutar la vida y… **c)** Que lo hagamos cada tercer día o más seguido.
82	2 a 5	Respuestas libres
84	1	Texto 1: genética, gen / Texto 2: Georgina, genética, genes / Texto 3: genética, genes, generación / Texto 4: gemelo, Genaro **a)** g **c)** gen, geo, gem
84	2	**a)** gen **b)** genes **c)** genómica **d)** genómica, genoma **e)** gemelas, Géminis **f)** Geometría, Geografía
84	3	Respuesta libre
85	1	**a)** Comercial **b)** Social **c)** Político
85	2	(sopa de letras)
86	1	Respuesta libre
86	2	**a)** metáfora **b)** rima **c)** comparación **d)** calambur
86	3	Respuestas libres
86	4	**a)** más **b)** pronto **c)** delante **d)** mucho
87	1	Respuestas libres
87	2	**a)** 1) Las mascotas son parte de la familia. 2) Obtén la imagen que has soñado. **b)** 1) Respuesta sugerida: Aluden el cariño de las personas hacia sus mascotas. Sí es verdad. 2) Promueve una imagen de belleza física. No es verdad. **c)** Respuesta libre **d)** Respuesta libre

Sopa de letras (Pág. 85, Ejer. 2):

```
C B Y S R V Z F T Q I K I E X I C
C R E I B L E G Y I N A H P L B O
D I F U N D I R A T F X A M B H U
I O D I W U A M S D O H Z V F Y I
A M P V U T C O E J R L G E O K D
A T P Y T U D F A Q M I F N X E T
O R R E S E U E O W A N K D Q J P
P A T A R O U Z S T R X X E C W D
A E A S C S D V Z O O U D R M E K
H O R K E T O Y C A K E Q I W K M
U E A S U U I N O R E S I I P C R
N R K E U Z V V A O L Y N P E D B
L M L B B A Q W O L P P E T I W E
F R S Y F E D L Y S E X V J O G Q
R I L S M B G I P V D S Y M T F E
A I E E P U A B R H G Q M E K B U
O D L T C O N C I S O I U E F Q P
```

Pág.	Ejer.	Respuestas
88	1	**a)** A la comunidad de un club deportivo. **b)** Gaceta deportiva. **c)** la comunidad de un club deportivo. **d)** título, tema, fecha, número e Información de contacto.
90	1	Respuestas libres
91	2	Respuesta y dibujo libre
92	2	**a)** Ciencia que estudia la vida de los seres que habitan en el agua. **b)** Parte de la mecánica que estudia el movimiento de los fluidos. **c)** En ciencia ficción es una especie de región conectada a nuestro universo, que a menudo sirve como atajo en los viajes interestelares para viajar más rápido que la luz. **d)** Que tienen poder más allá de lo normal.
92	3	**a)** agua **b)** muy, mucho
93	4	**a)** hidrofóbico **b)** hipercrítica **c)** hipersensible
93	5	**a)** hiperinteligente **b)** hipergracioso **c)** hiperrica **d)** hidromasaje **e)** hidrocálido **f)** hidroeléctrica
94	1	**a)** 6 **b)** 2 **c)** 1 **d)** 3 **e)** 5 **f)** 4
94	2 y 3	Respuestas libres
95	1	documento, resultados
95	2	**a)** tro, sa llo, clu **b)** Introducción: 2, Desarrollo: 1, Conclusiones: 3
95	3	Respuesta libre
96	2	**a)** Introducción **b)** Tabla de frecuencia **c)** Pregunta **d)** Gráfica de pastel **e)** Texto explicativo **f)** Gráfica de barras **g)** Desarrollo **h)** Conclusiones

Pág.	Ejer.	Respuestas
97	1	**b)**
	2	la mayoría, pero, solamente
	3	**a)** Respuesta sugerida: A la mayoría de los niños les gusta más ver caricaturas que series y, como esperábamos, muy pocos ven documentales en la televisión. **b)** Respuesta sugerida: Los niños se divirtieron más en el festival navideño y solamente uno seleccionó el festival del fin de cursos como el más divertido.
98	1	**a)** 100, Five Flags, Respuesta sugerida: Conocer su opinión sobre el parque, sus juegos y sus servicios **b)** Respuesta libre
99	1	**c)** Respuesta libre
100	1	camarónpantalón(tzotzil)camaleónmesaburóhigobruno(chol) palabralenguaperra(náhuatl)españolhombretododiversidad laguna(mazateco)trompojamónotoman(huichol)anahuamar piemanozapat(maya)cutzamalparaguasgigantehospitaldia curazaomielfuegotzancudoun(zapoteco)uechuamaqueta girasoltoten(tzeltal)nigerianoonduladotoltecaarabemerida (totonaca)palmeramixioteoaxacaplumeroparacuaroquinque alebrijetortuga(mixteco)extopalaciocubrezanahoriaarr
	2	Respuestas libres
	3	**a)** náhuatl, chocolate **b)** náhuatl, esquite **c)** náhuatl, aguacate
101	1	**a)** Significa "quien chupa el agua"… **b)** Del náhuatl huey… **c)** Proviene del náhuatl apapachoa… **d)** Proviene del náhuatl popotli… **e)** Significa "mellizo"…
	2	**a)** papalote **b)** comalli **c)** elote **d)** tomatl
	3	Respuesta libre
102	1	**a)** Domínguez **b)** Rodríguez **c)** Juárez **d)** Estévez **e)** González
	2	Respuesta libre
	3	**a)** Álvaro **b)** Benito **c)** Fernando **d)** Martín **e)** Vasco **f)** Blas

Pág.	Ejer.	Respuestas
103	1	fecha, destinatario, cuerpo, logo, saludo, remitente, despedida, lugar
	2	Causales: porque… Temporales: Antes… Lógicos: y, pero…
	3	**a)** trípticos, impreso **b)** caras **c)** portada, atractiva **d)** subtítulos, esquemas **e)** difundir
	4	**a)** g **b)** j **c)** g **d)** j **e)** j **f)** j **g)** g **h)** g
	5	**a)** 3 **b)** 5 **c)** 1 **d)** 4 **e)** 2
104	6	**a)** eslogan **b)** comerciales políticos y sociales **c)** estereotipos **d)** encuesta
	7	Respuesta libre, ejemplo: informar, educar, crear unión y sentido de pertenencia
	8	**b)**
	9	aguacate, papalote, chocolate, México, chicle, esquite, mezcal, tianguis, itacate

Respuestas de sección: **Matemáticas**

Pág.	Ejer.	Respuestas
105	1	**b)** 2, 3, 7 **c)** 3, 1, 6 **d)** 5, 4, 8 **e)** 0, 3, 8 **f)** 4, 8, 5
	2	**b)** 835 672 Ochocientos treinta y cinco mil seiscientos setenta y dos **c)** 15 647 930 Quince millones seiscientos cuarenta y siete mil novecientos treinta **d)** 276 589 Doscientos setenta y seis mil quinientos ochenta y nueve **e)** 346 487 602 Trescientos cuarenta y seis millones cuatrocientos ochenta y siete mil seiscientos dos
106	3	**b)** 485 140 **c)** 226 292 409 **d)** 7 526 312 **e)** 59 982 001
	4	**c)** 432 517 238 **d)** 432 517 240 **e)** 875 132 783 **f)** 875 132 785
107	5 y 6	Respuestas libres
	7	**a)** 9 779 865 **b)** 15 627 321 **c)** 303 009 123 **d)** 425 675 874 **e)** 716 496 047 **f)** 956 213 002
108	8	**a)** Ochocientos tres millones setenta y un mil doscientos treinta y uno es menor que novecientos cincuenta y ocho millones ciento cincuenta y seis mil novecientos noventa y dos **b)** Doscientos veintiún millones seiscientos cuarenta y tres mil ochocientos setenta y nueve es mayor que doscientos veintiún millones seiscientos cuarenta y tres mil setecientos setenta y nueve
	9	**a)** Sesenta millones trescientos cuarenta mil trescientos veintiocho habitantes **b)** Bolonia **c)** 6 centenas de millar **d)** Nápoles **e)** 372 256 / 908 263 / 973 132 / 1 299 633 / 2 718 768 **f)** 60 500 000

Pág.	Ejer.	Respuestas
109	1	**b)** Ciento noventa y ocho enteros, dos décimos **c)** Doscientos once mil setecientos treinta y ocho enteros, veintiún centésimos **d)** Ciento cinco enteros, treinta y tres centésimos **e)** Seis enteros, cinco milésimos
	2	**b)** 325 673.902 **c)** 9 043 821.6 **d)** 7 930 241.80 **e)** 3 509 870.4
110	1	**a)** 55 594 **b)** 143 486 **c)** 118 881 **d)** 994 894 **e)** 1 389 766 **f)** 529 430 **g)** 887 022 292 **h)** 5 242 791 **i)** 7 745 510 **j)** 9 382 620
111	2	**a)** 94.99 **b)** 88.83 **c)** 98.33 **d)** 48.874 **e)** 64.458 **f)** 49.692 **g)** 95.713 **h)** 104.335 **i)** 123.22
	3	**a)** 236 542 641.550 **b)** 4071.107
112	1	**a)** 2) 4 129 519 E / 3) 103 893 011 C / 4) 2 728 305 U / 5) 6 995 269 O / 6) 2 562 592 Y / 7) 7 644 286 A SECUOYA **b)** 1) 6 439 078 A / 2) 3 675 409 N / 3) 6 439 078 A / 4) 1 807 541 C / 5) 1 688 086 O / 6) 3 675 409 N / 7) 322 353 752 D / 8) 6 439 078 A ANACONDA
113	2	**a)** 12.945 **b)** 40.889 **c)** 21.602 **d)** 28.059 **e)** 19.263 **f)** 27.827 **g)** 117.843 **h)** 316.149 **i)** 55.707
	3	**a)** 189.022 **b)** 503.552
114	1	**a)** 17.13 kg **b)** 217.06 g **c)** $8 526.90 **d)** $6 256
115	1	**a)** Colorear la mitad de las dos barras. **b)** Sí porque es la misma cantidad pero dividida en diferentes partes. **c)** A $7 **d)** Sí porque es la misma cantidad. **e)** Dibujar el primer círculo completo; el segundo, dos cuartos; el tercero completo; el cuatro, cuatro cuartos. **f)** Fracciones equivalentes.

Pág.	Ejer.	Respuestas
116	2	**a)** 2/4 < 3/2 **b)** 5/6 < 4/3 **c)** 1 2/4 > 9/8
	3	**b)** > **c)** > **d)** < **e)** > **f)** < **g)** = **h)** > **i)** > **j)** >
	4	1/4, 1/2, 2/3, 5/6, 5/3
117	1	**b)** 6/8 **c)** 7/9 **d)** 11/7 **e)** 5/6 **f)** 11/8 **g)** 8/8 **h)** 7/8 **i)** 14/21 **j)** 8/6
118	2	**b)** 2/7 **c)** 1/3 **d)** 5/8 **e)** 13/8 **f)** 3/8 **g)** 1/9 **h)** 1/2 **i)** 1/9 **j)** 1/5 **k)** 1/3 **l)** 1/3
119	3	**a)** 2 kg **b)** 10 3/8 **c)** 1 1/6 **d)** 1 1/2
120	4	**a)** 7/4 **b)** 19/15 **c)** 3/2 **d)** 7/12
121	1	**a)** 663 **b)** 90 **c)** 5/8 **d)** 3 horas **e)** $36 **f)** rojos: 288, morados: 72, verdes: 360
	2	**a)** 1 **b)** 1 1/2 **c)** 2
122	1	**a)** 0.12 **b)** 0.1 **c)** 0.56 **d)** 0.18 **e)** 1.35 **f)** 4.68 **g)** 0.84 **h)** 1.44 **i)** 39.22 **j)** 43.46 **k)** 14.94 **l)** 39.69
123	2	**a)** 13.68 **b)** 34.132 **c)** 59.118 **d)** 2,465 **e)** 64.2428 **f)** 17.94 **g)** 1.46055 **h)** 317.34 **i)** 24.187
	3	**a)** 47.3396 **b)** 3.77338 **c)** 26.9273 **d)** 40.83342 **e)** 89.7858 **f)** 29.65034
124	4	**b)** 401.20 **c)** 236.25 **d)** 35.2 **e)** 151.2 **f)** 968 **g)** 626.4 **h)** 2 758.8 **i)** 1 200.60 **j)** 1321.6
125	1	**b)** 3/16 **c)** 4/15 **d)** 1/5 **e)** 1/6 **f)** 2/7 **g)** 5/6 **h)** 5/14 **i)** 4 **j)** 3/16
126	2	**a)** 5/16 **b)** 15/63 **c)** 8/35 **d)** 5/24 **e)** 14/9 **f)** 7/5 **g)** 1/21 **h)** 5/4 **i)** 4/15 **j)** 7/18 **k)** 2/27 **l)** 7/16
127	3	**a)** 12/35 **b)** 5/12 **c)** 5/18 **d)** 1/36 **e)** 1/7 **f)** 28/45 **g)** 9/16 **h)** 5/21 **i)** 2/3 **j)** 10/3 **k)** 2 **l)** 6/7

Pág.	Ejer.	Respuestas
128	4	**a)** 10 huevos **b)** 2 5/8 kg **c)** 525 m^2 **d)** 8/35
129	1	**a)** 1 508 **b)** 2 581 **c)** 1 675 **d)** 769 **e)** 1 590 **f)** 525 **g)** 1 349 **h)** 756 **i)** 875
130	2	**a)** 116 **b)** 225 **c)** 61 **d)** 174 **e)** 138 **f)** 99 **g)** 130 **h)** 109 **i)** 269 **j)** 188 **k)** 139 **l)** 36
131	3	**a)** 2 400 **b)** 23 **c)** 333 000 **d)** 52 000 **e)** 500 000 000 **f)** 120 **g)** 1 250 000 **h)** 1 000 **i)** 0 **j)** 375 000 000
132	1	**a)** 12.09 **b)** 30.52 **c)** 24.35 **d)** 11.65 **e)** 10.935 **f)** 22.33 **g)** 12.07 **h)** 13.02 **i)** 3.12
133	2	**a)** 9.08 **b)** 60.2 **c)** 40.2 **d)** 70.1 **e)** 2.7 **f)** 3.26 **g)** 2.54 **h)** 34.97 **i)** 3.2 **j)** 6.6 **k)** 132.7 **l)** 6.06
134	1	**b)** 2 **c)** 1 3/7 **d)** 2 2/3 **e)** 2 4/7 **f)** 4/5 **g)** 4 1/2 **h)** 1 1/9 **i)** 1 5/7 **j)** 1 5/7
135	2	**a)** 7/2 **b)** 5 **c)** 8/3 **d)** 56/45 **e)** 4/3 **f)** 18/7 **g)** 48/25 **h)** 9/4 **i)** 10/3 **j)** 16/9 **k)** 35/24 **l)** 5/3
136	3	**a)** $2.20 **b)** $68.75 **c)** 13.13 g chicles, 56.25 g chocolates, 36.88 g frituras, 21.88 g dulces chile **d)** 0.75 litros
137	3	**e)** 328.42 **f)** 2.79 **g)** 2. 2.01 / 3. 2.35 / 4. 4.5 / 5. 3.3
138	1	**a)** 2 500 **b)** 4 800 **c)** 1 000 **d)** 200 **e)** 15 **f)** 20 **g)** 10 **h)** 400 **i)** 25 **j)** 16 000 **k)** 520 **l)** 230 **m)** 250 **n)** 50 **o)** 40

Pág.	Ejer.	Respuestas
139	1	**a)** 13 455 – 13 457 trece mil cuatrocientos cincuenta y cinco, trece mil cuatrocientos cincuenta y siete **b)** 257 020 – 257 022 doscientos cincuenta y siete mil veinte, doscientos cincuenta y siete mil veintidós **c)** 783 405 599 – 783 405 601 setecientos ochenta y tres millones cuatrocientos cinco mil quinientos noventa y nueve, setecientos ochenta y tres millones cuatrocientos cinco mil seiscientos uno
	2	**a)** 48.497 **b)** 1/6 **c)** 12.78 **d)** 2 **e)** 6 000 000 **f)** 5/6 **g)** 2 563.6 **h)** 115.842 **i)** 1/2
140	3	
141	1	**a)** Rectas perpendiculares **b)** Rectas paralelas **c)** Rectas secantes
	2 y 3	Respuestas libres, ejemplo:

Pág.	Ejer.	Respuestas
142	1	
	2	Respuesta libre
143	3	**b)** 170° **c)** 45° **d)** 25° **e)** 25° y 45° **f)** 15° y 15° **g)** 25° y 45° **h)** 45° y 80°
144	1	**a)** Pasa por la biblioteca y la panadería **b)** En el sur **c)** Calle Santiago **d)** El Ayuntamiento **e)** Caminar sobre calle Madrid, dar vuelta a la izquierda y seguir derecho hasta el museo
	2	Respuesta libre
145	3	**a)** Caminaría por Camelia al norte hasta encontrar Iztaccíhuatl **b)** Naranjo, Morelos y Moras e Iztaccíhuatl **c)** Oeste **d)** Benito Juárez y Álvaro Obregón **e)** Álvaro Obregón **f)** Ajusco y Francia **g)** Industria o Iztaccíhuatl **h)** tres, oeste, norte
146	1	**b)** 0.9 hm **c)** 1 000 dam **d)** 12 dm **e)** 50 000 m
	2	**a)** 800 **b)** 1 700 **c)** 50 000 **d)** 9 **e)** 2.5
147	3	Respuestas libres
	4	**a)** 1.6 dam **b)** 4 000m **c)** 1 700 mm
	5	**a)** .15 y 6.40 **b)** 240 m y 540 m

Pág.	Ejer.	Respuestas
148	1	16, 1 600
148	2	**a)** 10 889 000 hm² **b)** 511 000 000 dam² **c)** 110 860 km² **d)** 229.6 km² **e)** Cuba
148	3	**a)** 1 000 000 m² **b)** 20 000 cm² **c)** 1 500 dam² **d)** 8 km²
149	4	10 000
149	5	**a)** 22 secciones **b)** 6 500 m² **c)** $2 925 000
150	1	**b)** 7 g **c)** 3 dag **d)** 200 hg **e)** 6 000 cg
150	2	**a)** 45 **b)** 300 000 **c)** 600 **d)** 50 **e)** 1
151	3	elefante, avión, ballena, tractor
151	4	**a)** No, porque sólo caben 1 000. **b)** 1 000 km **c)** 20 bultos **d)** 500 kilogramos
152	1	**b)** 70 dl **c)** 80 dal **d)** 1 700 l **e)** 450 dl
152	2	**a)** 10 000 **b)** 3 500 **c)** 17 **d)** 500 **e)** 20 000
153	1	**a)** 12 vacas, 875 litros **b)** 2 350 mililitros al día

kilolitros	hectolitros	decalitros	litros	decilitros	centilitros	mililitros
17	170	1 700	17 000	170 000	1 700 000	17 000 000
2.5	25	250	2 500	25 000	250 000	2 500 000
.035	.35	3.5	35	350	3 500	35 000
.48	4.8	48	480	4 800	48 000	480 000

(153, Ejer. 2)

Pág.	Ejer.	Respuestas
154	3	**a)** 41.05 km **b)** 180 m

Kilómetros	Hectómetros	Decámetros	Metros	Decímetros	Centímetros	Milímetros
9.5	95	950	9 500	95 000	950 000	9 500 000
4.1	41	410	4 100	41 000	410 000	4 100 000
0.17	1.7	17	170	1 700	17 000	170 000
0.95	9.5	95	950	9 500	95 000	950 000

(154, Ejer. 4)

Pág.	Ejer.	Respuestas
155	5	**a)** 34.15, 60.85 **b)** 75 kg

Kilogramos	Hectogramos	Decagramos	Gramos	Decigramos	Centigramos	Miligramos
.9	9	90	900	9 000	90 000	900 000
1.375	13.75	137.5	1375	13 750	137 500	1 375 000
5	50	500	5 000	50 000	500 000	5 000 000
13	130	1 300	13 000	130 000	1 300 000	13 000 000

(155, Ejer. 6)

Pág.	Ejer.	Respuestas
156	1	**a)** segundo **b)** mes **c)** década **d)** año **e)** minuto **f)** siglo
156	2	**a)** 1 440 **b)** 365, 75 **c)** 100, 20

Pág.	Ejer.	Respuestas
157	3	**b)** mayor, 5, 10 años **c)** 100, 1 000 años
157	4	Completar arriba con: 500, 300, 200, 300, 500, 700, 800, 900, 1 100 Abajo con: V, IV, IV, V, X, XII, XIII
157	5	**a)** 40 años **b)** 360 minutos **c)** 63 horas **d)** 5 horas, 15 minutos **e)** 2011
158	1	Rojo: pentágono, hexágono, heptágono, octágono, eneágono, decágono Azul: cuadrado, rectángulo, rombo, romboide, trapecio, trapezoide
158	2	Respuesta libre
159	3	
160	1	**a)** circunferencia, **b)** diámetro, **c)** radio, **d)** centro
160	2	Respuesta libre
160	3	

Pág.	Ejer.	Respuestas
161	4	Tres círculos de diferente tamaño
	5	a) Orilla con rojo, relleno con azul b) El radio c) El diámetro d) Las respuestas pueden variar, pero se espera que exprese que la circunferencia es el contorno o el perímetro del círculo o la alberca
	6	a) Por ejemplo: cinta métrica, regla o cordón b) El diámetro c) El perímetro mide 3.14 veces lo que mide el diámetro
162	1	b) Un ángulo obtuso c) Ningún lado igual d) Un ángulo recto e) Tres ángulos agudos f) Tres lados iguales
163	1 y 2	Respuestas libres
	3	rombo, eneágono, octágono, hexágono, triángulo, heptágono, cuadrado, trapezoide, rectángulo, pentágono
164	4	3 600 segundos, 64 minutos, 3 horas, 195 minutos, 1 día, 26 horas, 1/2 año, 1 año, 368 días, 1 lustro, 2 000 días, 1 siglo
	5	a) 1 dl b) 3 kg c) 1 hm d) 5 m
	6	a) lápiz, pluma, tijeras, regla b) .580 kg c) 3 m d) 3 cajas e) 39.15 m f) 14.5 Dal
165	1	b) 9 cm c) 20 cm d) 21 cm e) 15 cm f) 18 cm g) 6 cm h) 21 cm
166	2	Respuesta libre
	3	a) 50.24 cm b) 31.4 cm c) 25.12 cm
167	4	c) 80 cm + 30 cm
	5	a) 12 m b) 3 m más c) 24 m
168	6	a) El de la vaca y el del caballo b) El del borrego c) El de la vaca y el del caballo d) 76 m e) P = 2 L + 2 L o P = L + L + L + L
	7	El perímetro a) P = l + l + l b) Sí, L × 3 c) Respuesta libre d) $450 e) $90

Pág.	Ejer.	Respuestas
169	8	a) 180 cm b) 1. 6, 6, 6 cm / 2. 4.5, 4.5, 4.5 cm / 3. 5, 4, 4 cm / 4. 8, 2 cm
	9	a) 18 b) 28
170	1	a) caras b) aristas c) vértices
	2	
171	3	a) cono b) esfera c) prisma triangular
	4	a) Cubo b) Esfera c) Cilindro d) Prisma rectangular
172	1	a) Cubo Número de caras: 6 Número de aristas: 12 Número de vértices: 8 b) Prisma rectangular Número de caras: 6 Número de aristas: 12 Número de vértices: 8
173	1	a) L^2 b) b × a c) b × a d) b x a ÷ 2 e) D x d ÷ 2 f) B + b x h ÷ 2
	2	Respuesta libre
174	3	b) 25 × 10 ÷ 2 = 125 cm² c) 23 × 12 = 276 cm² d) 15 × 16 ÷ 2 = 120 cm² e) 10 × 20 ÷ 2 = 100 cm²
175	4	a) 6 cm² b) Sí, b × a c) 4 cm y 3 cm, (D × d) /2, porque su área equivale a la mitad del producto de sus diagonales.
	5	a) D × d/2, 125 cm² b) 620 cm²
176	6	Respuesta libre, pueden decir un triángulo. a) 5 cm, 2.5 cm, 2 cm c) 7.5 cm, Sí
	7	a) P = 20 + 44 + 38 A = 20 × 29 / 2 b) P = 25 + 18 + 15 +15

Pág.	Ejer.	Respuestas
177	1	1 210, 213
177	2	230, 230, 230 Sí. Porque su sistema de numeración no es posicional, sólo se suman los valores de los símbolos.
177	3	Arriba: 0 1 2 3 4 5 6 7 8 9 Abajo: 10 11 12 13 14 15 16 17 18 19
178	1	a) LXXXI b) XXV c) CD d) CXIX e) CCLXIII f) CXXXVIII g) CCCXV h) D
178	2	a) Ciento veinte b) Trescientos setenta y ocho c) Cincuenta y cinco d) Cuatrocientos noventa y seis e) Doscientos cuarenta y cuatro f) Sesenta y nueve g) Doscientos cincuenta y siete h) Ciento ochenta y nueve
178	3	b) CLXXX–CLXXXII c) CCLXXVI–CCLXXVIII
179	1	Rojo: b) c) e) Verde: a) d) f)
179	2	Harina: 1 taza Leche 1 1/2 tazas, 2 1/4 tazas Huevos: 2 huevos, 3 huevos Mantequilla: 1 cucharada
180	3	b) $916.5 c) 12.5 días
181	3	d) 60 albañiles e) 3 días
181	4	a) 8 niños b) 32 niños c) $36 d) 5 globos
182	1	a) Moda = 4, Mediana = 4, b) Moda = 2, Media = 1.96, Mediana = 2
183	1	c) Moda = 17, Media = 17.8, Mediana = 18 d) Moda = 2, Media = 2.25, Mediana = 2 e) Moda = Química, Media = No hay, Mediana = No hay
184	1	a) F b) V c) V d) V e) F

Pág.	Ejer.	Respuestas
185	2	Oro: 1, 6 Plata: 3, 4 Bronce: 3, 11 Total: 7, 21
185	3	a) Año pasado b) Año actual
185	4	(ver tabla y gráfica)

Color de ojos	Número de personas
Negros	14
Cafés	24
Verdes	4
Azules	8

Negros   Cafés   Verdes   Azules

Pág.	Ejer.	Respuestas
186	1	b) seguro c) imposible d) una vaca que un cochino e) 8, 1
186	2	a) 1/6
187	1	
188	2	Respuestas libres
188	3	

Respuestas de sección: **Ciencias Naturales**

Pág.	Ejer.	Respuestas
189	1	**a)** 4 **b)** 1 **c)** 3 **d)** 2
190	1	**a)** drogadicción, sustancias, cerebrales, factor de riesgo, sistema nervioso central **b)** tabaquismo, consumo, nicotina, sustancia, tabaco, factor de riesgo **c)** alcoholismo, manera excesiva, factor de riesgo
191	1	**a)** 4 **b)** 1 **c)** 5 **d)** 3 **e)** 2
191	2	Respuesta libre, ejemplo: **1)** Baño diario. **2)** Cambiarse la toalla sanitaria continuamente. **3)** Lavarse diariamente el área genital.
192	1	**a)** F **b)** V **c)** F **d)** V **e)** V **f)** V
192	2	**a)** espermatozoides, continua, testículos, producir, salir, ascender, uretra, próstata, producen, seminal, semen, pene.
193	1	
194	1	desierto
194	2	**a)** Bosque de coníferas Flora: Pinos Fauna: venado cola blanca **b)** Flora: siembra de diversos cultivos Fauna: conejos, zorras, serpientes **c)** Desierto Flora: nopales Fauna: víboras

Pág.	Ejer.	Respuestas
195	1	**a)** Respuesta libre, ejemplo: Transforma el medio para cultivar. **b)** Respuesta libre, ejemplo: Se tiran árboles para construir viviendas. **c)** Respuesta libre, ejemplo: Las fábricas contaminan el ambiente y dañan la salud de diferentes especies.
196	1	**a)** Contaminación lumínica **b)** Contaminación acústica **c)** Contaminación radioactiva **d)** Contaminación del suelo **e)** Contaminación térmica **f)** Contaminación del aire **g)** Contaminación del agua
196	2	**a)** 4 **b)** 7 **c)** 3 **d)** 2 **e)** 1 **f)** 5 **g)** 6
197	1	
198	1	**a)** **b)** **c)** **e)** **f)**
198	2	Pones agua en una jarra, agregas una cuchara grande de azúcar y exprimes cinco limones. Mezclas con la cuchara.
199	1	**a)** Filtración - 1 **b)** Imantación - 2 **c)** Decantación - 3 **d)** Evaporación - 4

Respuestas

Pág.	Ejer.	Respuestas
200	1	**a)** gases tóxicos. **b)** gases de azufre y monóxido de carbono. **c)** padecer enfermedades respiratorias, tener dolores de cabeza y bajan las defensas. **d)** óxido de nitrógeno. **e)** Respuesta libre, por ejemplo: Usar menos el auto.
201	1	**a) b) e) f)**
201	2	Respuesta libre, ejemplo: No pueden flotar porque los cuerpos son atraídos hacia la Tierra gracias a la fuerza de gravedad.
202	1	**a)** gramo **b)** gramo **c)** kilogramo **d)** gramo **e)** gramo **f)** gramo
202	2	4, 2, 3, 5, 1
203	1	**a)** Mucha masa y poco volumen. **b)** Mucha masa y mucho volumen. **c)** Poca masa y poco volumen. **d)** Poca masa y poco volumen. **e)** Poca masa y mucho volumen. **f)** Poca masa y mucho volumen.
204	1	**a)** 2 **b)** 3 **c)** 4 **d)** 1
204	2	**a) c) e)**
205	1	**1)** El circuito que no enciende no está cerrado.
205	2	Conductores: cobre, latón, aluminio. Aislantes: vidrio, carnaza, madera, hule.
206	1	**a)** Chimenea **b)** Transformador **c)** Torre de refrigeración **d)** Caldera **e)** Turbinas **f)** Bombas **g)** Condensador
206	2	Se usa carbón para calentar el agua. El vapor sale de los calentadores y pone en movimiento las aspas de las turbinas, las hace girar originando así la energía calorífica que se transforma en mecánica, y esta última en eléctrica. Finalmente se distribuye a través de conductores a los hogares, fábricas y lugares donde se requiere.
207	1	**a)** Química **b)** Mecánica **c)** Química **d)** Mecánica **e)** Eléctrica **f)** Calórica

Pág.	Ejer.	Respuestas
208	1	
208	2	Mercurio, Venus, Tierra, Marte, Júpiter, Saturno, Urano, Neptuno
209	3	
210	1	Hombre: Le crece vello púbico. Producen espermatozoides y les cambia la voz. Mujer: Le crecen los senos. Empieza a menstruar y le crece vello púbico.
210	2	**1)** f **2)** h **3)** a **4)** b **5)** c **6)** d **7)** e **8)** g
211	3	**a)** imantación **b)** decantación **c)** evaporación **d)** filtración
211	4	**a)** Mercurio **b)** Venus **c)** Tierra **d)** Marte **e)** Júpiter **f)** Saturno **g)** Urano **h)** Neptuno
211	5	Es el único planeta que tiene una atmósfera intermedia compuesta de oxígeno y nitrógeno, y un rango de temperatura moderada. Estas dos circunstancias permiten que exista el agua líquida.

Respuestas de sección: **Historia**

Pág.	Ejer.	Respuestas
212	1	Social: **a)** **b)** **h)** Económico: **d)** **f)** Político: **e)** **g)** Cultural: **c)**
	2	República: El pueblo elige a su presidente. El poder se divide en tres figuras. Todos deben seguir las leyes. Monarquía: Un soberano gobierna al país. El poder está concentrado en una sola persona. Aunque existen leyes, el monarca dice la última palabra.
213	3	**a)** Federalista **b)** Centralista **c)** Centralista **d)** Federalista **e)** Centralista **f)** Federalista
	4	El campo disminuyó su producción. Las actividades comerciales disminuyeron. No había inversiones internas. El gobierno se endeudó con bancos extranjeros y con algunos ricos usureros.
214	1	**a)** Querían recuperar el territorio mexicano. **b)** Económicamente fue bueno porque mantuvieron relaciones comerciales, pero diplomáticamente fue malo porque no reconocieron la independencia y surgió la guerra de los pasteles. **c)** Reconocieron la independencia de México y le prestaron dinero. **d)** Reconocieron el gobierno de México y se establecieron relaciones comerciales, pero querían adquirir territorio.
	2 a 4	Respuestas libres

Pág.	Ejer.	Respuestas
215	5	**a)** Causas: Gran cantidad de extranjeros se fueron a vivir a Texas, tenían sus propias costumbres y hablaban otro idioma. Consecuencias: un gobierno centralista. Texas declara su independencia, se constituye en una república y posteriormente se anexa a Estados Unidos. **b)** Causas: Estados Unidos quería ampliar su territorio. La inconformidad de grupos en Alta California y nuevo México con la constitución centralista de 1836. Consecuencias: guerra y firma del Tratado de Guadalupe-Hidalgo, que implicó la pérdida de más de la mitad del territorio mexicano.
215	6	Respuesta libre
216	1	Respuesta libre, ejemplo: Antes, los campesinos eran sometidos por los españoles. / Después de la Independencia hubo crecimiento de ranchos y haciendas.
	2	Respuesta libre, ejemplo: La vida cambió poco, pero se fueron poblando más las ciudades.
217	3	Respuestas libres
218	1	**a)** V **b)** F **c)** V **d)** V **e)** F **f)** V **g)** V **h)** V
	2	Respuestas libres

Pág.	Ejer.	Respuestas
219	3	**a)** Santa Anna se convirtió en un dictador. / Juan Álvarez encabezó al grupo de los liberales el cual creció en todo el país. **b)** En 1856 se reunió el Congreso constituyente que aprobó la Constitución de 1857, donde se determinó que México es una república representativa, democrática y federal. Sus opositores eran grupos conservadores. / Bajo el gobierno de Valentín Gómez Farías se promulgó la Constitución de 1857. **c)** El 17 de diciembre de 1857, el presidente Ignacio Comonfort reconoció el Plan de Tacubaya, con lo cual comenzó la Guerra de Reforma. Benito Juárez Asumió la presidencia. / El plan de Tacubaya solicitaba la anulación de la constitución de 1857. Benito Juárez luchó contra la invasión francesa.
220	1	**a)** 7 **b)** 5 **c)** 10 **d)** 8 **e)** 2 **f)** 4 **g)** 1 **h)** 6 **i)** 9 **j)** 3
	2	**a)** V **b)** F **c)** V **d)** V **e)** V
221	3	Respuestas libres, ejemplo: **1.** Todo trabajo debe ser remunerado. **2.** La enseñanza en México es libre. **3.** Están prohibidos los castigos corporales de cualquier especie.
222	4	1 **e)** 2 **d)** 3 **b)** 4 **c)** 5 **a)** 6 **f)**
223	1	Ciencia: **b) g) j)** Tecnología: **d) e) f) h) i)** Cultura: **a) c) k)**
224	2	Posible respuesta: Los campesinos trabajaban más de 12 horas al día por un salario muy bajo. Los obreros y los trabajadores de las minas también eran sometidos a largas jornadas de trabajo. En todos los casos, casi siempre, se les pagaba con vales que debían cambiar por mercancías en tiendas de sus patrones, las "tiendas de raya".
	3	Formaron sindicatos para protegerse de los abusos, hicieron huelgas que fueron reprimidas con armas.
	4	La de Cananea (Sonora) y Río Blanco (Veracruz). Ambas fueron disueltas y murió mucha gente.

Pág.	Ejer.	Respuestas
225	1	**a)** Porfirio Díaz **b)** Venustiano Carranza **c)** Francisco I. Madero **d)** Francisco Villa **e)** Emiliano Zapata **f)** Aquiles Serdán **g)** Victoriano Huerta **h)** Plutarco Elías Calles
226	2	
227	1	Dibujo libre
228	1	**a)** 1939-1945 **b)** 1931 **c)** 1921 **d)** 1929 **e)** 1968 **f)** 1928 **g)** 1942 **h)** 1953 **i)** 1921 **j)** 1936-1939 **k)** 1970 **l)** 1969 **m)** 1923
229	1	**a)** Venustiano Carranza. Respuesta libre, ejemplo: Combatió a los opositores. **b)** Álvaro Obregón. Respuesta libre, ejemplo: Creó la Secretaría de Educación Pública y dio un fuerte impulso a la educación. **c)** Plutarco Elías Calles. Respuesta libre, ejemplo: Enfrentó problemas políticos y se produjo la guerra cristera.
	2	Causas: El presidente Calles expidió una ley que prohibía el culto externo y expulsó a sacerdotes extranjeros. La Iglesia suspendió las actividades religiosas, y sus feligreses se manifestaron contra el gobierno. Consecuencias: Murió mucha gente. La Iglesia católica acordó no participar en la vida política del país y reconoció la autoridad del gobierno. El gobierno devolvió los templos y permitió la reanudación de cultos.

Pág.	Ejer.	Respuestas
230	1	a) 1829, Plutarco Elías Calles, Revolución Mexicana, Revolucionario Institucional b) Manuel Gómez Morin, 1939, Lázaro Cárdenas, oposición c) 1919, izquierda, PCM
230	2	Respuesta libre, ejemplo: Para que se alternen el poder.
231	1	a) ingleses y estadounidenses. b) petroleras. c) Lázaro Cárdenas. d) 18 de marzo de 1938. e) Pemex. f) el reparto de las tierras.
232	1	Azul: d) e) f) Rojo: a) b) c)
232	2	a) Obreros b) Estudiantes c) Campesinos
233	1	Causas: Desarrollo económico, mejores condiciones de vida, mayor esperanza de vida y acceso a los servicios de salud. Consecuencias: Pobreza, falta de servicios y deterioro de la naturaleza.
233	2	a) 1943, IMSS b) 1959, ISSSTE c) 1974, Conapo
234	3	Respuesta libre, ejemplo: Porque los hombres y las mujeres deben tener los mismos derechos y obligaciones.
234	4	Respuestas libres, ejemplo: Mujeres antes de 1940: La mujer sólo trabajaba en su casa, no podía votar y muy pocas estudiaban. Mujeres en la actualidad: Muchas trabajan fuera del hogar, tienen mayor educación y pueden votar.
235	1	Pintura: a) d) h) Música: b) e) Cine: g) i) Literatura: f) Deporte: c) j)
235	2	Respuesta libre
236	1	a) Satélites artificiales b) Teléfonos celulares c) Televisión satelital d) Internet e) Transportes como el metro

Pág.	Ejer.	Respuestas
237	1	a) F b) V c) F d) V e) V f) F g) V
237	2	a) b) e) f)
238	3	a) Porfirio Díaz b) Francisco I. Madero c) Francisco Villa d) Emiliano Zapata e) Plan de San Luis f) 20 de noviembre de 1910
238	4	Expropiación petrolera: a) c) d) Reparto agrario: b) e) f)
238	5	Respuesta libre

Respuestas de sección: **Geografía**

Pág.	Ejer.	Respuestas
239	1	
240	1	Movimiento de rotación: **a)** **c)** **e)** Movimiento de translación: **b)** **d)** **f)**
240	2	**a)** tres meses **b)** equinoccios **c)** 21 de marzo **d)** solsticios **e)** 21 de junio
241	1	**a)** División política de América **b)** Continentes y océanos del mundo
241	2	
242	3	 **a)** Hospital **b)** Acampar **c)** Gasolinera **d)** Hotel **e)** Parada **f)** Restaurante **g)** Playa **h)** Iglesia **i)** Artesanías

Pág.	Ejer.	Respuestas
243	1	**a)** Ecuador **b)** Meridiano de Greenwich
243	2	Ecuador, Colombia, Brasil, Sumatra, Indonesia, Gabón, Congo, Uganda, Kenia y Somalia
243	3	Argelia, Mali, Burkina Faso, Ghana, Reino Unido, Francia y España
243	4	Canadá, Estados Unidos y México
244	2	**a)** 12. **b)** Respuesta libre, puede ser: Placa norteamericana, placa sudamericana, placa africana, placa euroasiática, placa indoaustraliana o placa pacífica. **d)** Pico de Orizaba, Nevado de Colima y Popocatépetl.
245	2	Respuesta libre, ejemplo: pesca, navegación para transportar gente o mercancía comercial y turismo.
245	3	Respuesta libre, ejemplo: beber, cocinar, bañarse, aseo, limpieza de casa y ropa, regar plantas, dar de beber y asear a las mascotas.
246	1	**a)** Clima tropical lluvioso todo el año. Se localiza en zona cálida, entre el ecuador y los trópicos. **b)** Clima seco desértico. Se localiza entre los 25 y 50° de latitud, en planicies alejadas del mar y probablemente rodeados de altas montañas. **c)** Clima tropical con lluvias de verano. Se localiza en zona cálida, entre el ecuador y los trópicos, circundada por el mar. **d)** Clima polar de tundra. Se localiza en latitudes cercanas a los círculos polares. **e)** Clima polar de alta montaña. Puede encontrarse en latitudes de zonas térmicas templadas tropicales cuya altitud rebasa los 3 000 metros sobre el nivel del mar.
246	2	Respuesta libre

Pág.	Ejer.	Respuestas
247	1	**Regiones naturales del mundo** **Regiones tropicales** — Selva: Humedad abundante / Árboles densos y altos / Gran número de especies animales trepadoras y aves. Sabana: Clima tropical / Árboles aislados, arbustos / Animales de gran tamaño y velocidad. **Regiones secas** — Desierto: Aridez extrema / Vegetación cactácea y matorrales espinosos / Animales roedores, reptiles e insectos. Estepa: Clima seco / Matorrales arbustivos / Fauna: camellos, roedores, aves. **Regiones templadas** — Vegetación mediterránea: Clima templado / Vegetación de pinos, laureles, encino / Fauna: osos, castores, lobos y ciervos. Pradera: Clima templado / Vegetación: hierbas y pastos / Fauna: roedores, aves, puma, venado. Bosque templado: Lluvias abundantes / Vegetación de pinos, laureles, encinos / Fauna: osos, nutrias, castores, lobos y ciervos. **Regiones frías** — Bosque de coníferas o taiga: Clima frío / Vegetación de coníferas / Fauna: osos, alces, castores, linces, lechuzas. Tundra: Temperatura máxima de 10° en el verano / Vegetación de hierbas, musgos y líquenes / Fauna: renos, zorros, liebres, roedores. **Regiones polares** — Alta montaña: Clima polar en las cimas de las altas montañas / Vegetación: líquenes, musgos / Fauna: roedores, liebres. Hielos perpetuos: Clima polar, temperatura inferior a -30 °C / Vegetación: líquenes, musgos / Fauna: osos polares, focas y pingüinos.
248	1	**a)** Vegetación y fauna abundantes para el consumo. Lluvias frecuentes que provocan inundaciones. **b)** Clima extremoso, escasa vegetación, poca disponibilidad de agua y vida difícil. **c)** Clima templado. Planicies para la agricultura y la ganadería. Favorece la vida humana. **d)** Agua abundante. Vegetación para construcción y clima frío. **e)** Clima polar, poca variedad de animales para el consumo humano, escasa vegetación.
248	2	Dibujo libre
249	3	

Pág.	Ejer.	Respuestas
251	2	**a)** China **b)** Bangladesh **c)** Respuesta libre, ejemplo: República libre de Bangladesh porque tiene una mayor concentración de población en un territorio pequeño. **d)** Respuesta libre, ejemplo: porque Namibia es un país desértico y Bangladesh es un territorio fértil.
252	1	Respuesta libre, ejemplo: Hay mayores fuentes de empleo, mejor transporte público, hospitales con especialidades, casa con luz y drenaje.
252	2	Respuesta libre, ejemplo: No hay contaminación. Los productos son más baratos. La vida es más sana.
253	3	Respuestas libres, ejemplo: Campo: Fruta y frijoles. Ciudad: Limpiadores para el hogar y aparatos electrodomésticos.
253	4	Respuestas libres, ejemplo: En la ciudad la vida es más cara y hay contaminación. En el campo es más difícil acceder a servicios como transporte, luz y agua potable.
253	5	Respuestas libres, ejemplo: Problemática urbana: Usar menos el auto para evitar la contaminación. Problemática rural: Construir más carreteras para que tengan mejor comunicación.
254	1	**a)** Migración externa **b)** Inmigración **c)** Emigración **d)** Migración interna
254	2	Respuesta libre
255	3	

Pág.	Ejer.	Respuestas
256	1	
	2	a) Vestimenta b) Arquitectura c) Música tradicional d) Gastronomía e) Idioma f) Religión g) Baile h) Costumbres
	3	Respuesta libre
257	1	a) Agricultura b) Fruticultura c) Pesca d) Tala o actividades forestales e) Ganadería ovina o caprina f) Actividades avícolas
	2	b) Relieve de pequeñas colinas, planicies o mesetas. Clima templado o cálido, lluvias frecuentes. c) Ríos, lagos, lagunas o mares. d) Clima frío, templado o cálido. Suelo fértil, laderas o montes. e) Clima seco a templado, planicies o laderas con pastizales. f) Clima seco a templado.
258	1	b) Industria textil, prendas de vestir e industria del cuero. c) Industria maderera y productos de madera. d) Industria de productos derivados de papel, imprentas y editoriales. e) Industria química, derivados del petróleo, productos de caucho y plástico. f) Industria de productos minerales no metálicos (excepto petróleo y carbón). g) Industria metálica básica. h) Industria de productos metálicos, maquinaria, refacciones y equipo. i) Industrias manufactureras de artículos de precisión, medición y control.

Pág.	Ejer.	Respuestas
259	1	Respuestas libres, ejemplos: Industria ligera: Fábrica de zapatos o ropa. Básica: Cementera. De transformación: Fábrica de maquinaria industrial.
	2	Respuestas libres
260	1	a) contaduría y administración b) asesor de mercado c) piloto d) mensajero e) vigilante f) plomero g) peluquero
	2	Respuestas libres
261	1	b) d) e)
	2	Dibujo libre
262	1	Respuestas libres, ejemplos: a) Un sismo, se rompe el puente por la mala calidad de los materiales. Se puede prevenir usando materiales de buena calidad. b) Descuido humano. Se puede prevenir apagando las fogatas totalmente y verificar que así sea. c) Lluvias excesivas. Se puede evitar no tirando basura a los desagües.
263	1	

Pág.	Ejer.	Respuestas
264	2	**a)** Climas polares **b)** Climas tropicales **c)** Climas secos desérticos **d)** Climas templados
	3	CHOMACHINAMECONSMEXICOLIMPSDEAUSTRALIABRASILASLOPOLNERTESTADOSUNIDOSVINISLANDIA Gran población absoluta: China, México, Brasil y Estados Unidos. Poca población absoluta: Australia e Islandia.
	4	Sector primario: **a)** **c)** Sector secundario: **b)** **f)** Sector terciario: **d)** **e)**
	5	Respuesta libre, ejemplo: Llevar a cabo simulacros para saber qué hacer en caso de temblor.

Respuestas de sección **Educación Cívica y Ética**

Pág.	Ejer.	Respuestas
265	1	Verdaderas: **a) d) e) f)** Falsas: **b) c) g) h)**
266	1	**a)** Amarillo **b)** Verde **c)** Rojo **d)** Azul
267	2	**a)** Divertirse sanamente. **b)** Platicar con tus papás. **c)** Practicar deporte. **d)** Dormir entre 9 y 11 horas diarias.
267	3	**a)** V **b)** F **c)** F **d)** V **e)** V **f)** V
268	2	Respuestas libres
269	3	Respuestas libres
269	4	Respuestas libres
269	5	Respuestas libres
270	1	Respuestas libres, ejemplo: Caso 1: Le pido que no le ponga chile y yo se lo pongo a mi pieza de pizza después. Caso 2: Pedir que lo hagan en sábado, durante el día, para que el ruido afecte lo menos posible y tengan tiempo de limpiar el polvo que quede. Caso 3: Pedir que vayan un día por la tarde a ensayar para no molestar a los demás.
271	2	Respuestas libres, ejemplo: Si lo hago: Hago deporte, cumplo con mi equipo, tendré que hacer mi tarea el fin de semana. Si no lo hago: Tengo más tiempo para hacer mi tarea, no tengo que levantarme temprano, quedo mal con mi equipo, no hago ejercicio. La decisión que tomo: Respuesta libre.

Pág.	Ejer.	Respuestas
272	1	**1.** Luz del semáforo; **2.** Moño de niña que está junto al semáforo, **3.** Bolso de señora que está con el perro, **4.** La pareja que lleva carriola está en diferente orden; **5.** La carriola no tiene capucha; **6.** Falta una persona en el segundo coche; **7.** La señora con tubos tiene uno menos; **8.** La última pareja está en diferente orden; **9.** Antena del último coche.
273	2	Respuesta libre, ejemplo: La señora con tubos está ponchando una llanta.
273	3	Respuesta libre, ejemplo: La señora en lugar de ponchar la llanta deja un letrero al coche donde pida que no se estacionen en su entrada.
274	1	**a)** El poder legislativo **b)** El poder ejecutivo **c)** El poder judicial
275	2	**a) c) f) g)**
276	1	**1)** d **2)** b **3)** c **4)** b **5)** c **6)** a
277	2	**a)** da orientación y atención psicológica a quienes han sido golpeadas. **b)** da talleres y cursos a las personas con discapacidad, preparándolas para ser, en la medida de lo posible, autosuficientes. **c)** los educa, les da un lugar donde dormir, los alimenta. **d)** los asesoran, los apoyan y ayudan a promover sus productos, como sus artesanías. **e)** les dan clases de baile o de manualidades. Atienden su salud.
278	1	**a)** computadora **b)** litografías **c)** tapar el drenaje **d)** un animador **e)** cartilla de vacunación actualizada **f)** bien parecido **g)** la fábrica **h)** que sepa chiflar

Pág.	Ejer.	Respuestas
279	2	**a)** La forma de gobierno en México es la democracia. **b)** Sufragio: voto de quien tiene capacidad de elegir. **c)** Disenso: conformidad de las partes en disolver un acuerdo.
280	1	P L A K A S T I Ñ Y P U G V K U Y B G B U P O R A Ñ U P H O X U I D A F A X S Q P B A B F F E F X V E F L Q K H C Q U S A O F H Q F Y P U S E N S A T E Z P Y O V Q E Y L A P U P A R F P G P V U V R Y A Q M P A R H I Q F K H B U A E L Q A K U A E G U P A Y T A D U P U X A D F T Q U X V G N R A U R Q G I X A U A G Y U E U O X A C A R C T K A E Ñ A V P R Ñ P O U C N O Ñ I Ñ U F D I S P O N I B I L I D A D U K C A U X E A P I A Ñ X U S K G D P D P C P Q U I U L I D A Z K X A C A I G Q A M A B I L I D A D H A K U P H A I D A Ó K X D U D Y E F P U F A X B A C A C H I O N N Q V U G Ñ A N Q F K A R U A U Q Y H Q A U K A I D A A P X C G A P Q A Y Q A U Ñ F P Q Y Q P H Y U P R G I X H Ñ A U P A R P A U A G A U G A V Ñ C U T A K Q Z A L
	2	Respuesta libre